行业战略·管理·运营书系

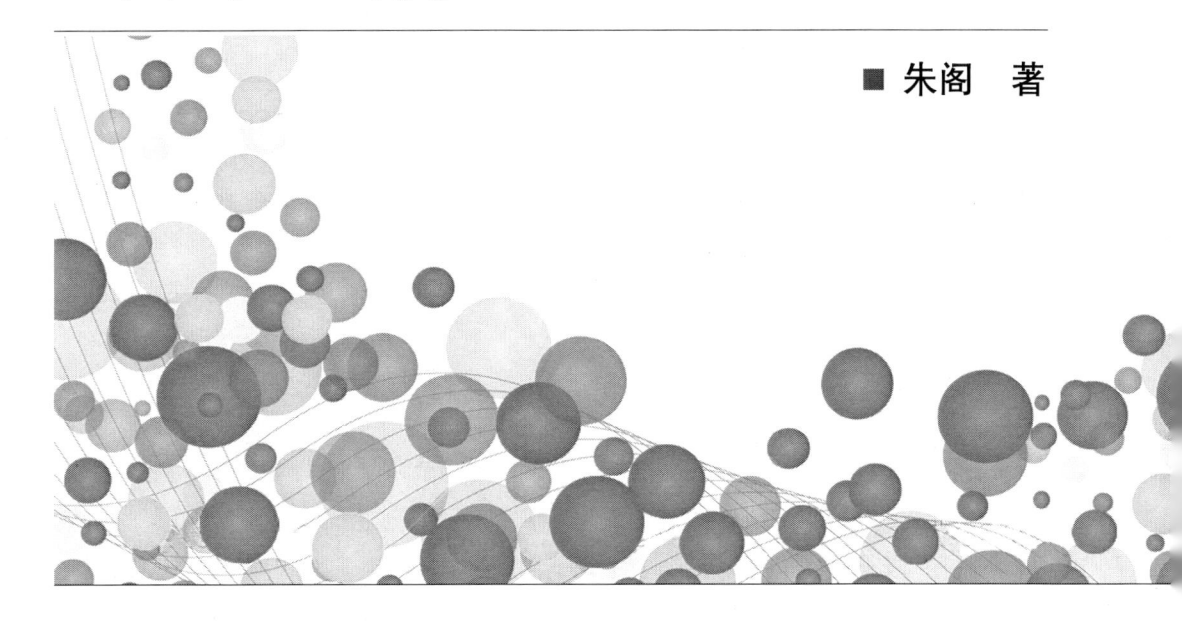

中国电子商务发展与问题治理

■ 朱阁 著

知识产权出版社
全国百佳图书出版单位

图书在版编目（CIP）数据

中国电子商务发展与问题治理 / 朱阁著. —北京：知识产权出版社，2015.7
ISBN 978-7-5130-3478-4

Ⅰ.①中… Ⅱ.①朱… Ⅲ.①电子商务—研究—中国 Ⅳ.①F724.6

中国版本图书馆 CIP 数据核字（2015）第 091864 号

内容提要

本书从基于实体经济、虚拟经济和地下经济三个角度对我国当前电子商务的发展现状及问题进行了概述和分析。针对电子商务发展中的问题，梳理已有的治理现状和经验，作者给出了新的治理建议。书中介绍了电子商务中的企业信息化、电子交易、物流配送、网络营销、知识产权、垃圾邮件、网络游戏和网络犯罪等传统问题，此外还重点研讨了虚拟财产、数字货币、互联网金融、网络水军和网络税收等电子商务发展面临的最新问题，为读者较全面地了解中国电子商务的发展历程、认识当前电子商务的发展现状和把握未来电子商务发展与问题治理的方向提供了新的视角。

责任编辑：张水华　　　　　　　责任出版：孙婷婷
封面设计：刘　伟　　　　　　　责任校对：谷　洋

中国电子商务发展与问题治理
朱阁　著

出版发行：知识产权出版社有限责任公司	网　　址：http://www.ipph.cn
社　　址：北京市海淀区马甸南村 1 号	邮　　编：100088
责编电话：010-82000860 转 8389	责编邮箱：miss.shuihua99@163.com
发行电话：010-82000860 转 8101/8102	发行传真：010-82000893/82005070/82000270
印　　刷：北京中献拓方科技发展有限公司	经　　销：各大网上书店、新华书店及相关专业书店
开　　本：787mm×1092mm　1/16	印　　张：15
版　　次：2015 年 7 月第 1 版	印　　次：2015 年 7 月第 1 次印刷
字　　数：280 千字	定　　价：45.00 元

ISBN 978-7-5130-3478-4

出版权专有　侵权必究
如有印装质量问题，本社负责调换。

中国电子商务发展与问题治理

序

自 1995 年 5 月中国第一个电子商务企业瀛海威创立至今已经整整过去了 20 年，中国的电子商务经历了从概念化泡沫到稳健成长、从商务模式简单学习到本土化二次创新、从桌面互联网到移动互联网的繁荣、从个人应用到企业应用、再到行业解决方案的过程，电子商务和互联网触发了整个社会的变革。

电子商务的发展首先得益于中国在经济上的改革开放，这顺应了经济全球化的发展趋势。在政府宽松管制和政策扶植下，电子商务不仅造就了一大批新兴的互联网企业，更为三大产业带来了巨大的经济外部效应，加速了传统企业的信息化发展，为整个社会的进步带来了巨大的影响。

电子商务发展的最核心力量是信息领域的众多创新型人才和企业。电子商务作为一个全新的市场，其近乎充分的竞争使得互联网企业不断创新和优胜劣汰，一方面为用户创造价值，另一方面为企业赚取利润。回顾国内电子商务发展的历程，期间各类发展瓶颈和阻碍无一不是在市场开放环境下通过市场竞争和企业创新才得以解决的。例如，早期物流配送瓶颈的突破是第三方物流企业的放开和崛起，消费者在线支付习惯的养成是通过第三方支付方式的创新应用，互联网企业信用的建立是得益于企业网络交易和信用评价体系的建立，等等。

当前电子商务的发展仍然面临众多问题，如物流成本降低空间的缩小对实体电子商务的影响，如何应对实物商品电子商务的税收问题和数字内容交易的版权保护问题，Uber 等新兴 O2O 电子商务应用对传统行业的冲击，数字货币等互联网金融创新对传统金融的影响，以及如何面对因互联网产生的灰色经济甚至网络犯罪等问题。显然，基于互联网的电子商务治理不单单是政府行政管理的问题，更是国家立法、政府政策、企业自治，以及行业协会、NGO 组织、直接用户等全社会共同参与的治理问题。

很高兴看到新一届政府更加重视互联网产业和电子商务的发展，提出互联网＋等未来发展方向。针对上网费用高的问题，总理提出运营商应降低流量费用，并进一步提高网速。从普遍服务和国企性质，以及全球化竞争的角度看，三大运营商的确应该降低费用，提高速度。然而从信息经济和行业竞争角度看，电子商务企业应该为移动商务用户支付或分担网络流量费。这个道理如同基础服务提供商的高速公路不会直接向长途汽车里的每个旅客收取过路费一样，而现在的OTT产业生态，即所谓的"羊毛出在狗身上，让猪来买单"的逻辑已经在全球范围内导致了宽带网络提供商的针对性举措，进而引发了关于网络中立的政策性争论。然而电信运营商如何向众多互联网企业和App应用收取用户流量费，这是未来电信改革和互联网模式创新的新问题。熊彼特说创新是资本主义社会发展的动力。而我相信电子商务发展中的问题正是企业创新的动力。

当然，创新是有成本和风险的，尤其对于传统企业或行业。在选择和投资创新方向上需要研究信息化发展的未来，抓住电子商务发展的机遇。参照中美电子商务发展的现状，不难发现，未来电子商务发展的基本方向应该是基于数字内容的产品和服务的O2O，这也正是本书第二篇专门划分出的虚拟类电子商务。

中国历史上错过了多个时代进步的契机，但今天中国已然抓住了以互联网为基础的电子商务时代，而我们每个人有幸成为这个时代的参与者和见证者。本书作者朱阁是我的博士生，虽然对电子商务研究的时间并不长，但他对该领域颇有自己独特的见解和观点。希望这本书能为读者了解中国电子商务的发展和问题治理提供一个新的视角。

吕廷杰

2015年6月北京

前　言

基于互联网的电子商务彻底颠覆了传统工业时代的商业经营模式，为传统企业的信息化和现代化提供了契机和入口，为企业和消费者提供了更方便和快捷的商业贸易服务，并全面影响着整个社会的生活、经济、文化和制度。

虽然中国在全球互联网经济和商务模式上创新不足，但中国电子商务的发展在全球范围并不落后。随着中国电子商务最具代表性的企业 Alibaba 在美国纳斯达克的成功上市，经过近 20 年的蓬勃发展，中国电子商务已经取得了全球瞩目的成就。

中国电子商务的发展首先离不开全球经济一体化和信息化的发展背景，其次是中国政府在经济改革和市场开放方面的有力保障，最后就是基于互联网草根文化的民营企业和企业家根据中国特殊国情进行的本土化创新。

电子商务在中国的发展不仅取得了巨大的成功，而且也带来了诸多问题，其中有些是各国普遍存在的问题，有些是我国特有的问题。例如，发展初期的在线支付问题即为各国普遍存在的问题，但在银行信用体系比较成熟的发达资本主义国家这并不是一个特别突出的问题，对于没有货币信用体系的中国，安全可靠的网络支付成为制约电子商务交易的瓶颈问题；再如，由于我国原有的邮政体制的制约，电子商务的物流配送问题严重阻碍了网民网络购物的热情。这些电子商务发展的关键问题或者经过企业的商务模式创新和技术创新得以解决，或者政府通过市场开放和制度调整得到化解。问题和问题的及时解决成为推动电子商务快速发展的强大动力。

当然，还有很多和电子商务相关的问题仍然没有解决。其中包括传统商务延伸出的问题，如虚假信息、商业欺诈、知识产权、税收等在电子商务中的反映；另外一类是互联网经济内生的问题，如虚拟财产、数字货币、垃圾邮件、互联网金融等新型电子商务问题。那么如何解决这些问题成为我们面临的一个课题，即电子商务的治理。

治理的建立不以支配为基础，而以调和为基础，因此它不仅仅与政府和管制部门有关；治理也不意味着一种正式的制度，而有赖于持续的相互作用。治理是问题处理的过程，是利益相关者博弈和均衡的结果。面对电子商务发展中的问题，如果我们一时无法根本解决，就要寻求治理的方法和建议。本书将回顾电子商务的发展历程，解析电子商务发展中的问题，总结已有的治理方法和现状，并尝试从政府管制、行业规范、企业自治，以及网民自律的角度提供电子商务治理的建议。

根据电子商务交易对象，本书将电子商务问题分为实体经济类和虚拟经济类；而按照交易的合法性，本书又进一步对主流电子商务之外的电子商务，即灰色和黑色的地下电子商务经济给予关注，力求揭示电子商务发展中的核心和热点问题。针对各类电子商务问题的治理，本书借鉴和总结了众多已有的文献研究，并在此基础上给出自己的治理建议，希望能够为中国电子商务的健康和快速发展贡献一分微薄之力。

本书可以作为电子商务相关专业的本科生和研究生或对电子商务感兴趣的普通读者了解和认识中国电子商务发展及问题治理的参考书。由于作者水平和精力有限，又因电子商务的发展和问题时效性较强，匆匆成书之间，难免纰漏百出，另外，如有引用未标注之处还请同行专家海涵。也欢迎广大读者朋友批评指正，不吝赐教。谢谢！

目 录

序 ··· 1
前 言 ·· 1

第一篇　实体经济类

第一章　概　述 ·· 3
第一节　电子商务概念 ··· 3
第二节　电子商务分类 ··· 5
第三节　电子商务模式 ··· 7
第四节　电子商务信息化的发展 ·· 13
第五节　中国典型的互联网企业 ·· 17
第六节　电子商务的影响 ·· 28

第二章　传统企业的信息化 ·· 33
第一节　什么是企业信息化 ··· 33
第二节　中国传统企业信息化的发展历程与现状 ························· 34
第三节　企业信息化过程中存在的问题 ······································ 37
第四节　企业信息化问题的治理建议 ··· 41

第三章　电子商务交易 ··· 45
第一节　电子商务交易机制概述 ·· 45
第二节　电子商务中的信用与安全 ··· 47
第三节　电子商务支付 ·· 51
第四节　电子商务信用治理现状 ·· 58
第五节　电子商务交易治理建议 ·· 61

第四章　电子商务物流 ··· 64
第一节　电子商务与物流的关系 ·· 64
第二节　电子商务物流发展的现状 ··· 66
第三节　电子商务物流存在的问题 ··· 68

第四节　物流治理经验与建议 …………………………………… 70
第五章　电子商务税收 ……………………………………………… 74
　　第一节　电子商务征税的背景和原因 …………………………… 74
　　第二节　电子商务零售业征税难题 ……………………………… 76
　　第三节　国际上电子商务征税状况 ……………………………… 79
　　第四节　中国电子商务税收治理的建议 ………………………… 81

第二篇　虚拟经济类

第六章　网游中的虚拟财产 ………………………………………… 85
　　第一节　中国网络游戏的发展概述 ……………………………… 85
　　第二节　虚拟财产的问题与治理 ………………………………… 92
　　第三节　网络游戏中的其他问题与治理 ………………………… 98
　　第四节　总　结 …………………………………………………… 116
第七章　虚拟货币 …………………………………………………… 119
　　第一节　虚拟货币的发展 ………………………………………… 119
　　第二节　虚拟货币的现状及问题 ………………………………… 125
　　第三节　虚拟货币的治理 ………………………………………… 131
第八章　数字货币 …………………………………………………… 135
　　第一节　数字货币的兴起与发展 ………………………………… 135
　　第二节　数字货币的现状及问题 ………………………………… 137
　　第三节　对数字货币的治理和展望 ……………………………… 142
第九章　网络知识产权保护 ………………………………………… 145
　　第一节　网络知识产权存在的问题 ……………………………… 145
　　第二节　知识产权保护现状与治理 ……………………………… 152
第十章　网络营销 …………………………………………………… 159
　　第一节　竞价排名 ………………………………………………… 159
　　第二节　微博营销 ………………………………………………… 165
第十一章　市场准入 ………………………………………………… 169
　　第一节　市场准入的问题 ………………………………………… 169
　　第二节　市场准入的治理 ………………………………………… 174
第十二章　互联网金融 ……………………………………………… 178

第一节 互联网金融的发展 ……………………………………… 178
第二节 互联网金融的问题 ……………………………………… 182
第三节 互联网金融的治理 ……………………………………… 184

第三篇 地下经济类

第十三章 灰色经济 …………………………………………………… 189
　第一节 流氓软件 ………………………………………………… 191
　第二节 用户信息贩卖 …………………………………………… 195
　第三节 垃圾邮件 ………………………………………………… 198
　第四节 网络水军 ………………………………………………… 201
　第五节 网络营销产生的地下经济治理总结 …………………… 204
第十四章 网络犯罪 …………………………………………………… 207
　第一节 网络色情 ………………………………………………… 207
　第二节 网络赌博 ………………………………………………… 214
　第三节 网络欺诈 ………………………………………………… 217
参考文献 ……………………………………………………………… 221
后　记 ………………………………………………………………… 228

第一篇
实体经济类

第一章 概 述

第一节 电子商务概念

自 20 世纪 90 年代中期以来，经过近 20 年日新月异的创新和发展，基于互联网的电子商务已经渗透到社会、经济和生活的各个阶层和领域。从基于 Internet 的信息服务（新闻、资讯、个媒体、即时通信、社交网络等），到娱乐服务（网络视频、在线音乐、网络游戏等），到商业交易（网络购物、团购、在线预定、在线支付、移动小额支付），再到互联网金融（P2P 个人网贷、金融理财、保险、电子货币、虚拟货币、数字货币等），基于互联网的电子商务将传统的工业化社会彻底带入了信息化时代，颠覆了传统的信息传播、人际交流、休闲娱乐、企业生产、商务贸易和资本运行的方式。

一般而言，狭义的电子商务（E-Commerce）一般称为电子商业或电子交易，主要是指通过具有一定通信功能的电子工具或设备可以在全球范围内进行的商务活动。如图 1-1 所示，其中的电子设备可能是电报、电话、传真机、广播、电视、电脑、手机等。

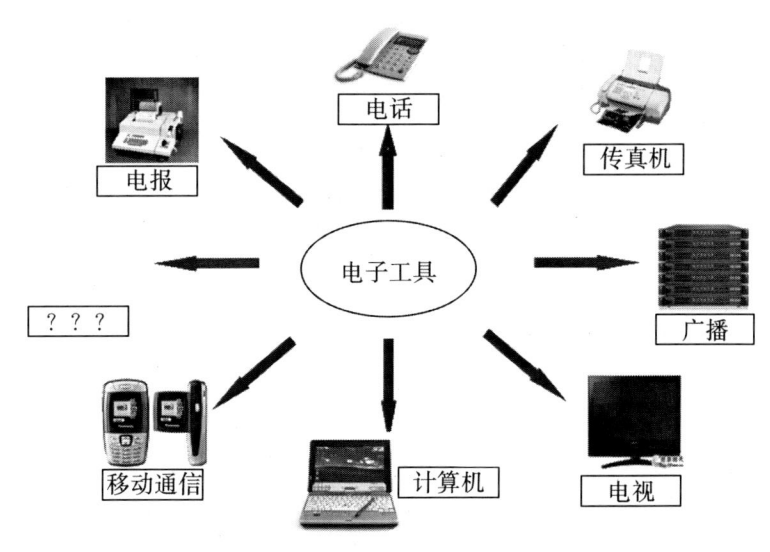

图 1-1 电子商务的工具

广义的电子商务（E-Business）是指通过使用计算机网络等电子工具，以企业为中心，从原料供应到生产、分销、零售等活动全过程的网络信息化，公司内部部门之间以及公司与供应商、分销商、零售商直至客户之间的协同和信息共享。

本书采纳广义的电子商务概念，如图1-2所示。但与以上介绍的一般狭义和广义的电子商务定义均有所区别：首先，电子商务的工具在本书中主要是指计算机和手机等基于互联网或移动互联网的工具；其次，这里的企业不仅是指传统的商品生产型企业，也包括经营信息、金融和娱乐等服务型产品的网络企业，即本书所指的电子商务不仅是有形产品的交易，也包括无形的，甚至看起来是免费提供的信息或娱乐等服务，如搜索引擎、新闻资讯和在线游戏等虽然免费提供给网民使用，但这无疑也是商务活动，而非公益，只是此类企业的盈利模式并非"一手交钱一手交货"的传统商务模式而已。

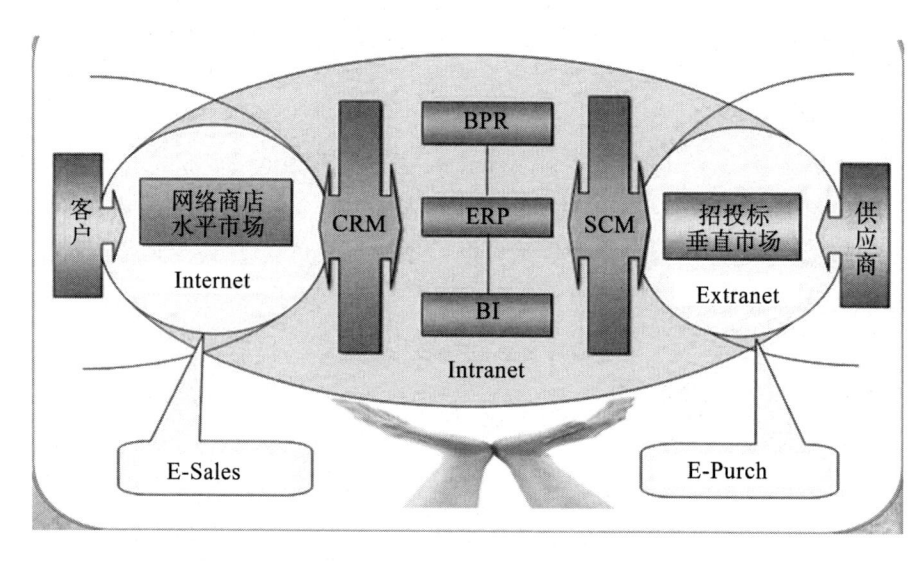

图1-2 广义电子商务的范畴

因此，本书所说的电子商务是指通过互联网提供产品或服务的一切商务活动。电子商务的重心是商务，其目标是通过电子的方式或手段来促进和服务于商务活动，是包括信息流、资金流和物流三个部分的有机集合。商务活动的主体可能是企业、组织或个人，他们进行商务活动是以营利为目的的。读者由此可以推断，像www.wikipedia.org、www.craigslist.org等少数知名站点虽然为网民提供了有价值的服务，但由于它们不是以营利为目的，因此并不在本书的讨论范围内。

在笔者看来，电子商务与传统商务的本质区别，或最简约的定义是"非面对面的交易"。正因为"非面对面"的特征才产生了如何叫卖（网络营销）、如何购买（在线支付）和如何交付（物流配送）等电子商务的基本问题和核心内容，以及由此带来的信用评价、网络税收、网络安全、隐私保护、知识产权、虚拟财产和相关法律法规等一系列问题；也正因为交易或消费过程的"非面对面"降低了商务活动的搜索、沟通、交易和服务等环节的成本，并在打破时空和交易对象等限制的基础上为商务活动带来更多的创新和市场机会，真正实现了电子商务"开源节流"的功能。

第二节 电子商务分类

根据交易场所、交易过程和交易对象的物理或虚拟状况可以将商务活动划分为完全传统商务、部分电子商务和完全电子商务等8个类型，如图1-3所示。完全的电子商务是一种全新的商务活动，虽然只占电子商务的一小部分，但无疑是电子商务中最具特色的，典型的如即时通信、彩铃下载、在线视频、在线音乐付费下载、网络游戏点卡、软件即服务（SaaS）等活动均是完全的电子商务活动。部分电子商务即是O2O（Online to Offline）线上线下相结合的模式，被认为是未来电子商务与传统商务进行融合创新的主要模式。当前大量的团购网站（如糯米网、拉手网、美团网等）、大众点评网、沃尔玛的网上下单网下支付、苏宁易购网（www.suning.com）的线下线上统一销售等都是O2O模式的创新应用。

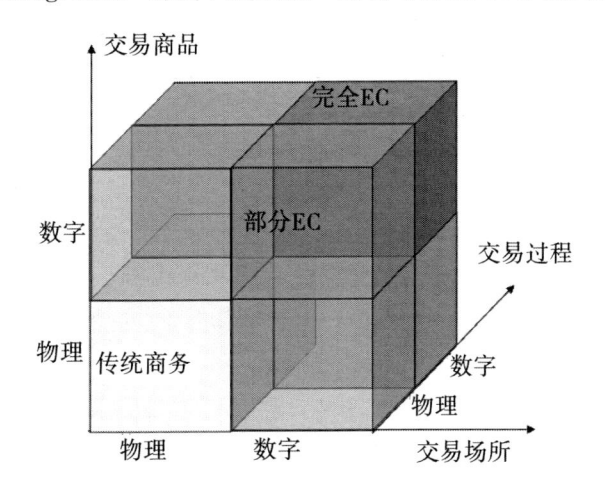

图1-3 电子商务按应用程度分类

根据交易双方主体的区别，电子商务一般分为以下几类：

一、B2B 模式

B2B（Business to Business）模式是指商家（泛指企业）对商家的电子商务，即企业与企业之间通过互联网进行产品、服务及信息的交换。B2B 模式反映了企业信息化应用程度和发展方向。在我国，作为 B2B 第三方平台典型的网络企业有阿里巴巴（http：//china.alibaba.com）、中国制造网（http：//www.made-in-china.com）、敦煌网（http：//seller.dhgate.com）、中国化工网（http：//china.chemnet.com）、慧聪网（http：//www.hc360.com）和能源一号网（http：//www.energyahead.com）等，还有更多的大中型企业面向上下游企业进行的基于互联网的供应链管理系统，如宝钢电子商务采购平台（http：//eps.baosteel.net.cn）、通用公司的全球采购平台（http：//www.gm.com）和思科公司的官网（http：//www.cisco.com）等。据统计，电子商务 95% 以上的交易额都发生在该模式下，也是当前盈利最多的一种模式。

二、B2C 模式

B2C（Business to Consumer）模式是指商业机构对消费者的电子商务活动，通常以网络零售业为主，主要借助于互联网开展在线销售活动，如通过门户网站或第三方平台销售诸如图书、电子设备、服装等日常用品。B2C 模式是我国最早被认识的电子商务模式，以 8848 网上商城（已倒闭）的正式运营为标志。京东商城（www.360buy.com）、天猫商城（www.tmall.com）、当当网（www.dangdang.com）、卓越网（www.amazon.cn）、凡客诚品（www.vancl.com）等都是国内典型的 B2C 平台站点。而传统企业具有在线销售功能的网站也属于 B2C 模式，如索尼中国在线商城（http：//www.sonystyle.com）和苹果公司的在线商店（http：//store.apple.com/cn）等。

三、C2C 模式

C2C（Consumer to Consumer）模式是指消费者之间的交易活动，即由消费者提供服务或产品给其他的消费者。由于它是在大众消费者之间进行的集市交易模式，因此是广大消费者认识和接触电子商务的最重要的一种模式。国际上最早的 C2C 成功模式站点 eBay（www.ebay.com），国内的淘宝网（www.taobao.com）、易趣网（http：//www.eachnet.com）和拍拍网（www.paipai.com）都是成功的 C2C 商品交易平台。经历了一个较长时期的发展，目前 C2C 商品交易平台为了经济效益和服务规范等原因有向 B2C 网上商城模式转变的趋势，但 C2C 在用户流量和参与创新上的优势使其依然是电子商务中最独特和最具活力的一种模式。而且，针对非实物商品类的交易对象有了更多的创新模式,如赶集网（www.ganji.com）、58同城（www.58.com）等以信息服务为核心的C2C网站,针对资金借贷的P2P个人网贷模式,如国外的Zopa、Kiva、Lending Club等典型站点,国内的拍拍贷（www.ppdai.com）、人人贷（www.renrendai.com）、宜信（www.creditease.cn）等也都是C2C模式在金融服务中的创新。

另外,还有G2B（Government to Business）和G2C（Government to Consumer）模式,如各级政府采购网、报关、报税等站点均是政府与企业或个人之间通过互联网进行的在线服务,但由于政府主导的电子商务活动并不是以营利为目的,因此本书并不做进一步的讨论。还有Business to Manager、Business to Marketing、Manager to Consumer等模式也不做详细介绍。

第三节 电子商务模式

一、电子商务模式的定义与要素

商务模式（Business Model,又称业务模式、商业模式）是一种包含一系列要素及其关系的概念性工具,用以阐明某个特定实体的商务逻辑。它描述了公司所能为客户提供的价值及公司的内部结构、合作伙伴网络和关系资本等,用以实现（创造、推销和交付）这一价值,并产生可持续盈利收入的要素。商务模式的应用和创新在当前的市场竞争中正变得越来越重要。2006年,比尔·盖茨指出:"21世纪的竞争是商务模式创新的竞争。"从个人电脑时代到互联网时代的转变当中,各种新的商务模式随着互联网服务的推出而层出不穷,使IT市场更彻底地从以产品为中心转变到以人为本。依靠引入新的商务模式来保持持续的变革和创新能力,对于企业在快速变化的商业环境中存活和发展是极其重要的。对于目前的商业环境来说,商务模式是一种非常好的概念性战略工具。

在设计和应用商务模式时可能要涉及以下8个基本要素。

(1) 价值体现:是确定一个企业的产品或服务如何满足客户的需求。确定或者分析一种产品或服务的价值体现,需要回答以下几个问题:首先是客户为什么选择与你的企业打交道而不是同类型的其他企业;其次是你能否提供区别于其他企业的,或其他企业不能提供的产品或服务;最后从消费者的角度上看,产品或服务的价值主要在于产品供应的个性化、产品搜寻成本的降低、价格发现成本的降低以及购买的便利性等。

(2) 盈利模式:描述企业如何获得收入产生利润,以及如何获得高额的投资回报。

（3）市场机会：企业所预期的市场及企业在该市场中有可能获得的潜在财务收入机会。市场机会通常划分为更小的市场利基，即利润基本点的分市场。实际的市场机会是由企业希望参与竞争的每一个市场利基的收入潜力所决定。

（4）竞争环境：存在其他企业在同一个市场空间中经营、销售同类产品。企业的竞争环境表现为竞争对手的规模大小、活跃程度，每个竞争对手的市场份额、盈利情况、定价情况等。

（5）竞争优势：当企业比其他竞争对手生产出更好的产品，或者向市场提供更优质和低价的服务时，它所获得的竞争能力。许多企业能获得竞争优势是因为它们总能以某种与众不同的方式获得其他竞争对手无法获得的生产要素，可能是在供应商、物流商方面的优越条件，也可能是人力资源、专利保护、价格等方面的优势。

（6）营销战略：是由如何进入一个新市场、吸引新客户的具体举措构成的营销计划。营销战略渗透在企业为了将产品或服务推销给潜在消费者而做的每一件事情中。

（7）组织发展：描述企业如何组织所要完成的工作，从而实现企业目标。一般而言，企业可以划分为若干个职能部门，其业务范围相对明确，同时又相互协作，从而实现良好的组织发展规划。

（8）管理团队：企业负责各类商业模式运作的员工。管理团队的主要职责是让企业迅速获得外界投资者信任、准确捕捉市场信息、构建企业发展战略等。

商务模式是企业通过为客户创造价值而获取收益所采取的一系列活动，它表明了公司在价值链中所处的位置。因此，提到商务模式时往往要谈及它的价值体现和盈利模式。电子商务模式的概念核心是价值，即它的有用性。在此，根据参与对象可以分为三种主要价值：面向用户所提供的价值、面向投资者所提供的价值、面向合作伙伴所提供的价值。一般来说，界定清楚这三种价值就可以基本确定一项服务的商务模式。

二、面向用户的价值

一项产品或服务能否为用户带来功能上或情感上的好处，以满足用户的某种需求，是该项产品或服务是否能得到采纳和推广的一个基本影响因素，也是商务模式设计能否成功的基础。有价值的产品或服务并非一定有成功的市场和商业回报，但无法为用户提供或创造更多价值的产品或服务必定不会开启一个成功的市场。

电子商务作为不谋面的交易，对用户的价值主要体现在交易成本的降低、交易效率的提升上。相应地，用户对电子商务的普遍体验是方便、快捷，且商品价格比较便宜。据中国互联网络信息中心（CNNIC）发布的《2012年中国网络购物市场研究报告》显示，截至2012年12月底，我国网络购物用户规模为2.42亿，网民使用网络购物的比例提升至42.9%。2012年我国网络购物市场交易金额达到12 594亿元，较2011年增长66.5%。2012年网络零售市场交易总额占社会消费品零售总额的6.1%。报告称，2012年我国网购用户人均年网购消费金额达到5203元，与2011年相比增加1302元，增长了25%。用户网购频次有显著提升，用户半年平均网购次数达到18次，较2011年增加了3.5次。这表明实物类的电子商务由于价格便宜、购买方便，且服务有保障，在线购物逐渐被消费者接受并使用，成为日常消费的一种重要模式。网购商品覆盖家居、日用、家电、服饰、饮食、娱乐等与日常生活紧密相关的商品类别，且这部分日常消费品的销量排名稳步提升。浏览各类购物平台逐渐成为时尚爱好，以淘宝网、京东商城、当当网为代表的购物平台不仅提供了交易服务，而且还汇集了大量的资讯和人脉，成为消费者了解最新消费理念、时尚等信息的重要阵地。不仅如此，购物平台的社区互动还充分满足了用户的社区交流、反馈沟通的需求。

不同的商品或服务面向同一用户可能会提供不同的价值，即有用性。比如一台PC提供给用户的价值和一台能够接入网络的PC所提供给用户的价值就存在极大的差异。再比如，一台仅能够接入公司局域网的PC和一台能够接入全球互联网的PC为用户提供的价值也必然存在不同程度的价值差异。这类因有无网络或网络大小而产生的价值差异引出了信息经济时代的一个重要概念。

三、面向投资者的价值

商务模式的一个本质就是企业获取利润的方式。电子商务模式即是关于互联网企业如何利用网络来获取利润的问题。作为一个全新的事物，互联网的发展从一开始就充满了机遇与风险，吸引了众多的智力和资本的大量投入。新兴的网络经济与传统的实体经济存在的一个重要区别就是它的网络外部性将导致赢者通吃的市场，具有自然垄断的属性。因此，互联网企业一般前期需要大量投入以形成一定的顾客基础，后期才有可能盈利。这种沉没成本大、边际成本小的特征决定了这个产业具有非常规的盈利模式。

面对这个新兴的朝阳产业，投资者一开始并不急切地追求盈利和回报。一些对信息技术抱有超强信念的人更看重其未来长远的潜在收益。因此，互联网发展初期俗称一个"烧钱"的时代。不为追求短期实利，跑马圈地式的对创新和概念的过分追求最终导致了2000年的网络泡沫危机，如图1-4所示。另外，这个时期巨额的投资也成就了网络基础设施的铺设,为之后的电子商务繁荣奠定了网络基础。

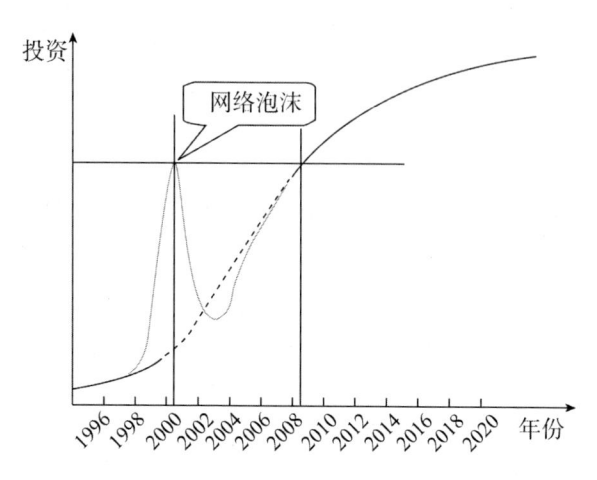

图 1-4 电子商务发展历程中的投资状况

长久以来许多互联网企业无法找到确定的和稳定的盈利模式,互联网为网民带来了混乱的快乐,尤其是中国网民从一开始就钟情于互联网的免费模式,使得互联网企业的竞争异常激烈,几乎看不到盈利模式。在这片创新和冒险家的天地里,风险投资为大多数互联网企业提供了最初的资金来源。2000年左右的网络泡沫破灭之后,面对投资者,互联网企业是否具有清晰可见的盈利模式成为投资人做出投资决策的重要依据。此时的企业不仅需要考虑为用户提供更具有吸引力的价值,还要考虑为投资者创造出新的价值。

互联网企业的主要盈利模式本书总结有如下几种。

1. 在线广告

在线广告是互联网经济中最普遍的盈利模式,它伴随着互联网经济的诞生而诞生。在互联网经济发展的初始阶段,作为互联网经济基本形式的网站,为了飞速提升浏览量、点击率等支持网站生存的关键数据,同时培养相对固定并不断拓展的消费群体,无一例外地对网民采取了免费方式。时至今日,免费方式依然是互联网经济的重要法则。从免费信息浏览、免费会员注册、免费电子邮件、免费拍卖交易,到免费资源、免费搜索、免费博客等,其基本的目的,就是通过免费来获得人气和注意力的大幅度提升,因此网络经济早期又被称为"眼球经济"。在线广告是四大信息门户网站(新浪、搜狐、网易、腾讯),以及众多行业门户网站(如我的钢铁网、中国化工网等)、音乐、视频和游戏等娱乐网站的基本盈利模式。大多数个人网站的盈利模式也采用这种方式,靠挂别人的广告或链接生存。也就是说，只要有一定点击量的站点，在线广告都是首当其冲的盈利方式。

2. 各类增值服务

增值服务是与企业的核心业务相比较而言的，通过为核心业务形成的顾客群提供附加的其他相关服务来收费的盈利模式。

无线内容和应用服务的盈利模式，几乎被当作我国互联网经济走出低谷的救命稻草。在互联网经济最低谷的时候，许多网站凭借短信等业务得以翻身，其简单的盈利秘诀在于与电信的 ISP 达成协议，从稳赚不赔的 ISP 手里分得一杯羹（传统的电信行业具有很强的可管可控特征，采取预付费的收费模式）。互联网企业提供的无线增值服务主要是通过手机短信、图片、铃声、新闻、游戏、音乐等下载收费来获得盈利。借助于无线通信产生的功能拓展需要，无线增值业务一举成为互联网企业最重要的收入来源之一。例如，网易作为信息门户，2001年开设短信业务平台，2002年开始发挥效益，成为中国最大的无线增值服务平台，其收入占到当年总收入的 2/3。目前网络游戏、广告收入成为网易最重要的利润源泉，短信平台的历史使命已基本完成。自由开放的互联网模式使得企业一开始就面临严重的生存难题，同时这也成为激励该行业不断创新的巨大动力。

当前，增值服务的开发和应用仍然是很多互联网企业的重要盈利手段。例如，腾讯 QQ 作为免费的即时聊天工具，围绕其庞大的用户群一路不断地开发和提供多种增值的收费服务，如 QQ 秀、空间装饰、靓号提供、密码绑定、Q 币、网络购物、网络游戏等各类服务，抓住并满足用户不同层次的需求和体验，融合创新形成了今天所谓的"企鹅帝国"，享有一定的垄断市场力。

网页游戏可以看作增值服务中一种重要的盈利模式，而且该模式具有惊人的盈利能力。事实上，广告、无线增值和网络游戏曾是互联网经济的"三驾马车"。近年来我国网游产业逐渐在全球经济中占据一席之地，增长迅猛。而网页游戏的典型代表主要也是具有高点击量的信息门户网站，如腾讯游戏频道（games.qq.com）、新浪游戏（games.sina.com.cn）、网易游戏频道（game.163.com）、搜狗游戏中心（wan.sogou.com）、百度游戏（youxi.baidu.com）等。从早期的收费模式（时间点卡）到现在为吸引玩家提出的终身免费，网络游戏正通过出售虚拟物品（主要是游戏装备）、场景广告、与实体经济合作等方式盈利。

3. 竞价排名

竞价排名是各类搜索引擎的重要盈利模式。在不违背常理和考虑用户搜索体验的前提下，将搜索结果按照商家付费的金额大小排列，以提高产品或服务的营销效果，这就是许多搜索引擎基本的生存之道。竞价排名的收费方式有多种，其中之一是按点击付费，推广信息出现在搜索结果中（一般是靠前的位置），如果没有被用户点击，则不收取推广费。比如百度竞价排名，是一种按效果付费的网络推广方式，用少量的投入就可以给企业带来大量潜在客户，有效提升企业的销售额和品牌知名度。每天有超过数亿人次在百度查找信息，企业在百度注册与产品相关的关键词后，就会被查找这些产品的潜在客户找到，竞价排名按照给企业带来的潜在客户访问数量计费，企业可以灵活控制网络推广投入，获得最大回报。类似地，各类网上商城和购物网站也采用这种精确营销的广告方式获利，如淘宝网内的搜索引擎主要靠竞价排名的方式盈利。

4. 产品销售盈利模式

产品销售盈利模式从根本上说，是传统产品营销方式在互联网上的延伸和发展。销售的产品可以是传统行业的产品，如实物产品、文化产品、信息产品、服务产品等，也可以是互联网独有的虚拟产品，如游戏装备、虚拟服装等。通过网站销售别人的产品（C2C 和 B2C 模式），比较典型的网上购物平台如 eBay、淘宝等个人对个人的 C2C 在线竞拍网站，无论是直接抽取一定比例的成交费用（如淘宝网中支付宝对卖家的收费模式），还是变相地以会员资格、竞价排名等方式收取费用，这类网站的盈利模式本质上都是从产品销售中抽取佣金。而京东商城、卓越、当当、天猫商城等 B2C 的网上商城，更是直接通过网上零售的方式获取销售利润。由于网上购物省去了物理展厅、销售员等成本，在第三方物流和信用体系较成熟的今天可以降低销售成本，正改变着众多网民购物和消费的习惯。而文化产品的在线消费更加方便和快捷，如音乐或视频的在线付费欣赏、软件的在线付费下载等都是以产品或内容服务进行盈利，这一互联网盈利模式本质上是传统商务中的生产商、代理商或经销商向互联网业务领域的延伸。

互联网企业的盈利模式还有很多，如亚马逊的广告联盟模式、App Store 的平台模式、团购网站的代收费模式等，它实际上是电子商务参与各方的利益分配方式和方法问题。一个好的盈利模式是一个商务模式可以持续和成功的关键。本书仅对部分盈利模式进行了总结，当前和未来不断涌现出的新的商业模式及其盈利模式需要我们持续关注、了解和学习。

四、面向合作伙伴的价值

电子商务不仅是网站建设和经营，而且会涉及在线支付、物流配送、信息安全、信用评定等各个环节，它们的经营者共同组成电子商务的产业链，存在一定的上下游关系。单个企业如果想要成长起来并获得持续的发展需要整个产业链上各个企业的共同成长和配合。在此列举一个失败的案例：8848网站。

该网站是国内早期的B2C网站，在其鼎盛时期，即2000年年初，8848网站一个月的销售额已经突破千万，销售的商品也扩大到16大类、数万种。上网人数比2000年增长了几十倍后的2005年，AMAZON在收购JOYO时，JOYO 2004年的实际销售额仅为1.8亿元人民币左右，可见，当时8848网站的销售能力是多么的惊人。最重要的是，当时8848网站在网上销售中的份额，用"绝对垄断"来形容是一点不为过的。当时轰动全国的"72小时生存试验"，8848网站的购物袋连续几天出现在CCTV2的黄金时间，8848网站从此作为唯一的真的可以通过在线支付买到东西的网站而闻名全国。

现在来看8848的失败当然和核心业务的定位不清、全球的网络经济泡沫等有关，但没有形成一个有效的产业链模式是主要原因之一。在回顾中国电子商务十年发展历程时，8848的创建人王峻涛说，在1999年5月他就提出了电子商务"三座大山"的说法。一是当时中国网民只有400万人，决定了电子商务商业机会有限；二是配送的难题；三是最大的困难就是网上支付难题及远距离购买的信任危机。物流配送成本高，民营的物流配送市场未开放，没有像今天一样较成熟的第三方物流配送企业。而民营物流开放后，多家物流配送公司竞争下整个配送成本的降低和管理的完善使得网络购物成为现实。同样，自从支付宝作为第三方支付方式运营后，在线购物的安全支付问题才得以解决，网络购物因此得到迅速普及。因此，电子商务产业链上的各个环节的协调发展至关重要。作为电子商务产业链上的不同企业，除了要考虑对用户的价值和对投资者的价值之外，通常还要考虑对合作企业的价值。

一种正常的业务模式为供应链上所有的参与者（供应商、制造商、运货商、分销商、零售商、客户）创造了不同的价值，而均衡的价值流动是电子商务业务模式生存的必要条件。只有价值均衡流动才能保障各参与者利益的平衡，才能实现价值最大化，最终实现多方共赢。

第四节　电子商务信息化的发展

和一般科技发展的路径一样，信息化发展也经历了从实验室到消费市场，再到普遍的社会服务的过程。本书将这个创新过程归纳为三个阶段。

自第二次世界大战以来，信息化发展从20世纪50年代的计算机出现，大概每隔15年经历一个周期，如图1-5所示。80年代微软公司作为行业领导者将人们带入个人电脑（PC）时代，1995年IBM公司提出E-Business的概念，开启了基于互联网的电子商务时代。而2010年，摩根士丹利投资公司发布的《移动互联网报告》认为未来10年将是移动商务的时代；IBM公司认为未来是一个智慧地球（Smart Planet）的时代；日、韩等国认为未来是无处不在的网络社会（Ubiquitous Network Society）；而中国的"十二五"规划将物联网作为下一个信息化发展目标。虽然各个国家或组织机构对未来的信息化发展有不同的规划和预测，但已有的互联网无疑都是未来信息化发展的基础。

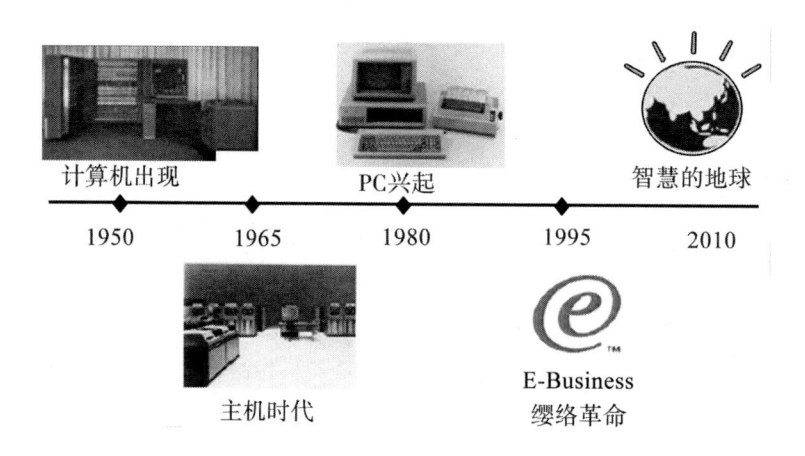

图 1-5　信息化发展过程

一、由科学推动的技术革命

现代科技最初大都来自科研机构的实验室，如施乐（Xerox）PARC、AT&T贝尔实验室及众多高等院校等。而科技的动力很多又源自战争的目的，本书称之为"恶土善花"，如原子能、航空航天、计算机和互联网等基础科技的最初兴起，无不和军事需要相关。

二、由市场推动的应用革命

某些早期的科技成果，或军事目的的技术逐渐应用到民用市场，根据消费者的需要而被企业进行应用创新，进而推广。例如，操作系统和众多应用软件的开发使得计算机更人性化、智能化。市场这只"无形的手"推动科技在各行各业进行融合创新，实现"百花齐放"。例如，针对中小企业的信息化需求，云计算发展出SaaS、PaaS、LaaS三大应用，实现用户的按需索取。早期作为计算机设备生产为主的IBM、苹果等公司已从基础的硬件设备转向软件应用甚至是信息和咨询服务，进而想要推动整个社会的信息化变革。

三、由政策推动的社会革命

2003年《哈佛商业评论》发表了一篇尼古拉斯·卡尔的《IT不再重要》，文章宣称IT已死，意思是说只有IT变成一种基础性资源，成为一种基础设施，像水电一样的普通资源，它才能发挥出最大的社会效益。到那时就完成了一次社会革命，IT也就真的成了空气：我们感觉不到它的存在，但我们一刻也不能离开它。到目前为止，这个信息化的社会革命还没有完成，例如，任何人在任何时间、任何地点（Anyone，Anytime & Anywhere）都可以使用网络仍然是我们的目标，IPV6武装到每粒"沙子"实现物物通信至少目前还是个梦想。由市场推动的应用革命将满足有一定消费能力的企业或个人需求，但更广泛的技术接受和更普遍的应用推广需要全民参与和政府推动。像日本、韩国2004年先后提出的无处不在的网络社会（Ubiquitous Network Society），即U-Japan、U-Korea的国家信息化战略，美国提出的智慧地球（Smart Planet）概念，我国"十二五"规划提出将"物联网"作为下一个信息化发展的目标，等等，都是希望能够完成信息化的社会革命。

在上述信息化进程当中，中国没有第一阶段的技术革命，而在互联网的应用革命中虽然原创应用几乎没有，但由市场的巨大需求推动的跟随式应用创新却也没有落后于世界平均发展水平，而且，政府也认识到信息技术的社会革命的重要性，已经着力开始信息化的普及和推广。自1994年3月中国获准加入互联网，中国基于互联网的电子商务经历了从无到有的20年迅猛发展，已经触动了中国企业的传统商业模式和居民的消费方式及生活习惯的改变。

1995年中国大陆第一家互联网公司瀛海威成立；1998年3月，我国第一笔互联网网上交易成功；1998年7月，中国商品交易市场正式宣告成立，被称为"永不闭幕的广交会"。中国商品现货交易市场是我国第一家现货电子交易市场，1999年现货电子交易市场交易额达到2000亿元人民币。中国银行与电信数据信息局合作在湖南进行中国银行电子商务试点，推出我国第一套基于SET的电子商务系统。1998年10月，国家经贸委与信息产业部联合宣布启动以电子贸易为主要内容的"金贸工程"，它是一项推广网络化应用、开发电子商务在经贸流通领域的大型应用试点工程。1998年北京、上海等城市启动电子商务工程，开展电子商场、电子商厦及电子商城的试点，开展网上购物与网上交易，建立金融与非金融论证中心和制定有关标准、法规，为今后开展电子商务打下基础。1998年阿里巴巴集团的正式运营，表明中国的电子商务正以迅猛势头大力向前发展，经过近20年的互联网和电子商务发展，中国的电子商务市场交易规模已超过10万亿元/年。如图1-6所示，据中国电子商务研究中心发布的《2013年度中国电子商务市场数据监测报告》显示，截至2013年年底，中国电子商务（包括B2B、B2C、C2C）市场交易规模达10.2万亿元，同比增长29.9%。其中，B2B电子商务市场交易额达8.2万亿元，同比增长31.2%。网络零售市场交易规模达18 851亿元，同比增长42.8%。当然，在过去20年的电子商务快速发展过程中，问题和机遇、创新和治理是同步出现的。这个过程当中主要是以企业创新和市场自治为基础，加以消费者和政府等多个参与方合作、竞争和共同博弈的结果。

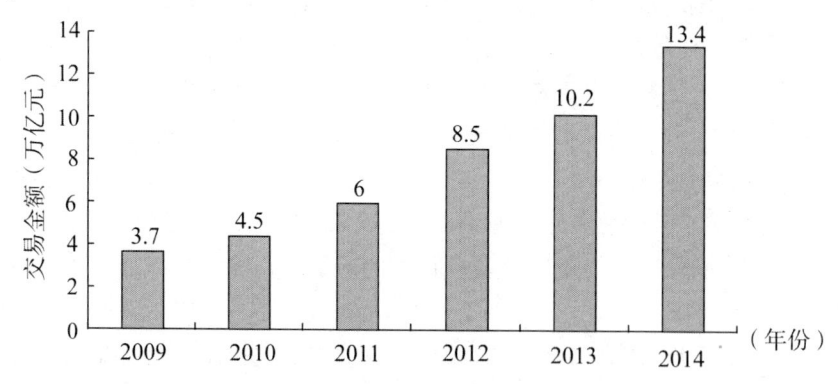

图 1-6　2009—2014年中国电子商务的市场交易规模

企业的信息化程度直接关系到电子商务的基础。电子商务并不只是建立门户网站，还包括电子商务发展的基础，也就是广义电子商务的发展，即电子商务企业需要全面完成信息化过程，如建立MIS、ERP、CRM、SCM等系统，才能更好地发展电子商务。目前，我国大型企业的信息化程度已经逐步提高，但是占据比重最大的中小企业的信息化举步维艰。中小企业还存在信息管理水平低、信息机构不健全、信息化建设投入不足与建设成本过高、经营管理中运用计算机网络不充分等问题。

电子商务交易之所以不同于传统交易，是因为其交易活动完全在线上进行，因此，其发展的核心问题之一是交易的安全性，因此也提出了安全控制要求，包括信息保密性、交易者身份的确定性和不可否认性、不可修改性。网上支付也是影响电子商务发展的关键要素之一，网上支付需要具备四个方面的条件，即商务系统、电子钱包、支付网关和安全认证。因此，需要高质高效的电子化金融服务的配合，而我国金融服务水平和电子化程度不高，这就导致网上支付成为制约电子商务发展的瓶颈。交易环境的虚拟性要求良好的信用环境。但是在我国，人们信用消费的意识比较薄弱，商家的假冒伪劣产品问题突出，因此为又一瓶颈。

无论是B2B、B2C还是C2C，都包含电子商务的四大流——信息流、商流、资金流和物流。当顾客在C2C网站上通过网上发布的商品、服务的信息，搜索到需要购买商品的信息,并通过 Internet 进行交互式的信息反馈,确定商品规格、性能、交货时间等,但此时 C2C 电子商务过程还没有结束,只是完成了商务的网络交易,只有等到电子商务交易的实物送到顾客手中时,整个过程才算结束。线上的电子商务交易活动,需要线下的物流活动支撑。目前,物流速度缓慢影响了很多消费者网上交易的积极性。

传统的税收征管很大部分通过代扣代缴进行,网上交易属于没有固定交易场所的互联网环境,由于互联网的全球性等特点,不需要中介机构,扣缴税款无法实现,因此也给税收征管带来了难题。

第五节 中国典型的互联网企业

为了对中国的互联网发展历程和现状有个整体和细节相结合的把握,这里从电子商务 B2B、B2C 和 C2C 三种交易模式的角度介绍有代表性的互联网企业。

一、B2B 类电商企业

企业是电子商务最热心的推动者。据《2013 年度中国电子商务市场数据监测报告》数据显示,截至 2013 年年底,中国电子商务(包括 B2B、B2C 和 C2C)市场交易规模达 10.2 万亿元,其中 B2B 电子商务市场交易额达 8.2 万亿元,达到整个电子商务交易额的 80.39%。国内 B2B 电子商务经过十几年的发展,出现了 B2B 电子商务市场被几大"巨头"所瓜分的局面,如图 1-7 所示。五大电子商务平台——阿里巴巴、我的钢铁网、慧聪网、环球资源、中国制造网,所占 B2B 市场交易额超过 70%。其中,阿里巴巴排名首位,市场份额为 44.5%。

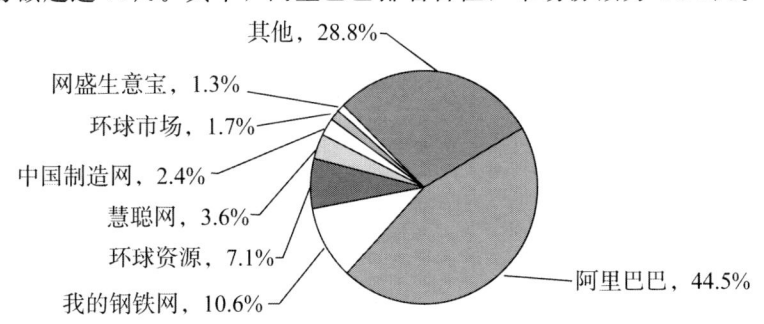

图 1-7 2013 年中国 B2B 服务商市场份额占比

下面我们从水平市场和垂直市场两个类型的 B2B 网站分别给予介绍,其中,阿里巴巴、慧聪网和环球资源网等属于水平市场的 B2B 站点,而我的钢铁网、中国化工网、能源一号网等属于不同行业内的垂直型网站。

阿里巴巴（www.alibaba.com）作为以线上外贸服务为主的综合 B2B 模式，是中国最大的网络公司和世界第二大网络公司，全球网站流量排名第 75 位，是马云在 1999 年一手创立的企业对企业的网上贸易市场平台。阿里巴巴的电子商务业务集中于 B2B 信息流，是电子商务的第三方平台提供商。阿里巴巴实行会员制度，主要开展"诚信通"会员和"中国供应商"会员有偿服务。会员可通过网站阅读行业新闻，了解行业动态，及时掌握供求状况，查询和发布供求信息，会员采购商和供应商通过阿里巴巴网站进行自由对接，达成企业间的合作与贸易，阿里巴巴作为平台提供者不介入会员企业间的交易行为。阿里巴巴网站分为中文、英文和日文三种语言版本。阿里巴巴从成立到现在，一直致力于实现"让天下没有难做的生意"和"帮助中小企业成功"的经营理念，在不到 10 年的时间里其触角已经遍布全球 240 多个国家和地区。

阿里巴巴成功的原因之一是其准确的定位——面向中小企业的 B2B 信息交流平台。如图 1-8 所示，这一中介平台由阿里巴巴自己建网，提供产品的采购、信息和销售等方面的服务，将企业与供货商、经销商等关联企业的传统业务模式转变为以互联网为基础的电子交易模式。相关企业直接在阿里巴巴平台发布产品和技术信息，以电子邮件或其他基于互联网的通信方式进行交流，在网上寻货订货、处理订单、跟踪供货、库存和销售情况，解决了企业特别是中小企业信息匮乏、交易成本过高的问题，并能够追踪供应商品的种类和价格的变化，从而大大简化了企业间的业务流程。

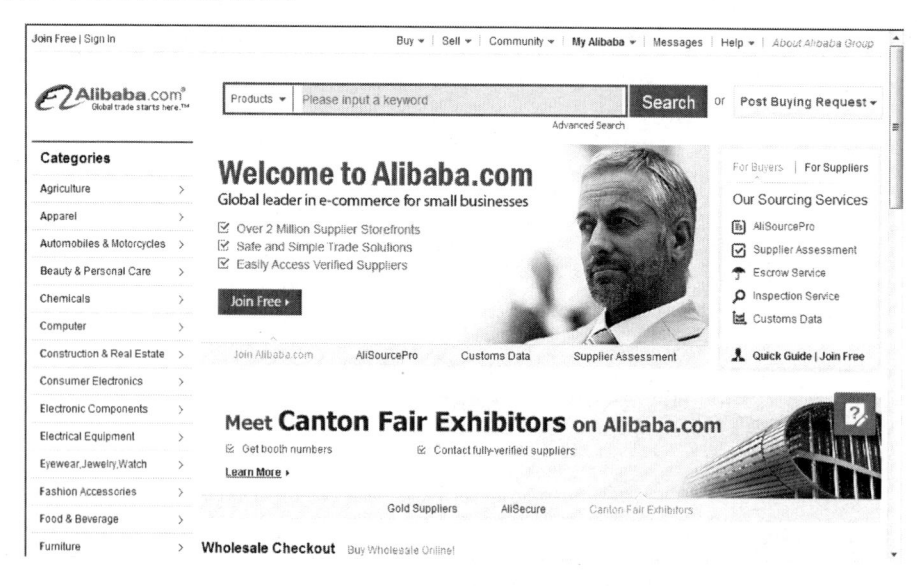

图 1-8　Alibaba 网站首页

在互联网上进行交易，买卖双方互不见面，缺乏了解，因此，买卖双方的信用问题一直是困扰电子商务发展的最大瓶颈。为了克服这一阻碍 B2B 发展的"硬伤"，2001 年，阿里巴巴创新性地在其国际站点（www.alibaba.com）推出了企业商誉的量化工具"诚信通"，以服务于国外贸易商。阿里巴巴通过第三方认证、证书及荣誉、阿里巴巴活动记录、资信参考认证和会员评价五个方面，为每个使用该服务的企业建立网上信用活档案，从而把阿里巴巴打造成一个诚信、安全的网上电子商务平台。2002 年，阿里巴巴将"诚信通"引入中国站点（www.alibaba.com.cn），以便中国国内贸易的买家和卖家在网上进行交易。"诚信通"的推出，很大程度上克服了电子商务企业的信用问题（阿里巴巴如何领舞中国电子商务）。目前，阿里巴巴已经成为国内最大的 B2B 电子商务平台。

慧聪网（www.hc360.com），是以线下内贸服务为主的综合 B2B 模式，是国内领先的 B2B 电子商务信息服务提供商。它从早期的线下慧聪商情转型到线上服务，依托其核心互联网产品"买卖通"以及雄厚的传统营销渠道——慧聪商情广告与中国资讯大全、研究院行业分析报告为客户提供线上、线下的全方位服务，这种优势互补、纵横立体的架构已成为中国 B2B 行业的典范，对电子商务的发展具有革命性的影响。

1991 年，慧聪在《计算机世界》开辟计算机产品报价服务，慧聪模式的商情业务迅速展开。一年后与电报局合作，在北京承办邮电部 160 咨询电话的计算机等商情报价专线 1601188。1994 年开始进入媒体广告代理领域。2002 年与新浪合作，新浪网正式采用新版慧聪新闻搜索引擎和网页搜索引擎。2004 年将慧聪商务网正式更名为慧聪网，开通了 40 多个行业频道和 76 个行业搜索引擎，当年 9 月慧聪网与腾讯科技合作，联手为商务人士推出即时通信工具"买卖通TM"。2005 年慧聪网"买卖通"开始组织线下供需见面会，每月 40 场以上。其主要收入来源为线下会展、商情刊物、出售行业咨询报告等所带来的广告和所收取的增值服务费用。B2B 典型的企业除了慧聪网还有环球资源。

中国化工网（http://china.chemnet.com/）是中国早期的行业垂直型 B2B 站点的典型代表。与综合类的水平 B2B 站点如阿里巴巴和慧聪网不同，作为以供求商机信息服务为主的行业 B2B 模式的互联网企业，中国化工网是只专注于一个行业的垂直型站点。它由网盛科技创建并运营，是国内第一家专业化工网站。垂直行业网站作为电子商务的重要平台，它具有专业性强、互动性高、搜索成本低等特点，能为企业级客户提供更方便、快捷、精准和专业的服务。相对于综合类行业网站来说，垂直型网站对一个领域的信息和用户需求有更深的认识和把握，这也是未来电子商务发展的一个重要趋势。其商业模式具体分析如下。

1. 以行业信息服务为经营目标：专业网站

1997年，当人们都在关注dot-com时，现在的网盛科技总裁孙德良却选择了为行业提供服务的经营思路：选定专业网站可以对行业资源和需求更为熟悉，服务内容更加深入和细化。在深入分析了当时化工行业的现状后（化工企业数量多，有理想的规模，产业链较长，种类多，标准化程度高），他确信在价格合理的情况下，化工企业能够承担也愿意为享受网络商务服务支付合理的费用，这就确保了公司具备可持续发展的能力。

2. 明确的盈利模式："会员＋广告"

中国化工网从创建伊始就有明确的盈利模式：通过为会员企业的原材料采购、产品出口提供信息而创造价值，同时经营互联网广告业务，以收取会员费和广告费作为企业的盈利模式。为确保信息服务质量，公司建立了国内较为完备的化工行业数据库，内含40多个国家和地区的56 000多个化工站点，20余万条中文企业产品信息，50余万条英文企业产品信息。该数据库是中国化工网赖以开拓市场、提供服务的核心要素。随着公司化工企业会员数量的增长，该数据库一直在持续扩充，并实现数据的动态更新。

3. 用渔叉杀鱼和用网捕鱼：低成本扩张

在其他互联网公司纷纷引入风险投资或战略投资时，中国化工网一直坚守自己的创业模式——"专业网站＋低成本扩张"，以自有资金稳健、独立地经营，因此在网络泡沫极度膨胀的时期，公司的经营模式未受风险资本的干扰，在网络经济的寒潮期依然实现了持续的盈利。中国化工网在度过了势单力薄的起步阶段后，沿着低成本之路，逐渐撒开了扩张的"渔网"。1998年起公司开始逐步向南京、北京等化工重地发展，先后在南京、济南、北京、上海、广州、成都、沈阳设立了办事处或联络处，实现了业务的快速扩张。目前该企业同时还经营中国纺织网、中国医药网等行业网站。

我的钢铁网（www.mysteel.com），如图1-9所示，是钢铁互联网行业的领头羊，唯一的上市公司。它是2000年成立的上海钢联电子商务股份有限公司（简称"上海钢联"）推出的5个网站之一。

它的兴起和我国钢铁市场的发展历程密切相关。20世纪80年代中国的钢铁行业还是国家管控的计划经济时代，到90年代是管控与自由并行的半开放半计划的双轨制时代，2000年后是全面放开和完全竞争的市场经济时代。由于长期以来管控经济造成的市场交易渠道单一、信息闭塞，就连基本的价格行情也存在严重的信息不对称，导致同类产品的价格差异有时高达100元/吨以上。正是在这种市场信息服务的需求下，具有钢铁行业背景的互联网公司"上海钢联"推出了我的钢铁网。由于与实体经济结合紧密，网站在经营之初就实现了盈利。经过十多年的发展，该站点已经在业内具有非常高的品牌知名度和认可度，2012年净利润在3800万元左右。上海钢联主要提供价格行情、生产环节数据、商情信息和产业环境信息四类资讯，并借助旗下平台的影响力为客户提供宣传推广服务，通过研究中心提供专业行业研究咨询服务，并举办行业高峰论坛、地区沙龙、供需见面会、培训，为客户搭建桥梁等。与中国化工网和我的钢铁网类似的还有中国石油物资采购平台能源一号网、中国纺织网、中国医药网等不同行业垂直型B2B站点。

图 1-9 我的钢铁网首页（部分）

本书根据国际上权威的流量排名网站Alexa（www.alexa.com）分别对国内主要B2B、B2C和C2C电子商务站点进行了对比，结果如图1-10所示。由图1-10可知，当前，Alibaba.com的网站流量全球排名为第75位，远高于中国制造网、慧聪网、全球资讯网、我的钢铁网、生意宝、中国化工网、乐百供和能源一号网等站点。而且在过去半年内这些站点的排名和流量都相对非常稳定，说明中国的B2B电子商务已发展得比较成熟和稳定。

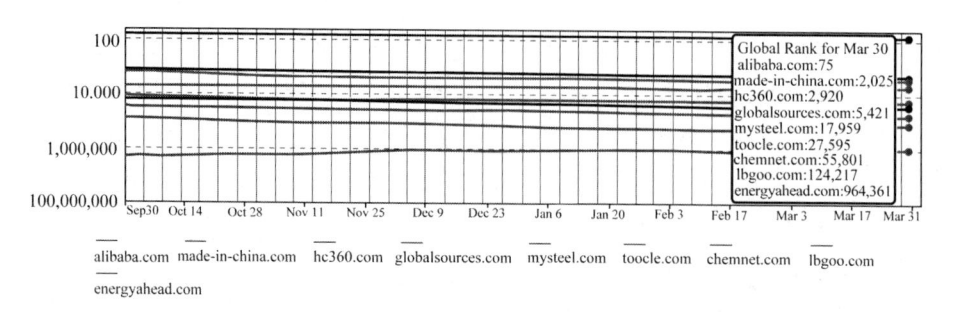

图 1-10 国内 B2B 部分站点的全球流量排名（2013.9—2014.3）

二、B2C 类电商企业

相比较，我国 B2C 模式的电子商务发展变化较大，企业竞争比较激烈。如图1-11所示，除天猫商城独占鳌头，全球网站流量排名为第 22 位外，苏宁、卓越亚马逊、京东商城、国美在线等站点排名比较接近，属于第二梯队，排名大多在第 300 名左右，而唯品会、1 号店、当当网和腾讯旗下的易迅网等排名在第 1000 名之后。近些年由于 B2C 站点的实物类产品销售在直接面向消费者的过程中产品质量有保障、服务统一规范等优点，使得从事 C2C 站点和传统渠道的零售商纷纷转向 B2C 网站销售模式，因此引发了激烈的竞争。下面我们具体介绍几家 B2C 电子商务企业。

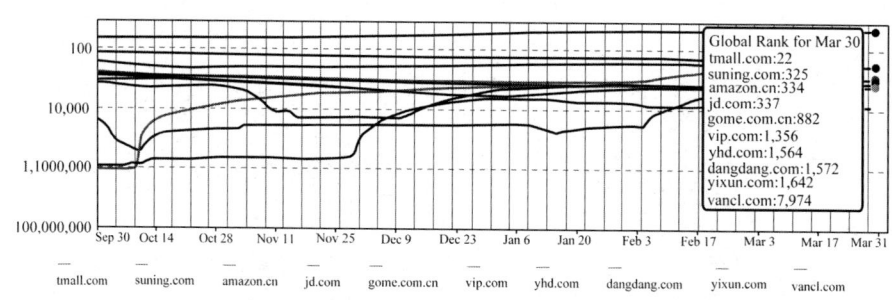

图 1-11 国内 B2C 部分站点的全球流量排名（2013.9—2014.3）

B2C 模式是指企业与消费者之间的电子商务，实际上是需求方和供给方在网络所构造的虚拟市场上开展的买卖活动，其最大的特点是供需直接"见面"、速度快、信息量大、费用低。

8848 网站，如图 1-12 所示，自 1998 年王峻涛（微博名"老榕"）成立电子商务网站 8848 的前身软件港湾为旗舰以来，中国的 B2C 走过了漫长的 12 年，最早一批的电子商务网上 8848 和 E 国已被埋进了历史的故纸堆，而分别于 1999 年和 2000 年创立的当当网和卓越网，前者在经历漫长的 10 年挣扎后，于 2009 年略有盈余，目前正在启动上市，后者已于2004年被美国亚马逊所收购。目前年轻的B2C，如京东商城、凡客诚品，正在以一种野蛮的力量肆意生长。近5年来，京东商城每年的复合增长率超过300%，2014年销售额有望突破100亿元；2007年年底创立的凡客诚品，2009年其销售额达到5亿元；它们是中国B2C新生力量的代表。

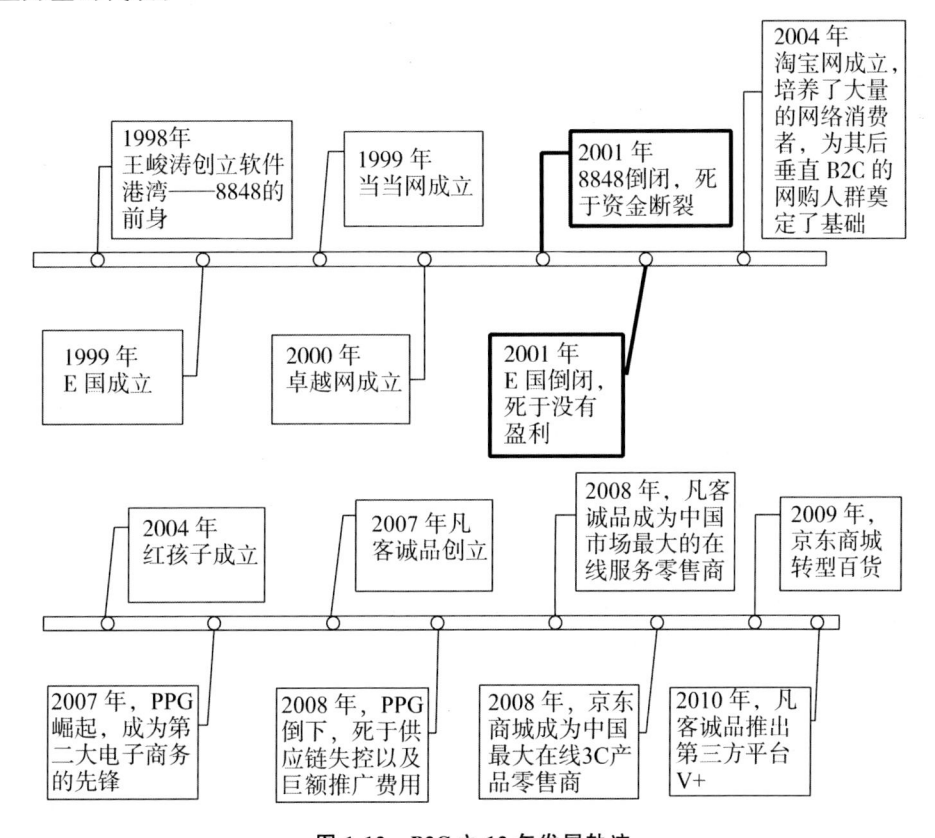

图 1-12　B2C之12年发展轨迹

8848网上商城是1999年5月由王峻涛创办的国内首个B2C电子商务站点，并在当年融资260万美元，正式开通了中国当时规模最大的以在线销售为核心、以最终消费者为目标的商业网站，同时也标志着国内第一家B2C电子商务网站诞生。8848网站域名的含义是珠穆朗玛峰的高度，寓意世界第一数字巅峰。据统计，8848网站首季度在线销售额为220万元，当时大约有98%的访问者是在浏览网站的内容，只有1.7%的人发生了实际购买。8848网站克服了阻碍中国电子商务的"三座大山"（网民规模、支付、配送），8个月以后拥有了下列服务的支持：可以覆盖29个城市的门到门配送服务企业、覆盖450个城市的EMS配送服务、覆盖数百个城市的电子电器商品的配送和服务体系以及通达世界各地的 UPS 配送服务,支持在线支付的信用卡、存折、储蓄卡一共有 19 种之多。截至 2000 年年初,8848 网站已有 30 多万注册用户,购买纪录已高达百万余次。1999 年 1 月,联邦电子商务部开始架设 8848.net 站点,并于当年 5 月正式运营;1999 年 9 月,8848 引进海外风险投资,正式改制为外商独资企业;同时 BVI 注册成立 8848 母公司 8848.net;同年 11 月,8848 增资扩股,融资额达到 6000 万美元;2000 年 4 月,8848 宣布从 B2C 转向 B2B,12 月 my8848 从 8848 公司中拆分出去,从事 B2C 直销业务。

京东商城(www.360buy.com)是中国 B2C 市场最大的 3C 网络购物专业平台,是中国电子商务领域最受消费者欢迎和最具影响力的电子商务网站之一,也是垂直 B2C 网站中的佼佼者之一。

京东商城自 2004 年初涉足电子商务领域以来,专注该领域的长足发展,借鉴美国的 Buy.corn 公司,京东商城专注 3C 领域,并在短短的几年中取得飞速发展,2006 年京东商城的销售额为 8000 万元,2007 年通过一轮风险投资后销售额达到 3.6 亿元,而在 2008 年第一季度京东商城的销售额就达到 197 亿元。

凭借在 3C 领域的深厚积淀,秉承"先人后己"的发展理念,奉行"合作、诚信、交友"的经营理念,京东商城先后组建了上海及广州全资子公司,富有战略远见地将华北、华东和华南三点连成一线,使全国大部分地区都覆盖在京东商城的物流配送网络之下;同时不断加强和充实公司的技术实力,改进并完善售后服务、物流配送及市场推广等各方面的软硬件设施和服务条件。相较于同类电子商务网站,京东商城拥有更为丰富的商品种类,并凭借更具竞争力的价格和逐渐完善的物流配送体系等各项优势,赢得市场占有率并多年稳居行业首位。2008 年 4 月京东商城在 2008 第三届艾瑞新经济年会中赢得了电子商务类的"最具发展潜力企业"的荣誉。

苏宁易购(www.suning.com)是目前传统渠道商开展线上与线下融合创新的一个代表性企业。虽然基于互联网的电子商务在国内自 2000 年左右就已开始,但长期以来,传统的品牌企业在电子商务领域的投入并不多,原因是线上的销售额远不及线下已有的销售渠道。如电商业务做得较好的李宁、百丽等品牌,线下每年有几十亿销售而线上不超过 100 万,类似的情况非常多。如此大的差距使得他们很难下决心转向互联网思维,大力度地投入自主经营的电子商务。而另一方面,它们又很难与像天猫、京东商城和当当网等主流 B2C 运营商合作代运营,因为在线上线下不同渠道上的定价和营销推广上会产生较大的矛盾，容易产生市场价格和经营混乱。

作为传统家电零售企业代表之一的苏宁电器，同样一直受困于线上线下经营的困惑之中，虽然自 2005 年即已在南京开展当地的电子商务尝试，直到 2009 年才与 IBM 合作全面开展线上与线下相结合的电子商务平台，成为新一代的 B2C 网上购物平台，覆盖传统家电 3C、红孩子母婴、运动户外等品类。它的特点是具有线下实体店的品牌优势、成规模的采购优势及遍及全国 1000 个配送点和 3000 多个售后服务网点的服务优势。苏宁正尝试解决线上线下价格和促销上的矛盾，成为传统零售企业开展 O2O 电子商务模式的一个代表性企业。

当当网（www.dangdang.com）目前是国内知名度较高的综合性中文网上购物商城之一，创始人李国庆于 1999 年 11 月正式开通该网站业务。据当当网的统计介绍，自成立以来，当当网一直保持高速度成长，每年成长率均超过 100%。1999 年，当当网靠网上书店起家，创始人李国庆凭借在图书界多年的积累，直接从出版社取得货源并以低价战略在网上开展图书销售的业务。直到现在，图书销售仍然在当当网中占有较大的比重。经过多年的发展，当当网已经转变为综合的网上购物商城，2006 年 10 月，当当网首推"个性化推荐"服务，将用户网上购物体验提升到了一个新的高度；2007 年 8 月当当网新的 ERP 系统上线，同时推出新的购物车和结算功能；2008 年 7 月，当当网针对北京、上海、广州、深圳四地进行物流大提速；2008 年 10 月，当当网推出全场免运费的优惠运费政策。2008 年 10 月当当网新版首页上线，改版后的页面突出了综合购物商城的网站形象。为了实现当当网对顾客的便利承诺，当当网强调"鼠标＋水泥"的运营模式，在消费者享受"鼠标轻轻一点，精品尽在眼前"的背后是当当网耗时 9 年修建的"水泥支持"——庞大的物流体系，仓库中心分布在北京、华东和华南，覆盖全国。此外，当当网员工使用自行开发的物流、客户管理、财务等软件来支持整个运作系统的高效运转，在全国 360 个城市里，大量本地快递公司为当当网的顾客提供"送货上门，当面收款"的服务。

在电子商务诚信建设方面，当当网坚持"诚信为本"的经营理念，在国内首次提出"顾客先收货，验货后才付款""免费无条件上门收取退、换货"及"全部产品假一罚一"的诺言，用自己的成功实践经验为国内电子商务企业树立了的"诚信经营，健康发展"的榜样。

三、C2C 类电商企业

1999 年，邵亦波创立易趣网，创中国 C2C 先河。1999 年 8 月，易趣网正式上线。2003年5月，阿里巴巴以4.5亿元成立C2C网站淘宝网。2004年4月，一拍网正式上线，新浪占据其中33%的股权，原雅虎中国占67%的股份。2004年6月，易趣网进入与美国eBay平台对接整合。2005年9月，腾讯推出拍拍网，2006年3月13日运营。2006年2月15日，一拍网彻底关闭，阿里巴巴收购一拍网全部股份，原属一拍网用户导入淘宝。2007年10月，搜索引擎公司百度宣布进军电子商务，筹建C2C平台。2008年10月百度电子商务网站"有啊"正式上线，有望开创新的电子商务格局。

互联网发展的整体状况决定了C2C电子商务营销的成败，据中国互联网络信息中心（简称CNNIC）发布《第33次中国互联网络发展状况统计报告》，如图1-13所示，截至2013年12月，我国网民规模达6.18亿，全年共计新增网民5358万人。互联网普及率为45.8%，较2012年年底提升了3.7个百分点，整体网民规模增速持续放缓。与此同时，手机网民继续保持良好的增长态势，规模达到5亿，占19.1%。2013年，我国网民的互联网应用表现出商务化程度迅速提高、娱乐化倾向继续保持、沟通和信息工具价值加深的特点，其中，商务类应用表现尤其突出。截至2013年12月底，网络购物用户规模达到3.02亿，使用率达48.9%。

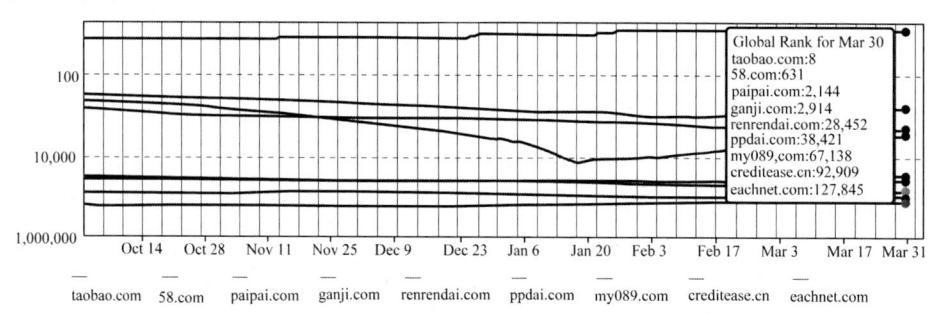

图1-13 国内C2C部分站点的全球流量排名（2013.9—2014.3）

目前，我国主要的C2C购物网站市场格局处于淘宝一家独大的局面。淘宝网，是亚太最大的网络零售商圈，致力打造全球领先网络零售商圈，由阿里巴巴集团在2003年5月10日投资创立。淘宝网现在的业务跨越C2C（个人对个人）和B2C（商家对个人）两大部分。2006年随着拍拍网的强势介入，C2C领域形成了四足鼎立之势，淘宝、易趣、拍拍、百度有啊，四家各有千秋，而又强弱分明。但是，淘宝在C2C领域的领先地位暂时还无人撼动，根据中国互联网信息中心《2012年中国网络购物市场研究报告》统计，截至2012年9月，淘宝网的用户渗透率高达 88.1%，远高于其他 C2C 网站。

1999 年成立的易趣网，在 2002 年获得全球最大的电子商务网站美国 eBay 公司注资 3000 万美元。2004 年 4 月，易趣网进入网站整合期，与 eBay 平台对接，2004 年 9 月，两平台整合成功，eBay 易趣的用户能与来自美洲、欧洲以及亚洲各国的 1 亿用户进行网上跨国交易。但在 2006 年，eBay 易趣的市场份额下降到 20%，淘宝上升至 72%，年底的时候，被淘宝逼得举步维艰的 eBay 易趣宣布和 TOM 在线组成合资公司，至此，eBay 以一种体面的形式退出了 C2C 市场，形成了现今 C2C 电子商务市场淘宝网独大的局面。

淘宝网后来居上，日益兴盛，而易趣网却一直衰落，究其原因，是淘宝和易趣创新与竞争的结果。蚂蚁与大象的竞争，最终却是蚂蚁赢了，导致这种结果的原因很多，最终要归结于淘宝网针对中国的具体国情而在策略上做出的创新，现归纳如下。

1. 会员制营销策略

淘宝网在短短的一年多时间里，超越了积累了 6 年市场的 eBay 易趣，创造了中国电子商务领域的奇迹，虽然资金和技术以及运作经验等不如 eBay，但是淘宝网却在会员方面下功夫，终于赢得了会员的认可和支持。淘宝网最大的成功不是在于资金巨大、技术好或者经验丰富，以及有阿里巴巴的背景，淘宝网最大的成功在于站在会员角度做网站，以会员为中心，一切以会员利益为第一位的理念运营网站。

2. 免费策略

互联网从技术向商业的逐渐迈进和日益深入，最初就是得益于免费策略的实行，比如免费邮箱、免费下载、免费搜索、免费的信息查询等，淘宝网亦是如此。淘宝一直非常注意自己在媒体和网民中的形象，多次发表公告淘宝将继续免费到底，这一免费策略是当时环境下的必然，一方面，指望从囊中羞涩的年轻人中追求利润并不符合中国的实际；另一方面，在市场缺乏信任和监督机制缺位的情况下，对于买卖双方的虚假交易，很难弄清真伪。而在淘宝推出免费政策之时，易趣却坚持收费的策略，面对始终免费的竞争对手，易趣只能始终被动地采取降价策略，直至最终失去潜在客户。

3. 价格策略

以拍卖起家的 eBay 并不显示产品的确定价格，而淘宝采取了固定价格的策略，以买家和卖家为交易的中心，减少了其他方面的干预。用户通过使用淘宝的即时通信工具阿里旺旺能与店家在线对话，同时也可以评价和推荐商户。但是 eBay 采用的是其在美国本土市场相同的价格策略，而淘宝做出了创新，给客户带来了不同的体验。在固定价格策略下淘宝用户能够及时购买产品，而对于 eBay 用户来说他们必须等到拍卖时间截止后才有可能买到商品。

4. 支付宝的应用

2004 年 12 月 30 日，支付宝（www.apply.com）正式发布，支付宝网站是国内首创第三方担保在线支付模式，成功打造了国内最先进的网上支付平台，致力于为网络交易用户提供优质的安全支付服务。支付宝的流程如下：买家将钱打到支付宝上－支付宝提供担保－卖家发货－买家收货－验收合格后通知支付宝付款－支付宝将钱打给卖家。

中国互联网资深分析师吕伯望说支付宝在中国电子商务崛起过程中起到的重要作用是，让买家敢于先付钱。中国人做生意总要先打个交道，看价格，摸商品，然后再付钱，最好是一手交钱一手交货。而支付宝克服了先付钱的恐惧心理。支付宝自成立以来，在短短的一年多时间，迅速成为会员网上交易不可缺少的支付平台，深受广大会员喜爱，引起业界高度的关注。支付宝公司于 2009 年 7 月 6 日宣布用户数突破 2 亿。2005 年 2 月 2 日，"你敢用，我就敢赔"的口号提出，支付宝推出全额赔付制度，支付宝的应用是中国电子商务的一个里程碑。

5. 互动的推出

即时通信阿里旺旺的推出，是淘宝的另一杀撒锏，易趣网限制买卖双方互留联系方式，因为淘宝免费，所以从一开始就不限制双方互留联系方式，而阿里旺旺的推出，使客户端和与用户个人信息紧密结合在一起，极大地提高了交流效率。而易趣网的客户只能通过站内信沟通，站内信并不及时。据某网站调查统计，淘宝旺旺目前已成为仅次于 QQ 和 MSN 的国内第三大即时通信软件。

此外，淘宝利用 Web 2.0 推出了互动评价的功能，客户购买商品以后可以给商品打分和评价，评价内容可以给后来的客户提供购买决策依据，而易趣网没有此功能。

第六节　电子商务的影响

一、电子商务对传统经济的影响

电子商务在经济学形态上属于信息经济学范畴，它通过网络通信工具进行信息传递、交流和共享开展商务活动。而信息经济和传统经济有着本质上的区别，经详细对比，现总结如表 1-1 所示。

表 1-1　信息经济与传统经济的对比

	信息经济	传统经济
主导者	知本家	资本家
基本要素	知识（技术、信息）和网络	劳动力、自然资源和资金
资本形式	人力资本	物质资本、货币资本
劳动方式	脑力劳动为主	技术操作为主
竞争方式	创新能力竞争	资本实力竞争
竞争目标	顾客锁定	市场垄断
运行动力	科技创新、商务创新	资本积累
增长方式	边际收益递增	边际收益递减
投资对象	信息化服务	工业化产品
生产形式	内涵式（质）扩大再生产	外延式（量）扩大再生产
经营理念	追求创新效益和先发优势	追求规模效益和资源优化配置

这里特别介绍信息经济学里的一个基本规律——梅特卡夫定律。

梅特卡夫定律是 3Com 公司的创始人、计算机网络先驱罗伯特·梅特卡夫（Robert Metcalfe）提出的。它指出网络价值的大小是以用户数的平方的速度呈指数性增长。网络外部性是梅特卡夫定律的本质。这个定律告诉我们：如果一个网络中有 n 个人，那么网络对于每个人的价值与网络中其他人的数量成正比，这样网络对于所有人的总价值与 $n \times (n-1) = n^2 - n$ 成正比。如果一个网络对网络中每个人价值是 1 元，那么规模为 10 倍的网络的总价值等于 100 元；规模为 100 倍的网络的总价值就等于 10 000 元。网络规模增长 10 倍，其价值就增长 100 倍，如图 1-14 所示。

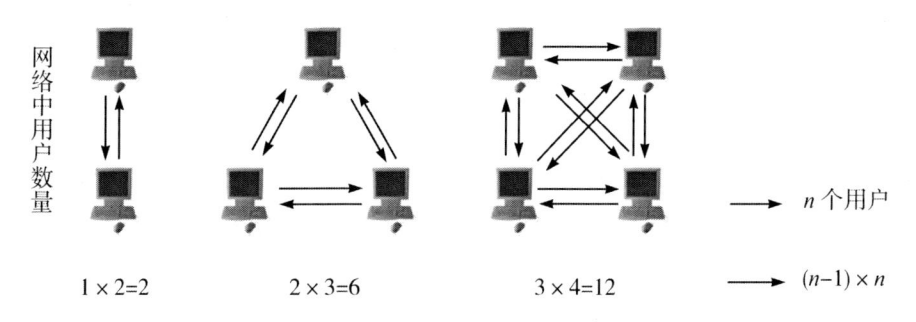

图 1-14　梅特卡夫定律示意图

梅特卡夫定律决定了新科技推广的速度。梅特卡夫定律常常与摩尔定律相提并论。梅特卡夫定律提出，网络的价值与联网的用户数的平方成正比。所以网络上联网的计算机越多，每台电脑的价值就越大。新技术只有在有许多人使用它时才会变得有价值。电子商务竞赛中常有作品提出并设计类似淘宝的综合交易平台，但如果不能制定有效的网络营销策略并吸引一定规模的用户点击使用该平台，那么该电子商务平台的价值就几乎为零。而只有进行有差异的创新，凭借为用户提供不同价值的网络服务才能有效地吸引用户使用，并在形成一定网络规模之后，提供更大的网络价值。

使用互联网的人越多，这些产品或服务才会变得越有价值，因而越能吸引更多的人来使用，最终才会提高整个网络的总价值。例如，一部电话没有任何价值，几部电话的价值也非常有限，成千上万部电话组成的通信网络才把通信技术的价值极大化。网络即时通信工具如腾讯 QQ、飞信等应用也是一样的道理。当一项技术已建立必要的用户规模，它的价值将会呈爆炸性增长。价值是收益与成本的差额。一项技术多快才能达到必要的用户规模，部分取决于用户进入该网络的成本（如学习成本、金钱成本、心理成本等），代价越低，达到必要用户规模的速度也越快。有趣的是，一旦形成必要用户规模，由于网络外部性作用会形成一个赢者通吃的市场，此时，技术开发者在理论上即可以提高对用户的价格，攫取垄断利润。这将部分地补偿产品推广前期为吸引一定顾客群而做的投入，另外也因为这项技术的应用价值和收益比以前的确增加了。

信息资源的奇特性不仅在于它是可以被无损耗地消费的（如一部古书从古到今都在"被消费"，但不可能"被消费掉"），而且信息的消费过程可能同时就是信息的生产过程，它所包含的知识或感受在消费者那里催生出更多的知识和感受，消费它的人越多，它所包含的资源总量就越大，如维基百科、百度百科、各类论坛、新闻跟帖等。互联网的威力不仅在于它能使信息的消费者数量增加到最大限度（全人类），更在于它是一种传播与反馈同时进行的交互性媒介（这是它与报纸、收音机和电视的根本区别之一）。所以梅特卡夫断定，随着上网人数的增长，网上资源将呈几何级数增长。

梅特卡夫定律是基于每一个新上网的用户都因为别人的联网而获得了更多的信息交流机会，指出了网络具有极强的外部性和正反馈性：联网的用户越多，网络的价值越大，联网的需求也就越大。这样，我们可以看出梅特卡夫定律指出了从总体上看消费方面存在效用递增——即需求创造了新的需求。这体现了网络的价值，也是电子商务能够提供或创造价值的一个信息经济学的基础，可以解释网络企业的诸多市场行为和规律。如当前打车软件（嘀嘀打车和快的打车）为争夺市场通过各种方式补贴出租车司机和乘客，以使司机和乘客选择其各自的系统平台，这种激烈竞争的背后经济学原理即在于此。一项创新的用户接受和市场推广过程一般呈 S 形曲线。首先将顾客基础积累到可以触发正反馈效应，或触发指数型增长的企业将实现用户的井喷式增长，达成赢者通吃的市场。这也是为什么网络企业的盈利模式一般是先靠风险投资"烧钱"赢得一定的顾客基础，而且主营业务坚持长期免费，然后利用网民的"眼球"和注意力提供相关增值服务，让愿意付费的用户享受更多服务。这成为互联网企业盈利的一般模式，与梅特卡夫定律不无关系。

电子商务可以降低传统商务的交易成本、管理成本、库存成本、营销成本等多项成本。如图 1-15 所示，随着规模的扩大，电子商务环境下的平均成本降低，而传统环境下的平均成本在规模扩大到一定程度时将增加，这主要是由传统商务的边际成本递增造成的。随着规模的增大，电子商务和传统商务的交易成本都显著降低，但电子商务环境下的交易成本比传统商务普遍较低。而在成本固定的情况下，电子商务环境下的产品丰富度和群体覆盖度都显著高于传统商务环境。电子商务对宏观经济也具有重要影响，如传统经济里的菲利普斯曲线表示失业率与通货膨胀率之间的负相关关系，但在电子商务的快速发展过程中（1996—2000年），美国经济出现了高经济增长率、低通货膨胀率、低失业率三者之间前所未有的高度兼容。另外，对传统的规模经济和垄断经济也有深远影响，产生了差异经济、时效经济和利基经济等新的互联网经济形式。

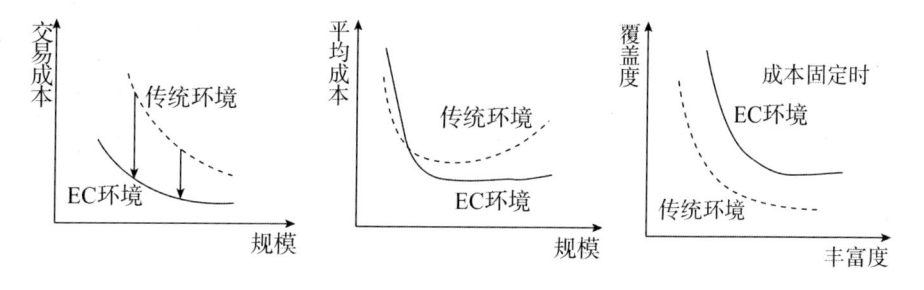

图 1-15　电子商务环境与传统环境下交易成本、平均成本、覆盖度和丰富度的影响

二、电子商务对传统企业管理的影响

电子商务中，人才和知识成为企业的核心生产资料，其中包括员工的知识、客户的知识和合作伙伴的知识。"以人为本""以客户为中心"和"合作竞争"的理念使得企业着手考虑将知识电子化、网络化积累下来，使得知识不会随着人员的流动而流失，从而成为企业的一项重要资产，这就是知识管理（Knowledge Management）概念的来源，电子商务使它从概念变为可能。

电子商务给企业的管理带来哪些影响呢？表 1-2 从管理理念、目标、关系和组织四个方面给予了对比分析。结果可见，电子商务可以释放员工的主观能动性和创造性,给企业带来了更多活力和创新,也为企业管理带来了新的变化。因此,企业在信息化的过程中,并不是简单地利用 ERP 等软件或企业门户网站,而是企业业务流程和整个管理的变革。由于电子商务改变了企业的信息流和资金流,因此原先的部门职责、分工需要重新设计,利用电子商务可以优化企业业务流程,电子商务使组织间、组织内部业务单元间的协同变得更加方便、快捷。

表1-2 传统企业与电子商务企业在管理上的差异

	传统企业管理	电子商务企业管理
管理理念	强调集中、统一管理,保证员工连续、稳定、勤奋工作,不鼓励个体的创造性	强调自由经营、民主管理,鼓励员工超越自我,不断创新,发挥知识和智力的作用
管理目标	扩大规模,增加产量,追求高额利润(外延式)	加强技术创新,提高产品质量,提供满意服务,追求超额利润(内涵式)
管理关系	存在严格的管理关系,人是机器的操控者,是企业规章制度的执行者	人是知识的生产者,管理者和被管理者都参与知识的创新活动,是双向互动的关系
管理组织	以等级为基础,以监控为特征的"金字塔形"严密结构,缺乏灵活性	组织的扁平化、柔性化、网络化和虚拟化

电子商务对企业营销的影响如表 1-3 所示。电子商务的企业营销一般认为是在传统的 4P（以产品为中心）和 4C（以消费者为中心）营销理论的基础上进行整合提出的 4R（以关系为中心）营销,其注重客户关系的长期保持和互动合作、互惠共赢。

表1-3 传统企业与电子商务企业营销的区别

	传统企业营销	电子商务企业营销
沟通	单向的媒体广告和双向的公关交流	集成的、交互的、定制的网络沟通
渠道	传统零售和分销	直接(在线)销售、第三方物流服务
定价	成本定价和折扣	基于价值和需求定价
交易	当面交易或谈判、合同	目录销售、竞价拍卖、定制、智能推荐
品牌	传统品牌或合作品牌	网络信用成为第一品牌
客户	在交易中客户被动参与	客户是参与者、合作生产者

第二章 传统企业的信息化

第一节 什么是企业信息化

企业信息化是指企业在经营管理活动中，为实现人、财、物等资源的优化配置，通过运用现代化的信息通信技术（ICT），促进企业的业务流程改造和重组，提高企业信息处理能力和知识管理与决策水平，使传统经济转向信息经济和知识经济的过程。传统企业的信息化是当前中国制造业提高企业核心竞争力和经济效益的必经之路。按照企业经营活动的不同层次，企业的信息化可以分为商品生产的信息化、服务运营的信息化和管理决策的信息化三部分。马莉（2005）等人认为企业信息化发展的水平按照ICT应用的深度可分为以下三个层次。

（1）利用计算机等信息技术改造传统生产流程，提高生产过程和管理自动化水平。例如，使用各类计算机辅助设计（CAD）、计算机辅助制造工具（CAM）、复杂工程结构设计（CAE）、辅助工艺设计（CAPP）、集散型控制系统（DCS）、计算机集成制造系统（CIMS）和计算机集成生产系统（CIPS）以及智能机器手等技术，提高产品从设计到生产的自动化程度。

（2）利用计算机系统来实现企业内部的网络化和系统化，提高信息资源的开发与利用效率。企业通过企业内联网（Intranet），将企业的信息系统集成在一起，开发企业资源计划（ERP）、供应链管理（SCM）、客户关系管理（CRM）、商业智能（BI）、知识管理（KM）、办公自动化（OA）和文档管理等综合性管理信息化系统，充分开发和利用信息资源，促进企业业务流程重组和优化，提高企业经营管理水平和经济效益。

（3）基于互联网的网络营销、在线交易和物流配送等在线电子商务，实现全球范围内的原材料、生产、库存、销售和服务等整个经营过程和环节的数据共享、交换和可管可控，有效降低信息交流和交易成本，提高企业应对市场环境变化的敏捷性，降低企业经营决策中的风险。

由以上层次划分也可以看出企业信息化与电子商务的区别和联系，即企业信息化是电子商务的基础，电子商务是企业信息化发展的自然结果。尤其对于传统的工业制造类大中型企业，企业生产和管理的信息化水平直接决定了其电子商务发展的潜力和状况。没有企业内部的信息化过程作为基础，而仅仅开设一个企业门户网站实际上并不是真正的电子商务。由于中国的信息化发展并不是在工业化进程完成后才开始的，而是工业化和信息化同时进行。因此，企业的信息化和电子商务发展有时并不一定具有严格的时间先后顺序。一般来说，电子商务是信息化发展的自然结果，但是对于传统企业而言，尤其是传统中小企业，通过电子商务企业才提高了对信息化的热情，推进其信息化进程。利用电子商务的高效和低成本增强企业的核心竞争能力，这对信息领域的中小型企业尤为重要。

第二节 中国传统企业信息化的发展历程与现状

中国传统企业的信息化发展历程可以分为两个阶段，第一阶段为企业从自身发展需要而主动进行的信息化，第二阶段为政府从经济发展的宏观状况通过政策等引导的企业信息化。

一、企业自主信息化发展

企业信息化的动力一部分来自企业外部全球化市场竞争的压力，另一部分来自企业内部生产效率和管理水平不断提升的需要。企业信息需求及其结构变化导致企业重视和加强信息资源的开发和管理，并促进企业在业务活动和各管理环节广泛应用信息技术。同时为规范企业内外联系中的信息流程和更充分发挥信息技术以及网络的作用，企业还须进一步重组或再造组织结构，逐步提高供产销和经营管理的扁平化和柔性化，这一系列的原因都成为企业主动投资和开展企业信息化活动的内在动因。

自改革开放以来，中国企业的信息化水平已经取得了一些长足的进步，尤其是一些大中型企业，如中国移动和招商银行等，以及知名的民营互联网企业如阿里巴巴等。而中小企业对信息化的认识和需求在不断加强。2012年网宿科技针对国内大型集团企业的信息化现状做了一次深入的调研，结果显示，51.5％的大型集团企业的信息化覆盖企业运营过程超过80％，其中有25％的企业已经实现信息化对企业运营全过程的覆盖。信息化实现覆盖企业运营过程60％以上的企业这一比例达到68.3％。只有14.7％的企业信息化建设比较落后，信息化覆盖企业运营过程的比例在30％以下。这些数据表明，中国大多数集团企业信息化的大规模建设阶段已经基本完成。

然而中小企业的信息化程度相对落后。据金蝶中小企业事业部产品市场部总经理柴晓波表示，2012年中小企业整体IT投资增长幅度为9.5％，整体IT投资规模为 2809.5 亿元。2013 年中国中小企业信息化建设调查报告指出，超过半数（52.3%）的企业具有不同程度的信息化应用。但是，核心业务应用普及率普遍低于 10%。已经应用 ERP 的中小企业仅为 4.8%，86.2% 的企业没有应用 ERP，9% 的中小企业已经开展电子商务，一半左右的中小企业认同信息化的正面作用。55.5% 的中小企业认为 ERP 能改善财务管理，53.0% 认为能够更加及时、准确地获得市场需求信息，51.2% 认为能改善人力资源管理，50.9% 认为能够更好地管理经销渠道，50.5% 认为能加强客户管理和防止客户流失，49.2% 认为能全面提升竞争能力。四成多的中小企业愿意开展信息化，45.1% 愿意投资于营销市场信息化，43.9% 愿意投资于财务信息化，40.8% 愿意投资于人力资源信息化。

国内大型企业的信息化工程一直以来都是依靠 SAP、Oracle 等国际巨头公司提供服务。但最近几年，国内的企业信息化服务公司后来居上，依靠本地化策略迅速崛起，已有足够的能力开始为中小型企业提供服务。2009 年中国通用管理软件领域 TOP 20 的厂商中，按照销售额统计，排名前 10 位的厂商依次是用友、金蝶、SAP、ORACLE、浪潮、鼎捷软件（原神码）、远光软件、Infor、IBM、宝信，其中用友排名第一，占 25.21% 的市场份额，金蝶占 12.91%，SAP 占 12.1%。

但总体上看，中国传统企业的信息化历程还比较短，信息化程度还比较低。截至 2012 年 12 月底，受访中小企业的电子商务应用水平较低，开展在线销售的比例为 25.3%，开展在线采购的比例为 26.5%。传统企业在 IT 硬件和软件上的投入还比较少。我国软件产业发展仍然比较落后，很多企业在信息化初期又存在重设备轻软件的思想，在软件的使用、维护和二次开发、升级等方面后继乏力。据不完全统计，全国有 10 000 多家企业在集成应用 ERP，这和国家统计局统计提供的 266 090 个国有企业及一定规模以上的非国有企业的总数相比，仅占 4%（《我国企业 ERP 系统应用现状与分析》，2009）。有调查结果显示，我国企业应用单个功能信息技术的约占中国企业的 60%，将若干功能融合起来应用信息技术的企业仅有 10%，而能够在企业内部实现包括资源管理、物流、采购、销售、财务等全面信息技术应用的企业，比例不足 1%。因此，我国在网络技术及管理、技术标准、服务水平、通信速度、安全和保密性能等信息化基础性方面都距企业信息化的要求相去甚远。企业信息化程度的低下，必将制约中国电子商务的进一步发展。目前，我国整体的信息化水平处于世界平均水平，数据显示，2007—2008 年度根据世界经济论坛对网络准备度指数排名，中国排名第 57 位；联合国对电子政务准备度排名，中国排名为第 65 位。

信息经济固有的网络正反馈效应使得信息化发展水平无法均衡，在不同行业、区域企业和人群之间的信息差距（又或"数字鸿沟"）不断拉大，笔者认为这种差距在短时间内难以改变，并在整体改善的情况下分化会继续趋于严重。这是自由市场经济和信息经济发展的内在规律，无法通过单个企业的努力使问题得以根本解决，需要政府实行政策引导和推动各类企业信息化的社会革命。

因此，企业信息化的发展离不开企业自身的努力和政府政策的支持和引导。随着互联网经济的快速发展，国家大力推进信息化带动产业升级，各行业企业纷纷将电子商务纳入企业发展战略规划中，大力推进企业的信息化建设，获得良好的收益和竞争优势。然而对于国内中小企业来说，实现企业信息化，开展企业电子商务业务确实困难重重。

中小企业的快速发展离不开信息化的助力。信息化能够进一步提高中小企业的运行效率，促进中小企业公司制度规范与完善，为中小企业节约运营成本。中国政府也将中小企业信息化建设作为国家信息化的一个重要方面。

二、政策推动的企业信息化进程

面对我国企业信息化过程中的问题，我国在"十一五"规划中明确提出积极推动信息化，坚持以信息化带动工业化，以工业化促进信息化，提高经济社会信息化水平。

以信息化改造制造业，推进生产设备数字化、生产过程智能化和企业管理信息化，促进制造业研发设计、生产制造、物流库存和市场营销变革。提高机电装备信息化水平，实现精准、高效生产。推广集散控制、现场总线控制、敏捷制造等技术，强化生产过程的在线监测、预警和控制。

积极推进"三网融合"。建设和完善宽带通信网，加快发展宽带用户接入网，稳步推进新一代移动通信网络建设。建设集有线、地面、卫星传输于一体的数字电视网络。构建下一代互联网，加快商业化应用。制订和完善网络标准，促进互联互通和资源共享。

积极防御、综合防范，提高信息安全保障能力。强化安全监控、应急响应、密钥管理、网络信任等信息安全基础设施建设。加强基础信息网络和国家重要信息系统的安全防护。推进信息安全产品产业化。发展咨询、测评、灾备等专业化信息安全服务。健全安全等级保护、风险评估和安全准入制度。

紧接着在"十二五"规划中，又提出全面提高信息化水平。推动信息化和工业化深度融合，加快经济社会各领域的信息化。发展和提升软件产业。积极发展电子商务。加强重要信息系统建设，强化地理、人口、金融、税收、统计等基础信息资源的开发和利用。实现电信网、广播电视网、互联网"三网融合",构建宽松、融合、安全的下一代国家信息基础设施。推进物联网研发应用。以信息共享、互联互通为重点,大力推进国家电子政务网络建设,整合提升政府公共服务和管理能力。确保基础信息网络和重要信息系统安全。

国务院 2006 年发布的《2006－2020 年国家信息化发展战略》提出,到 2020 年,我国骨干企业网上订单的比例将达到 70%,经常性应用电子商务的中小企业数量占全国中小企业总数的比例提高到 40%。政府对中小企业信息化的持续推动大大加快了中小企业信息化应用的步伐。中国中小企业信息化投入持续增长,信息化投资规模连创新高。尽管如此,与发达国家中小企业及中国大型企业相比,中国中小企业信息化还有较大差距,从整体上来说中小企业信息化应用尚处于初级发展阶段。

十六届三中全会以后,国务院为贯彻落实十六大提出的信息化发展战略,国务院办公厅就加快我国电子商务发展的有关问题发布了《关于加快电子商务发展的若干意见》。其中第十五条为:继续推进企业信息化建设。企业信息化是电子商务的基础,要不断提升企业信息化水平,促进业务流程和组织结构的重组与优化,实现资源的优化配置和高效应用,增强产、供、销协同运作能力,提高企业的市场反应能力、科学决策水平和经济效益。

《国民经济和社会发展第十二个五年规划纲要》在第十三章提出要"全面提高信息化水平",明确了今后一个时期我国信息化发展的指导思想、基本原则和发展目标,主要任务和发展重点以及保障措施等。围绕促进工业领域信息化深度应用、加快推进服务业信息化、积极提高中小企业信息化应用水平、协力推进农业农村信息化、全面深化电子政务应用、稳步提高社会事业信息化水平、统筹城镇化与信息化互动发展、加强信息资源开发利用、构建下一代国家综合信息基础设施、促进重要领域基础设施智能化改造升级、着力提高国民信息能力以及加强网络与信息安全保障体系建设,规划共部署了 12 项主要任务及相关发展重点。

2013 年 10 月 24 日,工业和信息化部网站全文发布了《信息化发展规划》。按照该规划,到 2015 年,我国信息化发展指数将达到 0.79,表明国家对信息化发展的高度重视和巨大投入。然而政策如何实施和有效引导、推动企业普遍的信息化进程,其政策制定的水平和效果将有待进一步研究和观察。

第三节 企业信息化过程中存在的问题

一、企业对信息化的认识不足或不准确

企业对信息化的认识不足或不准确导致对企业信息化的疑虑或失败。企业信

息化实质上是企业通过 ICT 技术实现企业的生产、经营和管理的现代化。企业的信息化并不是简单的企业信息系统化。有些企业在上信息化系统时，没有清醒地认识到企业实施信息化实质上是以信息技术、网络技术为手段，通过企业资源整合和优化，引进国际上先进的经营管理理念，提高企业经营和管理能力，企业信息化的根本问题在于通过高效技术手段辅助企业有效实施现代企业管理方法，企业信息化不等于计算机化、网络化。由于认识上的不足，一些企业盲目投入，从而导致投入大、收效小，进而产生"惧怕"推进企业信息化系统建设的心理。尤其大中型企业在面临 ERP 系统的上线和实施问题时出现了"上 ERP 是找死，不上是等死"的两难处境，在学术上又被称为"信息悖论"现象，即理论上认为信息化必将提高企业的经营效益，但实际上由于信息化实施过程中出现的诸多问题，有时结果与预期完全相悖。

中国企业实施 ERP 系统成功率不高的一个重要原因就是在前期没有明确自己的需求和实施重点，许多企业对 ERP 系统存在误解，没有建立正确的期望值，以为 ERP 系统是"万灵药"，可以解决企业存在的一切问题，从而在决定建立 ERP 系统前，没有对该企业进行需求分析，不清楚企业管理方面存在的问题及这些问题的严重程度，不清楚企业如何通过 ERP 系统来解决这些问题及企业在管理方面想要达到的目标。有些企业采用拿来主义，照搬套用，方案论证过程中缺乏系统的需求分析，实施过程中又缺乏量身定制的二次开发能力，使得所建造的信息化系统缺乏针对性和实用性，实施效果不理想。除此之外，企业和软件公司之间缺乏良好的沟通也是导致软件公司对企业特点不熟悉的一个重要因素。

考虑到我国特殊的社会主义市场经济体制特征，大多数国有企业或信息服务机构还没有建成真正意义上的现代企业制度，企业长期受计划经济体制的影响，缺乏市场意识、商品意识、服务意识和信息意识，在一定程度上导致了信息资源开发和服务与市场需求相脱节的现象，在某些领域市场封闭、行政干预过多，导致市场竞争和信息化水平相对落后。近年来，尽管有些信息机构加大了改革力度，但从国家整体上看，上述问题仍然比较突出，不少信息部门往往只重视设施、装备、技术投入，很少关注信息数据库的建设，使得信息资源的开发和利用缺乏应有的力度。例如，大城市的出租车调度中心的调度系统在面对民营企业的打车软件时显现出的落后和低效等问题。

二、行业、区域和企业间的信息化差异程度较大

企业信息化在行业、应用、区域和大中小型企业之间的发展严重失衡，信息富有者和信息贫困者之间的差距即信息鸿沟（Digital Divide）继续拉大。信息鸿沟又被认为是财富创造能力上的差距。

不同行业的企业信息化程度存在较大差异。如从事信息、金融和交易服务的企业信息化发展水平明显高于传统工业化和农业化生产企业的信息化发展水平。少数行业和企业的信息化水平已达到或接近国际水平，而大多数传统行业和企业的信息化程度还非常落后，如物流与供应链管理领域，由于标准（如托盘和集装箱大小等）和产业协同等原因导致信息化发展相对滞后。

企业在信息化应用中常常出现"偏科"现象。如公司在内部信息化过程中，财务管理系统往往受到最多关注，使用率普遍较高，而客户关系管理、信息资源管理等则相对落后。再如企业在开展电子商务时，网上查询、网上发布信息、电子邮件等使用率相对较高。其中收发电子邮件是最基本的企业互联网应用，在各项企业互联网应用中，普及率一直都保持最高，达84.7%。但是在供应链集成、网上支付、分销渠道等方面的应用还不普遍。调查结果显示，截至2012年12月底，受访中小型企业应用网上银行的比例已经超过七成，达71.1%。重点行业中，信息传输、计算机服务和软件业普及率最高，超过80%，住宿和餐饮业、建筑业偏低，仅为60.5%和60.1%（2012年下半年中小企业互联网应用发展报告）。

从地域上看，企业信息化程度在我国东、西、中部发展极不平衡。经济基础、环境资源和信息技术投入不足是这种差异产生的主要因素。这种"三元"经济结构状态的存在，使得先进地区与落后地区信息沟通不佳，影响了中西部地区经济发展和知识与技术创新的效率。

大型企业和中小型企业信息化建设不平衡。相比较而言，国有大型企业的信息化程度和水平普遍较好，如中国移动通信行业和国有四大银行、证券等企业的信息化。这类企业较早地认识到企业信息化的重要性，把信息化建设纳入企业发展战略规划中，建立信息化专门机构和人才队伍，进行大量的资金投入，以致信息化基础设施基本形成，专业化的应用软件系统普遍运行，拥有了基本的数据库系统，积累了大量的数据和信息资源。但大部分民营中小型企业的信息化水平较低，且呈现严重的两极分化，在市场环境恶劣的情况下，这种两极分化现象更加严重。

三、企业信息化过程中的"信息孤岛"问题严重

随着企业计算机技术运用的不断深入，不同软件间，尤其是不同部门间的数据信息不能共享，设计、管理、生产的数据不能进行交流，数据出现脱节，即产生"信息孤岛"，除了数据孤岛之外，还可能产生系统孤岛、业务孤岛和管控孤岛等。

信息孤岛的产生并非人为原因，也不是中国企业信息化特有的现象，它可能

发生在企业内部的各个职能部门和业务流程环节之间,也可能发生在不同企业之间,是企业信息化过程中普遍存在的一个问题。从产业发展的角度来看,信息孤岛的产生有着一定的必然性。它的形成原因主要是:①信息化标准不一致。以数据库为例,企业每建立一个应用系统就单独建立一个数据库,这样不同的应用就拥有不同的数据库。这些数据库可能来自不同厂商、不同版本,各个数据库自成体系,互相之间没有联系,数据编码和信息标准也不统一,无法为其他业务系统调用,就形成了数据孤岛。②管理体制造成的业务系统分割。不同职能部门和经营环节对数据内容的要求和权限有不同划分,这就人为地分割了不同的业务系统,使得不同部门之间出现系统孤岛或业务孤岛,割断了本来是密切相连的业务流程。例如,"产供销信息严重脱节""财务账与实物账不同步"等都是部门之间管理体制的划分在信息孤岛上的自然映射结果。③信息系统和技术的快速发展导致企业的信息规划很难。企业信息化发展的不同阶段进行的每一次局部的IT应用都可能与之前的应用不配套,也可能与之后"更高级"的应用不兼容,也可能与现有的其他系统相对独立。与企业的发展和变革相比,IT应用的变化和进步速度更快,因此,企业几乎不可能制定一个一劳永逸和一成不变的企业信息化规划和设计。

"信息孤岛"的弊端显而易见,严重的信息割裂势必阻碍企业信息化的整体进程,导致信息的多口采集、重复输入,多头使用和维护,信息更新的同步性差,从而影响了数据的一致性和正确性,并使企业的数据资源过于凌乱和冗余、业务流程脱节,无法为企业领导层提供有价值的综合信息和决策支持,进而使企业集团的信息化和行业内的供应链管理等应用难以实现信息对接。

四、中小企业信息化仍面临资金、技术和人才难题

作为国民经济发展的重要组成部分,中小企业是当前我国国民经济和社会发展信息化的薄弱环节。长期以来,尽管国家有关部门和地方政府一直在采取积极措施,探索各种方式,然而受制于人才、技术、资金与管理等诸多因素,中小企业信息化一直未能取得理想的效果,信息化对促进中小企业的发展未能发挥应有的作用。

对于中小企业信息化的难题,可归纳为缺资金、缺技术、缺人才"三缺"。目前我国企业绝大部分是中小型企业,规模比较小,这意味着企业机构简单,业务单一,因而它们对利用计算机及信息技术来组织管理企业生产经营活动的愿望没有大企业那么强烈。另外,由于企业规模小,企业生产的产品及提供的劳务也是非常有限的,若要进行信息化建设,那么这些有限的产品及劳务难以承担其中较大的成本支出。企业信息化的建设是一项投资大的综合性工程,包括软件、硬

件、安装调试、人员培训、管理咨询、系统维护等各方面的投资。由于我国企业普遍起步较晚，因而企业内部的资金积累往往不是太多。同时由于我国企业实际利用的融资渠道单一且限制较多，因而企业向外融资也十分困难。资金不足使得有些企业即使想进行信息化建设，也只能是心有余而力不足。不像有些大企业由于生产的产品及提供的劳务多，因而单位产品及劳务所承担的信息化建设成本反而较少。

企业缺乏专业技术人才。在我国很多企业尤其是中小企业，由于吸引不了人才也留不住人才，致使有些企业计算机倒是买了不少，可就是没能有效地利用；还有些企业买了别人的软件却不知如何有效地用于自己企业的管理之中。这些现象说明我国企业急需人才，尤其是既懂计算机和信息技术，又懂企业管理和市场营销的复合型人才。

第四节 企业信息化问题的治理建议

一、利用市场和竞争加快企业自主信息化

企业是信息化的主体和载体，无论是传统企业还是信息服务企业，企业员工都应重视企业信息化治理工作。

传统企业应该高度重视和清楚认识信息化对企业的重要性和必要性。因为信息经济的网络效应会使得信息富有者和信息匮乏者之间的差距持续放大，即"逆水行舟，不进则退"。为减少信息鸿沟和知识鸿沟，传统行业、中西部地区、中小型企业等信息化发展相对落后的需要奋起直追，尤其是企业领导层要高度重视和正确认识企业信息化的本质、过程和问题。为规避企业信息化过程中的风险和问题，企业需要严格审视自身生产、经营、管理和业务流程，正确认识企业自身的特点和问题，明确企业信息化不同阶段的目标和需求，并掌握短期投资和长期收益之间的关系，将信息化纳入企业战略，制定切实可行的短、中、长期企业信息化发展规划和战略，建立专门的信息化机构组织和实施有效的"自上而下"的企业信息化，并充分考虑企业员工的信息化接受程度和使用能力，提前储备信息化人才和加强员工信息技术培训工作。

对于IT信息和技术服务提供商而言，在推进企业信息化建设的进程中应深入调研企业经营管理情况，了解行业背景和特点，熟悉企业业务流程和管理特色，在与企业进行科学和规范的供需分析的基础上实施和协助企业推进信息化建设进程。国际上的信息服务提供商应更多地了解中国本地企业的特征，研究、修订和提供符合中国企业和管理方式的信息管理系统，实现服务的本地化。而国内

的信息服务提供商在成本优势的基础上,应提高信息咨询和服务的质量,在信息化建设之初就让企业得到良好的管理和信息咨询服务,以技术为经营和管理服务的理念,为各类企业尤其是落后行业和地区的中小企业提供针对性的信息化建设方案。

对于企业中的员工而言,首先员工应该清楚企业信息化的必然趋势,认识到信息化对企业和个人的提升意义,有意识地提高自身信息技术学习和使用能力,而不是被动地甚至从内心抵制企业信息化的开展。对于企业来讲,要注重营造信息化企业的浓厚氛围,鼓励和激发员工在企业信息化和电子商务方面的创造力,并创造留得住人才的企业环境;加强企业信息化的电子商务方面的业务培训,有条件的可以对员工进行深层次的专业培训,从内部培养复合型人才。从社会人才培养的角度讲,政府要鼓励科研机构或市场中介培训机构开展信息技术职业资格认证及相应的培训工作,对优秀的复合型人才给予肯定和奖励;高校的信息与管理等相关专业在课程设置和实验教学上更贴近企业信息化的实际需要,为企业定制培养各类信息技术人才,以及拥有技术、商务、经济和管理背景的复合型人才。

二、政策推动和深化多个行业的信息化

政府是推动企业信息化的信息技术普及的重要力量,信息技术和信息产业对国民经济的贡献具有极强的外部性效应。

面对企业信息化,甚至整个社会信息化发展的极端不平衡产生的"信息鸿沟""知识鸿沟"等问题,仅靠企业自身去改变这种状况是非常困难的。尤其是偏远地区、落后行业和中小企业没有充足的资金、先进的技术基础、储备人才规划去实施企业信息化。这就需要政府有前瞻性地给予资金、技术和人才的全方位服务和支持,扶持企业完成不同程度的信息化,分享企业信息化带来的长期收益和效应。我们看到国家对于国有大中型企业的信息化进程已经给予了足够的重视,下一步应该更多、更直接地关注和支持后进企业的信息化,推动企业信息化的社会变革。

除了政府直接扶持和参与企业信息化的进程之外,还可以通过基础设施建设、部门制度建设、政策倾斜引导和市场开放竞争等手段推进企业信息化的进程。

网络通信设施和信息资源整合等信息基础设施建设是促进企业信息化和电子商务的技术基础。①政府要加大在中西部偏远地区城镇和乡村的网络等通信设施建设资金的投入,降低中小型企业的网络接入成本,保障信息技术的普遍服务;②对信息服务相对发达的地区和行业进行信息基础资源的调配和整合,如通信基站铁塔的共建共享等政策就有效地整合了各个移动通信公司的基础资源，减少了重复投资和社会资源的浪费。

加大现行信息机构的改革力度。中国现行的信息机构，有相当一部分是吃财政饭的，缺乏服务意识、竞争意识和效益意识。因此，我们要按照市场经济的要求，改革和调整信息机构，规范各类信息机构和服务行为，在保证必要的财政拨款的同时，应根据市场需求进行信息资源搜集、整理、分析等工作，为企业服务，走市场化和服务化的道路，以弥补经费的不足，调动信息服务人员的积极性。

国家信息化部门在政策制定上需要向信息发展落后的地区、行业和企业进行倾斜，通过政府与企业之间的激励相容约束关系设计市场激励机制，让企业主动走向信息化的道路，提升企业的市场竞争能力，最终达到提高政府财政收入的目的，并引导信息优势的企业参与信息落后企业的信息化过程。例如，可以通过税收优惠或反税等方式鼓励信息落后的企业加强信息硬件和软件的投资，扶植和培育具有市场竞争能力的信息技术企业。面对中小企业资金紧张、信息化投资意愿不强烈等现象，政府应支持甚至作为第三方担保国有银行对中小企业信息化的小额贷款服务，鼓励和开放民间资本投资信息落后企业的信息化建设。这种政策倾斜或引导虽然不是政府直接参与市场行为，但我们相信会达到更好的效果。

进一步开放市场，减少行政管制和约束，让有能力的信息技术企业进入和参与传统企业信息化建设，尤其是国有企业的信息化重组和改造、升级。面对信息鸿沟，2004 年 Prahalad 首次在其专著中全面阐述了金字塔底端（BOP）经济理论，结合该理论的基本思想，我们主张应利用市场规律和企业行为，通过创新产品、服务和商业模式，增强信息化落后的企业创造财富的能力，实现企业效益的可持续增长。最后，我们给出一个通过技术和服务创新、利用市场机制推动中小企业信息化的解决方案。

企业要想在激烈的市场中立足，必须更加专注其核心业务，IT 环境对任何一家企业来说，并不是其专注的内容，但随着 IT 技术的迅猛发展，它越来越渗透到企业的核心业务中，从而 IT 对企业的可靠性、可用性、快速适应性提出了越来越高的要求，这与企业要求较低的 IT 运营成本、高效的工作效率、专业的技术支持能力存在巨大的矛盾。

SaaS（Software as a Service，软件即服务）是一种基于互联网提供软件服务的软件应用模式，也可看作一种 IT 外包服务。随着云计算和云服务的兴起，SaaS 为中小企业信息化提供了一个低成本、按需供给的在线解决方案。SaaS 提供商为企业搭建信息化所需要的所有网络基础设施及软件、硬件运作平台，并负责所有前期的实施、后期的维护等一系列服务，企业无须购买软硬件、建设机房、招聘IT人员，即可通过互联网使用信息系统。根据实际需要，从SaaS提供商租赁软件服务。SaaS作为一种新型的服务，很大程度上能解决中小企业信息化面对的问题：缺资金、缺技术、缺人才。

首先，SaaS可以有效缩短信息化建设周期。通常的ERP、CRM项目的部署周期至少需要一两年甚至更久的时间，而SaaS模式的软件项目部署缩短了信息化建设周期，使中小企业更快享受到信息化带来的价值。

其次，SaaS可以降低信息化建设成本，降低企业运营风险。SaaS应用是按需周期性租赁付费，企业可以按实际使用账户和实际使用时间（以月/年计）付费，一次性投资相对低廉，不占用过多的营运资金，降低信息化建设成本。同时更换SaaS供应商的损失较低，有利于更好地寻找适合企业自身的IT应用系统，进而降低企业运营风险。

此外，SaaS可以使中小企业享受更优质服务，提升企业竞争力。SaaS服务提供商也不断跟踪最新技术和管理新经验，SaaS为企业运营提供一个灵活的、可持续发展的信息化平台，使中小企业用户能在最短的时间内分享新技术和新经验，如移动应用、虚拟经营、行业信息共享等，有利于提升企业竞争力。

当然，这种信息化解决方案也有一定的风险和潜在的安全问题，中小企业将自身的客户资源、业务数据和财务信息等存放在网络运营商的服务器端是否会被泄露和窃取，安全问题如何有效保证，这也是中小企业在考虑成本与收益、选择网络运营商时需要平衡的。

信息化是传统企业进行O2O转型的基础，而O2O也是传统企业信息化的一个机会。传统企业如家政、超市、餐饮、出租车等服务类企业可以利用O2O的契机，有针对性地进行信息化和数据化普及，通过在线和线下相结合的方式，促进销售，改善服务质量。这种创新很可能会打破传统行业的经营方式和商业模式，企业应该及时转变经营观念，应对新一轮的信息化浪潮。政府应该鼓励企业创新，维持市场自由竞争的有效秩序，积极推进各行业的信息化变革。

第三章 电子商务交易

第一节 电子商务交易机制概述

交易往往俗称为"买卖",在日常经济生活中无处不在,如购物、订票、新闻浏览、音乐下载、网络游戏等。其中有些交易是有形的、显而易见的,有些交易可能是无形的、隐蔽的。交易的核心是两个独立的经济体之间关于债务债权的权益交换,一般利用货币对权益大小进行衡量。

电子交易是一种基于现代信息与通信技术(ICT),集管理信息化、商贸网络化和金融电子化为一体,旨在实现信息流、资金流与物流和谐统一的新型贸易方式,实现了非面对面的买卖过程。

电子交易和传统交易本质上都是商品或服务的买卖过程,两者业务流程相似,但由于电子交易采用了网络信息技术,使得它与传统交易存在以下几个方面的不同。

(1)信息获取方式不同。传统交易过程中,买卖双方通过传统媒介如报纸、纸质目录、往来信函等方式传输信息,使得双方难以充分地沟通、协调,增加了交易时间、费用和交易风险。而在电子交易中,信息的传输都是电子化的、即时的、交互式的,极大地提高了信息传递的速度,方便了双方的沟通和协调,节约了交易时间、费用,降低了交易风险。

(2)交易机制不同。传统交易机制是商店商品展示和标价,或采用服务销售目录、讨价还价等方式,一些在传统交易中较难实现的交易机制如拍卖、在线采购、买方定价、定制等在电子交易环境下变得更容易和普遍。

(3)下单与订单履行方式不同。在电子交易中,客户可通过供应商的门户网站直接下单,方便快捷,而企业可通过ERP系统将订单系统与库存系统、生产系统集成在一起。在线接收到客户订单后,可以通过企业内联网在线检查库存中是否有存货,也可指令生产系统组织生产,然后确定如何交付产品,选择物流配送方式。

(4)签约方式不同。传统交易需要双方进行多轮的面对面沟通、谈判,出差、吃饭成为销售代表的代名词;而电子交易可开展网上谈判,签订电子合同。

(5) 支付方式不同。传统交易中的支付方式多为现金支付或银行转账的方式，而电子交易可以实现多种在线支付，如电子货币银行转账支付、第三方支付、虚拟货币支付、数字货币支付、移动支付等多种支付方式。

(6) 售后服务不同。传统交易中，许多服务需要上门完成，但电子交易可通过网络指导、培训，使客户自己完成某些原本需要供应商完成的服务。购物体验的交流方式也与传统方式存在明显差异。

电子商务交易与传统商务交易的最大不同点在于交易实现的过程不同。从消费者、供应商的角度出发，以网络购物为例简单总结电子商务交易流程如图3-1所示。

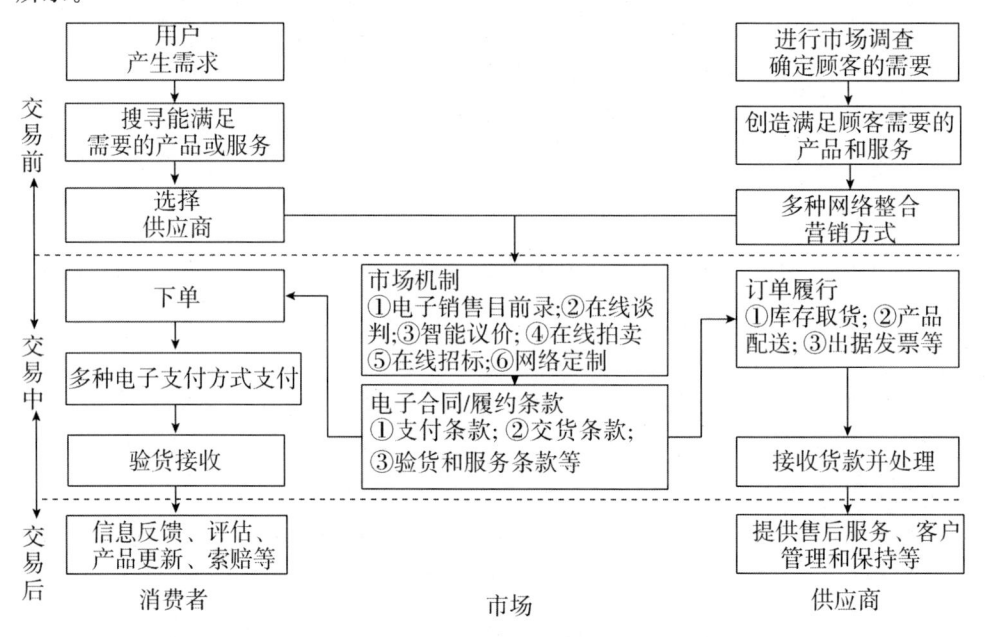

图 3-1　电子商务交易流程示意图

从图3-1看出，电子商务消费的过程全部通过互联网进行，首先通过搜索引擎寻找需要的物品，并在线比较选中的物品，然后在线下单，并先付款，通知卖家发货，最终收到物品。与传统商务形式相比，电子交易有以下特点：

(1) 市场全球化。凡是能够上网的人，无论是在南非上网还是在北美上网，都将被包容在一个市场中，有可能成为网上企业的客户。

(2) 交易的快捷化。电子商务能在世界各地瞬间完成传递与计算机自动处理，而且无须人员干预，加快了交易速度。

(3) 交易虚拟化。通过以互联网为代表的计算机互联网络进行的贸易，双方从开始洽谈、签约到订货、支付等，无须当面进行，均通过计算机互联网络完成，整个交易完全虚拟化。

（4）成本低廉化。由于通过网络进行商务活动，信息成本低，足不出户，可节省交通费，且减少了中介费用，因此整个活动成本大大降低。

（5）交易透明化。电子商务中双方的洽谈、签约，以及货款的支付、交货的通知等整个交易过程都在电子屏幕上显示，因此显得比较透明。

（6）交易标准化。电子商务的操作要求按统一的标准进行。

（7）交易连续化。国际互联网的网页可以实现 24 小时的服务。任何人都可以在任何时候通过网上企业查询信息，寻找问题的答案。企业的网址成为永久性的地址，为全球的用户提供不间断的信息源。

但因为因特网本身具有的开放性、全球性、低成本和高效率的特点成为电子商务的内在特征，因此电子商务很容易遭到别有用心者的恶意攻击和破坏，信息的泄露问题也变得日益严重，电子商务安全、诚信和支付成为电子商务交易的三大障碍。

第二节　电子商务中的信用与安全

人无信不立，商无信不誉，市无信不兴。由于电子商务是非面对面的交易，交易安全和诚信机制更是电子商务的生命。电子商务的安全和诚信是不可分割的，电子商务安全的威胁一部分来自安全技术的不完善，另一部分来自诚信的缺失。没有信用消费的良好环境，电子商务的发展就没有牢固的基础。根据中消协 2013 年 2 月 1 日发布的电子商务诚信调查报告显示，有三成的消费者对国内电子商务企业的诚信度表示不满，售后环节满意度最低，48.17% 的受访者对现有电子商务企业在售后环节的诚信度表示不满，缺乏诚信是电子商务发展的一个严重障碍。

由于电子商务的卖家在网上对买家的控制不可能像传统商务一样，有人出价无人付款的情况时有发生。作为网上交易平台，要对买家的资质做到及时审查、有效控制是一件很难的事情。

电子商务失信问题的存在，既有互联网开放性、隐匿性等技术特性的客观因素，也有少数网站重经济效益轻社会效益、罔顾法律和社会道德，少数网民守法意识淡薄、在网上缺乏自我约束等主观上的原因，同时也存在深层次的原因。

一、电子商务失信原因

1. 现实社会的信息体系建设还很不完善

社会信用体系包括商业信用、银行信用、税务信用、保险信用和司法信用等。一方面我国现有的社会信用体系本身是行业性质的，银行、税务、司法、保险等部门各有各的信息库，这些信息库本身没有实现社会信用资源的连网、共享。另一方面，商业信用信息的收集、评价体系还没有建立起来，缺乏权威的中介性质的社会信用评价机构，信用评价还属于企业和个人行为。

2. 因为电子商务加剧了信息不对称

信用依赖与信息，但是我国的电子商务网络平台只对卖者的身份进行认证而忽略了对买者的身份认证，因此导致了双方信息不对称，也带来了信用危机。身份匿名在给网上交易提供便利的同时，也给整个交易过程带来了相应的风险，因此，身份验证就成了电子商务交易者的首要问题。电子商务网站对买家身份验证相对简单，有些甚至不需要进行验证，这在一定程度上造成了信用评价漏洞，便于信用炒作。

3. 社会信用意识差

我国正处于计划经济向市场经济快速转变的过程中，以诚信为基础的社会主义市场经济道德规范尚没有建立起来。不少企业的信用度还不高，人们在交易过程中诚实守信的意识还比较薄弱。现实社会中，假冒伪劣产品肆虐、虚假广告泛滥、合同履约率低等诚信问题频繁见诸报端，使得人们在交易活动中存在严重的不信任和防范心理。电子商务没有地域限制、不见面的交易模式，在社会信用意识差的大背景下，更难得到消费者的认同。

4. 电子商务的相关法制建设尚不健全

2004年，国家颁布了《中华人民共和国电子商务签名法》，跨出了电子商务法制建设的第一步。但总体来看，网上拍卖、网上支付、网上合同保护的司法管辖、消费者的隐私侵权保护、侵犯消费者权益的责任承担、对网上欺诈的处罚，以及电子商务中消费者退换货品权利的履行等方面，仍然有很多法律空白。一些交易者利用法律空白和漏洞从事网上欺诈活动的问题比较突出，严重制约了电子商务中诚信体系的建设。

5. 政府部门监管不严，网上经营门槛太低

《互联网上网服务营业场所管理条例》第7条规定："国家对互联网上网服务营业场所经营单位的经营活动实行许可制度。未经许可，任何组织和个人不得设立互联网上网服务营业场所，不得设立从事互联网上网服务经营活动。"根据此条和该条例第4条规定，网上经营审批、监督管理部门为政府文化行政、公安、工商行政管理等部门，这些部门依法通过对上网服务经营资格审批和经营活动进行监管，具有积极意义。但是，适用上述规定来审查上网服务经营者的准入资格和规范经营行为,在实践中是非常困难的,因此产生了许多不具备上网服务经营准入资格的单位和个人进入了上网服务经营行列。实践中,无论是从事个人交易的淘宝网还是从事公司交易的阿里巴巴网等,对申请经营者的准入资格审查都流于形式,比如对个人或公司申请经营者提供的身份证或营业执照的真实性并未进行实质性的审查,只要在网上提交了身份证或营业执照,或者采用邮寄方式送达了身份证或营业执照复印件即可。

电子商务是一个非常复杂的系统,它涉及方方面面的因素:网络服务提供商、个人购买者、企业、政府部门、银行及金融机构等。在如此复杂关系下的电子商务比传统的商业活动更需要安全保障,因为电子商务的"电子"特征使其更容易受到安全威胁,下面的问题可能大家都考虑过:从企业内部网络的角度看,为了进行电子商务交易将自己企业的内网与 Internet 外网相连,就有可能受到恶意的网络攻击,丢失或泄露企业的数据甚至使内部网络瘫痪;当企业将有关交易数据从内网传输给其他客户时,会面临被窃听、截获或篡改的威胁,造成交易双方的误解和不信任;当与一个处在地球那端、素未谋面的顾客或供应商打交道时,可能会对他的身份或资质产生疑虑,因为在互联网上"对方可能是一只狗";当完成一笔电子交易却未收到货物或货款而想要对簿公堂时,却发现相应的法律法规不是很健全;当你受到黑客或其他的网络安全袭击时却发现"有冤无处诉",政府并未设置"网络警察"的职位。

二、电子商务交易安全威胁

从安全和信任的角度来看,传统的买卖双方是面对面的,因此很容易保证交易过程的安全性和建立起信任关系,但在电子商务交易过程中,买卖双方通过网络来联系,由于空间的限制,所以建立双方的安全和信任关系相当困难。电子商务交易双方都面临安全威胁。

买方(消费者)的威胁来自以下几个方面。

(1)假冒订单:一个假冒者可能会以客户的名字和地址来订购商品,而且有可能收到商品,而此时客户被要求付款或返回商品,中间的运费由客户承担。

(2)付款后不能收到商品:这是一个诚信问题,但是在客户付款后,销售商中的内部人员不将订单钱转给执行部门,因而使客户收不到商品,造成了物财两失的局面。

(3)机密性丧失:客户可能将客户的个人数据或身份数据(如 PIN、口令等)发送给冒充销售商的机构,这些信息可能会在传递过程中被窃听。

(4)拒绝服务:攻击者可能向销售商服务器发送大量的虚假订单来挤占其他

资源，从而使合法用户不能得到正常的服务。

卖方（销售者）面临的威胁可能来自以下几个方面。

（1）系统中心的安全性被破坏：入侵者假冒合法用户来改变用户数据（如商品送达地址）、解除用户订单或生成虚假订单，这无疑提高了卖方的成本。

（2）竞争者的威胁：恶意竞争者以他人的名义来订购商品，从而了解有关商品递送状况和货物的库存情况。

（3）商业机密的安全：客户资料被竞争者获悉。

（4）假冒的威胁：不诚实的人建立与销售服务器名字相同的另一个www服务器来假冒销售者获取他人的机密数据，比如，某人想了解另一人在销售商处的信誉时，他以另一人的名字向销售商订购昂贵的商品，然后观察销售商的行动，假如销售上认可该订单，则说明被观察者的信誉高，否则，则说明被观察者的信誉不高。

（5）信用威胁：买方提交订单后不付款。

那么电子商务交易的安全性要求具体有哪些呢？下面具体给予说明。

电子商务交易安全的主要问题是交易信息窃取、信息篡改、身份仿冒、抵赖和病毒等。在计算机网络安全的基础上，如何保障电子商务过程的顺利进行，即实现电子商务的有效性、保密性、完整性、可鉴别性、不可伪造性和不可抵赖性，是电子商务交易安全的主要目标。

有效性是指对信息和实体进行鉴别。电子商务以电子形式取代了纸张，如何保证这种电子形式的有效性和真实性则是开展电子商务的前提。电子商务作为交易的一种形式，其信息的有效性和真实性将直接关系到个人、企业或国家的经济利益和声誉。因此，要对网络故障、操作错误、应用程序错误、硬件故障、系统软件错误及计算机病毒所产生的潜在威胁加以控制和预防，以保证交易数据在确定时间、确定地点的真实有效。

机密性是指保证信息不被泄露给非授权的人或实体。在利用网络进行的交易中，必须保证发送者和接收者之间所交换的信息的机密性。电子商务作为交易的一种手段，其信息直接代表着个人、企业或国家的商业机密。传统的纸面交易都是通过邮寄封装的信件或通过可靠的通信渠道发送商业报文来达到保守机密的目的。电子商务是建立在一个开放的网络环境上的，防止商业泄密是电子商务全面推广应用的重要保障，因此，要预防非法的信息存取和信息在传输过程中被非法窃取，确保只有合法用户才能看到数据，防止泄密事件。

交易的可鉴别性是指交易者身份的真实性。电子商务的交易双方通常不在一个地方，交易可以完成的前提是确认对方的真实身份是否可靠。供货方要考虑在履行了交易合同之后是否能够收到对方的货款，采购方要考虑在其支付了货款后供货方能否及时保质地提供所采购的商品。

交易的不可伪造性是指保证在网络上传输的资料信息不被篡改，保证信息的安全性。电子商务减少了人为干扰的必要，但是由于在信息的传输过程中，往往会出现意外差错或欺诈行为，或数据传输过程中出现信息丢失等，都有可能导致贸易各方收到的信息不一致。这将影响贸易各方的交易与经营策略，保持资料的完整性是电子商务应用的基础。

交易的不可抵赖性指保证发送方不否认自己已发送了的信息，同时接收方也不能否认自己接收到信息。交易双方在进行信息交换的过程中必须使用具有特点的、他人无法复制的信息，交易一旦达成，原发送方在发送数据后就不能抵赖，接收方接到数据后也不能抵赖。

第三节　电子商务支付

电子商务是以互联网为平台，通过商业信息和业务平台、物流系统、支付结算体系的整合共同构成的新的商业模式，而支付结算系统则是电子商务能够顺利发展的最重要的基础工程之一。电子商务支付是指以金融电子化网络为基础，以商用电子化工具和各类交易卡为媒介，采用现代计算机技术和通信技术为手段，通过互联网进行传输，以电子信息传递的形式来实现资金的流通和支付。

与传统的支付方式相比，电子支付具有以下特征：一是电子支付的工作环境是基于一个开放的系统平台（即互联网）之上；而传统支付则是在较为封闭的系统中运作。二是电子支付使用的是最先进的通信手段互联网。三是电子支付具有方便、快捷、高效、经济的优势。用户只要拥有一台可上网的PC，便可足不出户地在很短的时间内完成整个支付过程。

一、电子商务支付方式

在我国电子商务发展的过程中，B2C、C2C电子商务产生了多种支付方式，包括汇款、货到付款、电话支付、手机短信支付、网上支付等方式，并且这些支付方式同时并存。

1. 汇款

银行汇款或邮局汇款是一种传统支付方式，邮局汇款是顾客将订单金额通过邮政部门汇到商户的一种结算、支付方式。采用银行或邮局汇款，可以直接用人民币交易，避免了诸如黑客攻击、账号泄露、密码被盗等问题，对顾客来说更安全。但采用此种支付方式的收发货周期时间长，如卓越网的邮局汇款支付期限为

14天，银行电汇为10天，而采用其他网上支付则只需1—2天。此外，顾客还必须到银行或邮局才能进行支付，支付过程比较烦琐。对于商家来说，这种交易方式也无法体现电子商务高速、交互性强、简单易用且运作成本低等优势。因此，这种支付方式并不能适应电子商务的长期高速发展。

2. 货到付款

货到付款又称送货上门，指买方在网上订货后由卖方送货至买方处，经买方确认后付款的支付方式。目前，很多购物网站都提供这种支付方式。这是一个充满中国特色的B2C电子商务支付、物流方式，既解决了中国网上零售行业的支付和物流两大难题，又培养了客户对网络购物的信任。货到付款仍然是中国用户最喜欢的网上购物支付方式之一。货到付款受到了众多B2C企业的青睐，当当网、卓越网、京东商城等中国典型电子商务企业都采取了货到付款的结算方式，笔者自2006年在当当网上注册后，目前为止已经完成了24笔订单，其中23笔选择的是货到付款。但是，将支付与物流结合在一起存在很多问题。首先，付费方式只能采用现金付费，因此只局限在小额支付上；其次，太过依赖物流，若物流方面出现问题，支付也将受到影响。

3. 网上支付

所谓网上支付，是以金融电子化网络为基础，以商用电子化工具和各类交易卡为媒介，以电子计算机技术和通信技术为手段，以二进制数据形式存储，并通过计算机网络系统以电子信息传递形式实现流通和支付。网上支付，可以理解为电子支付的高级方式，它以电子商务为商业基础，以商业银行为主体，使用安全的主要基于Internet平台的运作平台，通过网络进行的、为交易的客户间提供货币支付或资金流转等服务的现代化支付手段。

网上支付的基本模型见图3-2，由图3-2可见，网上第三方支付平台的支付方式很大程度上保障了消费者的利益，通过认证中心，可以保证电子商务交易中的诚信和安全。

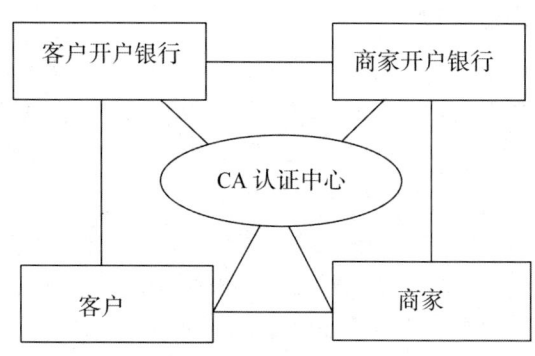

图3-2 网上支付基本模型

4. 企业自主治理——第三方支付平台产生

第三方支付是具有信誉保障、采用与相应的各银行的签约方式、提供与银行支付结算系统接口和通道服务的、能实现资金转移和网上支付结算服务的机构。作为双方交易的支付结算服务中间商，它具有"提供服务通道"，并通过第三方支付平台实现交易和资金转移结算安排的功能。在第三方支付中，在国内较为知名的有支付宝、贝宝等，还有拍拍网的财付通等第三方支付工具，这几种支付工具依托大型 C2C 网站淘宝网和易趣网而成为目前第三方支付中的佼佼者。由于市场的竞争，第三方支付基本上都采用了免费使用政策。

第三方支付的运行模式为：买方选购商品后，使用第三方平台提供的账户进行货款支付，第三方支付平台在收到代为保管的货款后，通知卖家货款到账，要求商家发货；卖家发货后，买方收到货物，并检验商品进行确认，再通知第三方，然后第三方将其款项转划至卖家账户上，如图 3-3 所示。

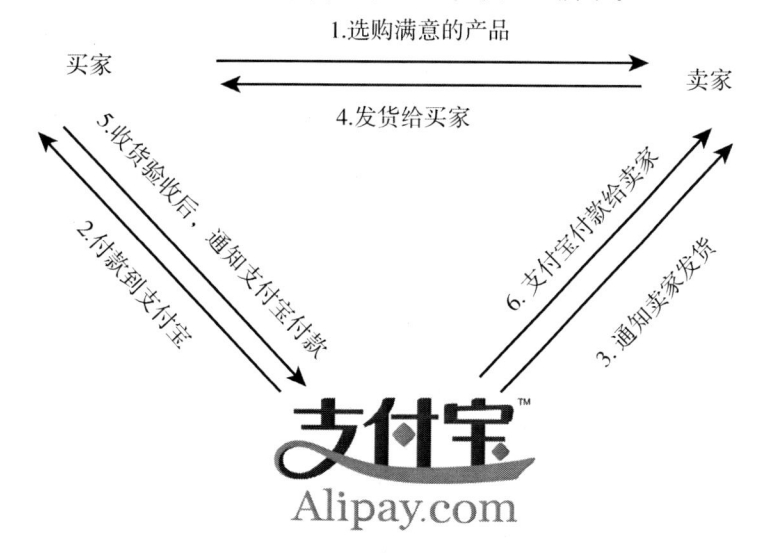

图 3-3　支付宝的运行模式

据艾瑞市场咨询有限公司发布的《2012—2013 年中国第三方支付行业发展研究报告》，如图 3-4 所示，2012 年，中国第三方支付市场交易规模为 12.9 万亿元，较 2011 年保持了一个较好的增长态势，增速为 54.2%。艾瑞认为，未来增速将逐步放缓，市场保持健康稳定的发展趋势。一方面，未来随着业务领域的拓展、支付产品和服务的创新，将为用户带来更安全便捷的支付方式，推动我国零售消费市场的进一步增长；另一方面，优化我国电子商务产业链资金、信息流，促进我国电子商务产业的发展；同时，借助其跨行业、信息化、互联网技术优势，提升我国传统行业的互联网进程。

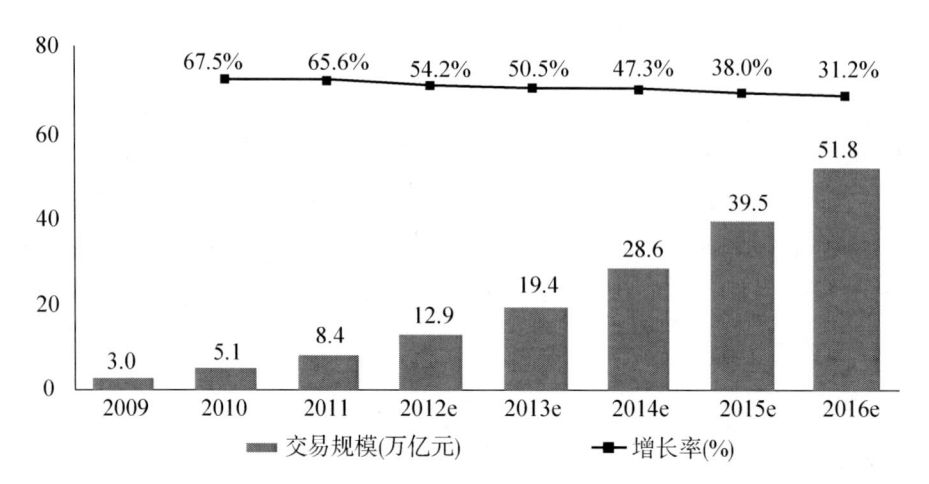

图 3-4　2005—2016 年中国第三方网上支付交易规模

电子商务支付方式不断完善，既离不开政府的政策支持与监管，也离不开企业的积极探索。

5. 政策监管制度不断完善

完善的监管是一个行业健康发展的必要条件，正是基于这样的目的，央行于 2010 年 6 月颁布了《非金融机构支付管理办法》。早在 2005 年，第三方支付市场的准入就已经成为业内的热点话题，中国人民银行于当年颁布的《电子支付指引（第一号）》明确指出了境内银行金融机构开展电子支付业务使用该指引。紧接着，中国人民银行支付结算司于 2005 年 10 月发布了《支付清算组织管理办法（征求意见稿）》，该办法第二条规定：本办法所称支付清算组织，是指依照有关法律法规和本办法规定在中华人民共和国境内设立的，向参与者提供支付清算服务的法人组织。这其中包括为银行业金融机构或其他机构及个人之间提供电子支付指令交换和计算的法人组织，由此可见，监管部门对电子支付的监管将扩展到像第三方支付公司这样的非银行机构。该办法提出了经营牌照的发放条件，包括在资金上设立全国性支付清算组织的注册资本最低限额为 1 亿元人民币；设立区域性支付清算组织的注册资本最低限额为 3000 万元人民币；设立地方性支付清算组织的注册资本最低限额为 1000 万元人民币；外资控股不得超过 50%，企业法人股东要连续两年盈利，要有电子交易经验，而且资金必须为现金而非无形资产。虽然《支付清算组织管理办法》还没有正式出台，但是此办法对电子支付的规范化发展起到了推动作用。

2009 年 4 月推动监管进程的另一股浪潮开始，即支付清算协会筹备会的召开。虽然成立支付清算协会还需要报民政部审批，并再召开会员大会才算最终成立，但是相关部门已经开展了规范电子支付的业务。央行为掌握非金融机构从事支付清算业务的情况，完善支付服务市场监督管理政策，决定对从事支付清算业务的非金融机构进行登记。据艾瑞了解，全国 120－130 家的电子支付相关机构进行了登记报备，其中上海有 60－70 家，广州和北京各有 30 家左右。这里的电子支付相关机构既包括第三方支付公司，也包括一些专门做线下支付业务的公司。2009 年 7 月，从事网上支付的企业完成了基本登记。随后，央行对重点的网上支付企业进行了调研，咨询了企业对《电子货币发行与清算办法（征求意见稿）》的修改意见。艾瑞分析认为，这意味着央行对网上支付行业的显性监管进入倒计时阶段。至此，监管相关部门没有采取进一步的举措。央行表示下一步将为部分支付企业发放牌照。2010 年 6 月央行推出《非金融机构支付管理办法》，对准入资格及相应权责做出规定。

根据艾瑞市场咨询有限公司发布的《2012—2013 年中国第三方支付行业发展研究报告》，如图 3-5 所示，截至 2013 年 3 月底，中国获得第三方支付牌照的企业数量已达 223 家；牌照类型覆盖预付卡受理、预付卡发行、互联网支付、银行卡收单、移动电话支付、固定电话支付和数字电视 7 大业务体系；从地域分布来看，已覆盖全国 28 个省市，上海、北京、广东地区企业集中度较高。

截至2013年3月底央行颁发第三方支付牌照类别分布情况

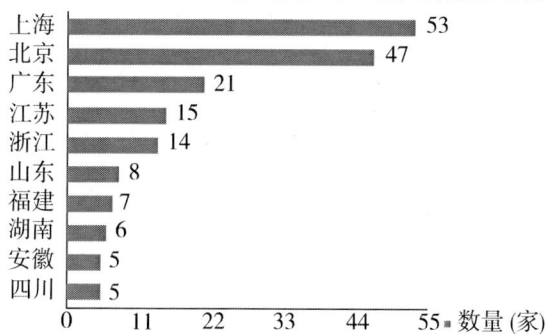

类别	数量(家)
预付卡受理	145
预付卡发行	139
互联网支付	79
银行卡收单	47
移动电话支付	34
固定电话支付	13
数字电视	5

截至2013年3月底获得牌照第三方支付企业地域分布TOP 10

地区	数量(家)
上海	53
北京	47
广东	21
江苏	15
浙江	14
山东	8
福建	7
湖南	6
安徽	5
四川	5

图 3-5　第三方支付发展现状（来自《中国网上支付行业发展报告》）

二、第三方支付的问题

第三方支付平台的介入解决了电子商务支付过程中的一系列问题，如安全问题、信用问题、成本问题。与此同时，中国现有的第三方支付平台也存在一定的问题。

1. 虚拟账户滞留资金导致的风险

第三方支付平台主要通过第三方来弥补交易双方信用缺失的问题，买方先把资金支付给第三方支付平台，在得到买方确认已收货并发出付款指令后，再支付货款给卖家。而且，第三方支付平台一般会规定相应的结算周期，数额巨大的支付资金不可避免地停留在第三方支付平台的虚拟账户中，这不仅降低了第三方支付平台的支付效率，而且导致相当的风险。

首先，由于国内目前没有明确第三方支付机构的地位，作为非金融机构又不会像银行等支付清算组织那样受到相关金融政策的监管，因此第三方支付平台的资质必然会影响到滞留资金的安全，从而导致信用风险。

其次，停留在第三方支付机构的在途资金形成一定的沉淀变成悬浮资金，第三方支付机构就可以运用这部分悬浮资金进行相应的投资以获取收益；而资金在运用过程中必然会面临一定的市场风险，从而影响在途资金的安全性。对于滞留资金的管理和运用，第三方支付平台又缺乏像银行那样对流动性风险的管理机制和经验。

2006年年末G先生在淘宝网上购买了一款手机，他与卖家J先生约定以平邮方式寄送货品。G先生通过淘宝网的支付宝网络支付工具支付了货款。3天后，G先生收到了通过快递寄来的货品，但包装盒有明显拆卸迹象，打开后发现手机和电池板全无，剩下的只是些其他配件和说明书等物。G先生当即拒绝在快递签收单上签字确认。他向淘宝网方面要求退款，数日未见结果又向淘宝网客户服务中心投诉。该网站答复为"卖家不同意退款"，由此支付宝也拒绝将货款退还G先生。当时该货款仍在支付宝账户中。按照媒体报道，淘宝网的争议处理规则中有这样的表述："自买卖双方争议发生之日起30天内，'支付宝'未收到交易双方协商一致的意见或公安机关、法院的案件受理通知书等法律文书，若交易双方中的一方申请支付宝对争议货款进行处理，支付宝可在7天内自行判断将争议货款的全部或部分支付给交易一方或双方。"对此，G先生认为支付宝的身份和任务是为买卖双方代收代付货款，起一个代理人的作用；支付宝无任何证据让人信服其裁判的结果一定是公平、公正的。

2. 第三方支付平台的地位不明确

支付宝作为"第三方支付平台",是网络交易运营商为了化解交易风险采取的策略。"第三方支付平台"或者"网络支付工具",由网络交易运营商开办。针对卖家,它代收买家的货款,在买家收到货品后向卖家支付。这个过程中会出现资金流转的时间延滞。"第三方支付平台"的身份应该是一个货款代管者。它的收款与支付完全建立在民事约定的基础之上,基于支付货款的买方对它的授权,也基于提供货品的卖方对它的代收货款的授权。"第三方支付平台"在这个收支行为中的全部权利义务,都来自买卖双方与它的约定。现在中国银行业监督管理机构有向这些"第三方支付平台"实施行政许可的倾向。许可之后它们会有何种新的权利,不得而知,至少在网络交易的货款收支过程中,是民事代理契约的法律关系。

在这种情况下,"第三方支付平台"很难承担起居间解决纠纷的责任。因为:首先它已经承担起了代收代付货款的功能,这一职能本身已经构成了清晰的业务模式,也需要相关的政策法律环境做支撑,任何其他业务的杂糅对它有害无益;其次,居间解决纠纷的职能来源于两个渠道,或者依法具有,或者经过当事人授权。"第三方支付平台"没有法定的居间解决纠纷的功能,此功能只能来自当事人的另外授权。显然,作为支付工具的"第三方支付平台"并不当然获得当事人对它的居间解决纠纷的授权,它可以获得代收代付货款的授权,并不因此产生其中发生的纠纷也可以居间解决的权利。这是两个问题,更何况"第三方支付平台"自身也可能与委托人之间产生纠纷。

3. 引发虚拟货币对实体货币冲击的风险问题

由于虚拟货币的发行是由互联网服务商自行决定的,其货币发行行为不受监管。目前,虚拟货币可以通过第三方支付平台及其他渠道与实体货币进行双向兑换,也能购买实物商品,已经具备了实体货币的职能。而对于实体货币,国家可以通过公开市场操作、贴现、存款准备金等手段或制度调节货币流通量,但对于虚拟货币,其流通量完全取决于发行企业本身,如果不进行必要监管,将可能面临与实体货币流通量不当带来的一样的问题,引发通货膨胀,这样就加大了虚拟货币对实体货币冲击的风险。

4. 对第三方支付平台的监管权限归属尚未明确

中国银行业监督委员会、中国人民银行、信息产业部等部门均可依法对第三方支付平台的某一方面进行监督和管理,但是目前国内并未明确由哪一方机构负责对第三方支付的监管。也就是说，由于第三方支付平台处于银行业务、支付清算业务和网络运营的交叉地带，与金融业务和网络运营有关的监管机构，如对第三方支付平台的资格审查、运行管理、第三方支付平台与买卖交易双方的关系、银行与第三方支付平台之间的债权关系等都处于管理和监管的真空状态，完全依靠各方的自律来遵守交易过程的自然规则。随着业务的发展与参与者的增加，这种自然规则将不可避免地被破坏，且其交易过程涉及的各方都可能面临各种风险。

5. 与第三方支付有关的法律法规尚不健全

自 2005 年 4 月 1 日起实施的《电子签名法》是一部基础性法律，它规定了可靠的电子签名与手写签名或者盖章具有同等的法律效率，从而在法律层面上规范了网上支付中的电子签名行为。目前我国现有的票据法还不承认电子签章的有效性；电子货币的法律地位、电子支付安全的法律控制等问题在法律上都是空白；电子发票的合法性目前还没有得到相关法律的认可；票据法、会计法、海商法等法律对电子票据、电子发票、电子提单的合法性都没有规定，尚未与《电子签名法》相互衔接；电子支付的很多领域，比如电子交易法、个人隐私保护法律等在立法方面还都是空白。由于缺乏与其配套的法规，《电子签名法》的可操作性不强。

2005 年 10 月 26 日《电子支付指引（第一号）》正式实施，这是中国人民银行针对电子支付的第一个行政规定。《电子支付指引》规范的主体主要是银行及接受其电子支付服务的客户，对作为电子支付指令转发人的第三方支付平台的监管并未涉及。2005 年 6 月 10 日在《中华人民共和国中国人民银行法》《中华人民共和国公司法》《中华人民共和国行政许可法》的基础上，中国人民银行支付清算司公布了《支付清算组织管理办法（征求意见稿）》，对从事网上支付业务的非银行机构的性质、业务开办资质、注册资本、审批程序、机构风险监控以及组织人事等做出了相应规定，明确指出：第三方支付属于支付清算组织提供的非银行类金融业务。《支付清算组织管理办法（征求意见稿）》还规定将以牌照的形式限制企业进入这一行业，对中外合资企业的投资比例也做出了明确限制。

第四节　电子商务信用治理现状

一、企业自主创新提供消费者保障服务

信用是互联网企业的生命，因此企业一直致力于企业经营的信用制度创新，

表 3-1 是几个电子商务平台为保障消费者权益争相提出的消费者保障服务。由此不难看出，靠企业竞争和自律可以促进电子商务信用的提升和改善。

表 3-1　消费者保障服务

淘宝网—消费者保障	易趣网—安全四重奏	当当网—无忧购物
七天无理由退换货 假一赔三 闪电发货 正品保障 30 天维修	用户认证 信用评价 安付通 网络警察	服务支持 货到付款 假一赔五 差价返还 七天退货 十五天换货

消费者保障服务是由淘宝网提出的一项创新性举措，是指经用户申请，由淘宝网在确认接受其申请后，针对其通过淘宝网这一电子商务平台同其他淘宝用户（以下称"买家"）达成交易并经支付宝服务出售的商品，根据本协议及淘宝网其他公示规则的规定，用户按其选择参加的消费者保障服务项目（以下称"服务项目"），向买家提供相应的售后服务。除本协议另有规定外，使用者可根据其销售的商品种类及意愿选择参与特定的服务项目。用户可在淘宝网上时时公示新增的服务项目或服务项目修改。

此项服务措施推出以后既给淘宝卖家带来了物质上的利益，也保障了消费者的利益，同时也是电子商务诚信体系建设的重大举措。从淘宝的消费者保障服务可以看出，消费者的权益在很大程度上得到了保障，商家对商品的描述相对真实，并且由于在网上可能存在的色差和功能的差别，造成用户主观方面的不满意，也可以申请退换货。正品保障和 30 天维修也保障了商品的售后服务。淘宝网的评价体系又是一项创新性举措，消费者购买商品成功后可以对该商品进行评价，中国消费者很多有从众心理，也正是因为这项功能的推出，使得后来的消费者必看的一个栏目就是商品评价，消费者根据他人对商品的评价以及商家提供的商品详细信息，再做购买决定。

2010 年 9 月 7 日，中国消费者协会和北京京东世纪贸易有限公司（以下简称"京东商城"）在京签署协议，由京东商城在中消协设立 500 万元的"先行赔付保证金"（以下简称"保证金"），用于在京东商城购物发生纠纷时，对因京东商城所销售的产品和提供的服务而遭受损害的消费者进行赔付。今后，凡在京东商城购物的消费者，如商品出现质量或相关服务问题，在双方协商后无法达成一致时，可以向所属地区的副省级以上消协组织申请赔偿，也可以直接向中消协提出赔偿申请，经中消协核实确认后，将动用保证金对消费者进行赔付。

《经济参考报》记者获悉，国家层面的社会信用体系建设规划已上报国务院，近期将发布。根据该规划，以政务、商务、社会、司法四大领域为主体的信用体系建设方案实现了社会信用的全面覆盖；2017年，将建成集合金融、工商登记、税收缴纳、社保缴费、交通违章等信用信息的统一平台，实现资源共享。

二、建立电子商务诚信行业组织和民间团体

除了企业独立进行的内部信用环境和服务的创新，更广泛地需要多个企业，即行业的自制。党的十六届三中全会确定了"建立健全社会信用体系"的方针政策，国务院做出了在五年内要建立起我国社会信用体系基本框架和运行机制的统一部署，全国各行业和各地方都掀起了信用建设的高潮。

电子商务作为一种新经济正在迅猛崛起。2004年12月，在国务院有关部门和相关单位的支持下，中国电子商务协会成立"中国电子商务诚信联盟"，旨在通过建立权威、公正的第三方资信评估平台，加强我国电子商务信用体系的建设。中国电子商务诚信联盟旨在：营造放心的网上消费环境，保护消费者的权益；规范电子商务交易行为，维护良好的市场秩序；促进电子商务行业向规范化、专业化发展。其主要职责是：建立并实施电子商务信用监督、失信惩戒制度；制定电子商务行业诚信评价标准体系，建立对企业电子商务评级制度；制定电子商务行业规范，监督电子商务诚信经营。其首批发起单位有eBay易趣、搜易得、云网、淘宝网、一拍网、北斗手机网、卓越网、新浪网、盛大网络等18家电子商务性质企业。

在国务院办公厅《关于社会信用体系建设的若干意见》文件精神的指导下，中国互联网协会成立了互联网企业信用等级评价中心，建立并完善了互联网行业信用评价体系，积极开展互联网行业信用等级评价工作。协会发起并组织多家互联网企业成立了中国互联网诚信推进联盟，对加入联盟的网站及其所有者（包括卖家）主要信用信息进行核实和认定，包括网站身份的真实性和合法性的核实、客服电话的核实、客户隐私信息保护的评估、网站用户满意度的监测等，并定期公布认证结果。

打造诚信网站，优化电子商务安全环境，中国互联网协会向通过信用评价和认证的企业和网站颁发信用电子标识，将企业和网站的主要信息嵌入其内，并授权粘贴在网站首页，只要点击电子标识，便对该网站的诚信状况一览无余。此外，互联网协会还在网站上定期公布认证名单，以便网民用户查询与核实。在互联网协会的大力推广下，信用电子标识已经成为具有较高知名度和权威性的第三

方网站信用标识,成为广大网民识别诚信网站的重要依据,成为网上交易的重要资信安全保障,也逐渐成为网站重要的无形资产,为电子商务安全和诚信环境建设起到了积极的推动作用。

三、政府建立社会信用体系

最终,政府应该统筹规划,致力于起草和推动相关法律法规建设,用法律和制度固化社会信用体系,建立全国范围的信用征信和管理体系,利用电子商务的信用平台推动社会信用体系的成熟。

《消费者权益保护法》(简称《新消法》)自 2014 年 3 月 15 日正式实施后,"网购 7 天无理由退货"成为消费者关注的最大亮点。诚信在很大程度上决定了电子商务被认同和发展的程度,政府可以从以下几个方面着手加强信用体系建设:①建立覆盖全社会的信用网络系统,完善信用认证的信用保险制度;②建立诚信主体的诚信档案,同时完善社会公共信用信息披露机制,使得诚信可以度量并可以传播,利用公众的力量引导交易实体自觉诚信;③加强法律法规建设,建立政府对信用交易的有效监管及失信惩罚机制,打击社会经济生活中失信违法现象,约束商业活动遵纪守法,提高社会整体信用等级;④积极培育信用中介机构和行业自律组织,推动专业化、市场化的信用管理增值服务,促进并规范信用管理服务业的发展。

第五节 电子商务交易治理建议

一、不断完善电子商务的安全技术措施

电子商务是以计算机网络技术为手段来传输和处理商业信息的经济活动。电子商务要求买卖双方信息的真实性、合法性、完整性和不可抵赖性,所以对安全管理措施有较高的要求。如果从整体角度来分析,电子商务的安全包括:网络节点安全和电子商务交易安全。其中电子商务软件本身的漏洞也会给网络安全带来麻烦,许多黑客就是利用网络软件的漏洞肆意对网络进行攻击,电子商务的信息安全在很大程度上依赖技术的完善。目前普遍采用的电子商务技术安全措施主要有数据加密方式、数字签名、身份认证和防火墙技术等。

数据加密技术通常采用链路加密,也就是对网络中两个相邻节点之间传输的数据进行加密保护,主要是同时对报文和报头进行加密,从而掩盖了源节点和目的节点的地址。在链路加密方式中,需要对每一条链路都分别采用不同的加密密钥。对于一个稍具规模的网络,设置更多的加密硬件是很有必要的。其实数据加

密过程本质就是通过加密系统把原始的数字信息（明文），按照加密算法变换成与明文完全不同的数字信息（密文）的过程。第二种加密技术措施是端到端的加密，也就是对一对用户之间的数据连续地提供保护，要求对各对用户采用相同的密钥。还有就是采用前两种方式相结合的混合加密措施。

数字签名是密文收发双方签字和确认的过程，所用的签署信息是签名者所专有的、秘密的和唯一的，而对于接收方检验签署所用的信息和程序则是公开的。数字签名实现的原理如下：被发送文件用 SHA 编码加密产生 128 bit 数字摘要；发送方用自己的私用密钥（可用单密钥体制，也可用双密钥体制）再对摘要进行加密，从而形成数字签名；将原文和加密的摘要同时传送给接收方；接收方利用发送方的公共密钥对摘要进行解密，同时对收到的文件再用 SHA 编码加密产生一个新的摘要；接收方将解密后的摘要和自己重新产生的新摘要相互进行对比，如果两者一致，则说明传送过程中信息没有被破坏或被篡改过，否则接收方就应引起注意。

身份认证技术是通过口令、令牌、数字证书等认证技术正确识别用户的方法。口令是最常用也是最简单的一种，但容易被盗取。令牌是一种持有物，其作用类似于钥匙，可以用来启动电子设备，需要一定的设备支持。数字证书是证实交易各方身份和对网络访问权限的手段，应有证书持有者的姓名、公共密钥、发证机关和凭证号等，通常由一个受大家信任的、提供身份验证的第三方证书管理机构发放。

防火墙技术是在连接 Internet 和内部局域网之间实现安全保障最为有效的方法之一，也是目前在维护内部局域网安全的重要措施中应用最广泛的。防火墙通过记录通信状态，检查通信信息，监视通信过程，做出拒绝允许信息通信等的正确判断。在此基础上，制定相应的安全策略，从而为局域网构建一个安全稳定的环境，为电子商务的安全实现提供有力保障。防火墙的安全实施是以操作系统为基础的，因此要建立安全的操作系统，从而防止信息通过特殊途径，避开防火墙进入内部局域网。

二、提高网络安全防范意识

电子商务面临诸多的威胁安全的因素，在技术上只能进行一定程度的防御，但是"三分技术，七分管理"，管理比技术显得更加重要。

现在许多企业建立了技术防范机制，就是运用先进、适用的信息安全技术建造起一道道的屏障，阻隔罪犯或竞争对手的入侵，防范和化解风险，保证电子商务的顺利进行。但一些企业并没有意识到互联网的易受攻击性，据调查，目前国内诸多网站存在安全问题，其主要原因是企业管理者缺少或没有安全意识。某些企业网络管理员甚至认为其公司规模较小，不会成为黑客的攻击目标，如此态度，网络安全更是无从谈起。只有提高网络安全防范意识，构建防范信息风险的心理屏障，才能维护电子商务的信息安全。

三、建立电子商务安全管理组织体系

完善的组织体系应该根据企业目标及安全方针，建立信息安全指导委员会，委员会要由企业高层领导挂帅，各职能部门相关负责人参加，定期召开会议，对组织内的信息安全问题进行讨论并做决策，为组织的信息安全提供指导与支持。该委员会主要职能有：审批信息安全方针、政策，分配信息安全管理职责；确认风险评估，审批信息安全预算计划及设施的购置；评审与监测信息安全措施的实施及安全事故的处理；对与信息安全管理有关的重大更改事项进行决策，协调信息安全管理队伍与各部门之间的关系。信息安全管理的队伍，一般以信息安全主管为核心，并由信息安全日常管理、信息安全技术操作两方面的人员组成，在信息安全委员会的指导下具体负责安全管理工作。

四、加强电子商务安全的法制建设

电子商务法制建设是一项非常复杂的系统工程，它包括立法、司法和行政多个方面，涵盖了行业市场准入、信息安全和认证、知识产权保护、电子支付、数字签名、互联网内容管理以及赔偿责任等诸多法律问题。电子商务的快速发展需要完善的法律体系做保证。在电子商务立法过程中，应从建立我国电子商务法律体系的全局出发，提出立法的具体步骤和内容，按照相关性和整体性原则，确定电子商务不同层面立法的先后顺序，使不同立法阶段的各项法律能够相互衔接和支持，最终建立起相对完整的电子商务法律体系：电子商务纠纷解决法律制度、知识产权保护法律制度、电子商务税收法律制度、消费者权益保护法律制度、电子支付法律制度、电子信息交易法律制度、电子合同法律制度、电子认证法律制度、电子签名法律制度、数据电文法律制度等。

五、依靠行业组织和企业自律

中国互联网协会充分发挥了行业自律的组织领导作用，进一步完善自律的规范体系，不断扩大行业自律的参与面，引导行业相关企业诚信经营、健全信用管理制度，提高行业信用水平和企业信用风险防范能力，推动行业自律，并利用中国互联网大会等场合举行隆重的信用评价结果发布暨授牌仪式，通过央视网、新华网、凤凰网等各大新闻媒体对诚信企业进行宣传和推广，形成网上自律风尚。

第四章 电子商务物流

第一节 电子商务与物流的关系

在实物类电子商务交易活动中,无论是 B2B、B2C 还是 C2C 模式,都包含电子商务的信息流、资金流和物流。当顾客通过互联网浏览网上发布的商品,搜索到需购买的商品信息,并通过网络进行交互式信息反馈,确定商品的数量、规格、性能、服务、交货时间等细节问题,在交易达成之后,实物类电子商务的最后一步是如何将货物按顾客要求送达签收,即物流配送环节。

国内外 C2C 电子商务发展的初期共同面临的一个重要问题就是物流问题,如物流配送的经营许可,如何降低小件物品的物流成本,提高物流配送的效率等。物流环节的成本和效率直接影响着电子商务在价格、交货期、服务、质量等方面的诸多问题。物流是中国电子商务发展初期的瓶颈之一。下面介绍早期的"72 小时网络生存测试"。

1999 年 9 月 3 日,一个叫"梦想家"的网站组织并推出了一项名为"72 小时网络生存测试"的活动。活动的大致安排是:从北京、上海、广州的志愿报名者中选出 12 名网络冲浪者,以北京、上海和广州的酒店作为测试场地,场地内部除了基本的起居设备、沐浴设备外,仅摆放一台上网电脑和用于记录测试过程的摄影机及 WebCam。测试开始后,测试者不能离开测试房,如果离开,此人的测试自动终止。测试期间参赛者不得破坏房间内部一切设备,也不能通过互联网之外的其他一切方式获得外界的帮助。

北京站测试者花的钱由 8848 网站赞助。过去在双休日时,来 8848 网站买东西的不过 300 多个订单,然而在 9 月 5 日,8848 的订货单高达 3000 多份,增加了近 10 倍。但是最后的事实是,11 个人买到了东西。8848 网站最后的一次送货居然动用了酒店的行李车而不是开始的手提袋,生存测试几乎成了突击购物测试。

在这次测验中一个突出的问题便是物流配送问题,用户费尽周折在网上订购之后，没有一个有效的社会物流配送系统对实物的转移提供低成本的、适时的、适量的转移服务，使电子商务的跨时域优势丧失殆尽。配送的成本过高、速度过慢是偶尔涉足电子商务的初期用户最为不满的问题。物流本身发展滞后，和电子商务的发展相比，即便是发达国家的物流，其发展速度也难以和电子商务的发展速度并驾齐驱。在我国，物流的发展更是比较滞后，一个先进的电子商务和一个落后的物流，形成非常鲜明的对比。

中国早期的 B2C 站点 8848 网站的 CEO 王峻涛将当时横亘在电子商务面前的困难形容为"三座大山"——网民规模、支付和配送，其中配送的基本状况是专业化的全国性货物配送企业数量为零。各个电子商务公司只能求助于具有国内最大覆盖网络的中国邮政速递公司 EMS，但是在磨合一段时间之后，EMS 痛感自身体制的僵化分割、管理无法协调、服务水平无法提高、费用居高不下等问题，面对诸多问题无法通过自身解决。由于投资额的庞大，一个商务网站建立一个遍布全国的配送中心是难以想象的，在物流配送上，众多的快递公司受制于"一手交钱，一手交货"的付款方式，而且快递公司的服务费价格高昂，普通的邮寄服务等待的时间又太长。对于物流的分配管理，各个电子商务公司各有其道。因此高效的物流配送中心由谁建设是一个难题。

政策的松动和市场的开放为中国第三方专业物流公司的兴起和发展提供了契机，经过 20 多年的发展，不仅解决了电子商务的物流问题，而且为电子商务的发展带来了新的增长点。笔者将电子商务与物流之间的关系总结如下。

1. 物流是电子商务发展的基础

物流是电子商务的保障，电子商务是通过互联网进行商务活动的新模式，其中物流是基础，信息流是桥梁，资金流是目的，商流是载体。在电子商务运作过程中，信息流、商流、资金流均可借助互联网瞬间实现，但是物流在网上的实现却相当困难，只有部分数码产品可以通过网络直接传输，大部分产品和服务必须通过物流方式传输。如何以最少的成本，在正确的时间、正确的地点、正确的条件、将正确的商品送到正确的顾客手中？正如当初专门为货币做中介服务的银行金融机构的出现使得商流、物流、资金流出现分离一样，当网络电子中介作为一种工具被引入生产和流通时，商流、物流、资金流、信息流的分离是一种必然，是一种专业化分工的深化，是流通的高级形式。

2. 物流是电子商务的利润源泉

物流活动形成物流成本。在物流过程中，物流是以成本的形式出现的，无论是生产过程还是销售过程都是如此。成本是物流的天然属性。但物流成本不是一种消极的沉淀性成本，良好的运作管理可以将这种成本转化为产品内在的价值，从而将物流从"成本陷阱"转化为带来利润的途径，从这个角度来理解，物流可以成为企业的"利润源泉"。

现在物流企业的"第三利润源泉"，是相对于"第一、第二利润源泉"而言的。第一利润源泉是指在生产过程中因劳动对象的节约而增加的利润，第二利润源泉是因为人力资本的节约而增加的利润，第三利润源泉则是指因物流费用的节省而增加的利润。由于科技进步的迅速扩散和普及，一些传统的行业如商业、机械加工、食品工业、建筑业等依靠第一利润源泉获取超额利润的可能性越来越小，同样由于劳动者报酬的刚性递增，使得依靠提高劳动生产率而降低劳动投入从而获取第二利润源泉也越来越困难。物流环节中降低库存、合理组织运输、流通加工增值、提高包装储存装卸水平等可以大大降低流通费用，提高资金周转速度和效率，拓展利润的来源渠道和空间。

3. 物流是电子商务优势实现的保障

随着"双十一""双十二"等网购狂欢节的迫近，众多电商都推出了形式多样的促销办法，而作为电子商务促销活动的配套服务，物流公司也在积极备战。国家邮政局2014年10月25日召集国内主流快递企业召开专题会议，确保"双十一""不爆仓、不瘫痪"。2014年，包括顺丰在内的各大快递公司紧急征调100多架飞机解决"双十一"促销活动的货运问题，纷纷开始了"空运战"。

从各大物流公司的积极准备我们可以看出，物流配送是保障电子商务生存和发展的关键，是实现电子商务以顾客为中心理念的根本保证。电子商务的出现在很大程度上为消费者和电子商务企业提供了方便。消费者可以足不出户，就能买到自己想要的产品；企业不需要实体的门店，省去了租金、店面装修维护等一大笔费用。但是如果消费者订单中的实体产品不能准确、及时地送到消费者手中，那么电子商务高效、低成本的优势就难以体现，即使是再发达的电子商务，最终也会无人问津。

第二节 电子商务物流发展的现状

我国电子商务物流起步较晚，但发展较快，根据国家发改委、国家统计局、中国物流与采购联合会发布的《2013年全国物流运行情况通报》，2012年全国社会物流总额为197.8万亿元，按可比价格计算，同比增长9.5%，受电子商务和网络购物快速增长带动，快递等与民生相关的物流发展势头良好，单位与居民物品物流总额保持快速增长态势,同比增长 30.4%,增幅比 2011 年加快 6.9 个百分点。

一、第三方物流企业的崛起

面对电子商务日益增多的订单,原有的配送系统无法承受其配送压力,由此民营物流企业应运而生。物流关系着电子商务的服务水平,在电子商务发展的 13 年里,民营物流企业起着至关重要的作用。民营物流企业是我国现代物流业发展中出现的多种所有制企业之一。10 多年来,民营物流企业获得了超常规发展,基本摆脱了"小、散、弱"的困境,与国有和外资物流企业一起,成为中国物流市场的主体,也是推动我国物流产业发展的一支重要力量。民营快递企业增势迅猛,如 2007 年顺丰速运的营业收入已达 50 亿元,增幅达 60%;2007 年宅急送营业收入达 11.2 亿元,增幅 46%。

表 4-1 是国内几家同行业物流公司 2012 年市场份额的比较。

表 4-1 同行业物流公司 2012 年市场份额

企业名称	2012 年营业收入	市场份额
中邮速递	280 亿元	27%
顺丰集团	211 亿元	20%
中通快递	130 亿元	12%
圆通快递	100 亿元	10%
韵达快递	80 亿元	8%

目前,我国的第三方物流在物流市场中所占的比例仅为 10%,不仅规模小,而且高度分散,在 1 万到 1.5 万家第三方物流企业中,没有一家企业能占到 2% 以上的市场份额,大多数物流公司只是局限在供应链功能的一小部分,无法满足客户的一体化物流服务需求。而作为物流业的新兴领域,第三方物流在国外的物流市场上已占据了相当可观的分量,欧洲目前使用第三方物流服务的比例约为 76%,美国约为 58%,日本约为 80%。近几年,中国的第三方物流市场以每年 16%—25% 的速度增长,可见我国的第三方物流企业还具有很大的发展空间。

二、国家政策积极支持

1999 年国家经贸委、信息产业部、科技部及与物流有关的相关部委加大了支持和发展物流的力度,这从政策层面反映了中国物流发展的远景及其对电子商务的支持。笔者认为相关的配套政策应该包括:①加强物流业法制建设,当前可先颁布《物流管理条例》,再过渡到《物流法》,努力实现物流法制化、规范化。

②物流必须纳入全国、地区、城市发展规划之中，统筹规划，合理布局，有计划、有步骤地实施。③限制企业（不论是生产或是流通企业）自建物流服务系统。④加大政策扶持力度，制定车辆通行、土地使用、税收、融资等方面的优惠政策，鼓励、支持规模化经营的物流企业发展，对未达到一定规模的单个企业（包括连锁公司）采取不鼓励或限制的政策，如对载运量低、空驶率高的车辆采取多收费等措施加以限制。

2011年8月2日国务院办公厅发布《关于促进物流业健康发展政策措施的意见》（国办发〔2011〕38号），其中明确指出要切实减轻物流企业的税收负担，进一步降低过路过桥收费促进物流车辆便利通行，加快物流管理体制改革，鼓励整合物流设施资源，支持大型优势物流企业通过兼并重组等方式对分散的物流设施资源进行整合；鼓励中小物流企业加强联盟合作；加强物流新技术的自主研发，重点支持货物跟踪定位、无线射频识别、物流信息平台、智能交通、物流管理软件、移动物流信息服务等关键技术攻关。

三、企业不断探索

8848网站发展之初，专业化的全国性货物配送企业数量为零。8848网站从别人不敢碰的邮政系统着手，打开了向全国配送货物的大门。通过邮政系统将配送业务扩大到全国各个城市，通过UPS将货物配送到全世界。最大的进步是开辟了新的配送公司，8848网站三分之二的商品直接由配送公司完成。

当当网建立"鼠标＋水泥"物流模式，在配送模式上选择了第三方物流的方式。不同于卓越的物流模式——大型城市建立了自己独立的配送中心，当当网以自身为主，同时相应地在物流高峰期借助一部分第三方的力量，小型城市及偏远地区以邮政方式为主，当当网基本完全采用第三方物流的配送模式。当当网还进行了配送环节的创新，中国没有UPS、FedEx这样覆盖全国乃至全球的物流企业，当当网现在的做法是航空、铁路、城际快递、当地快递公司齐上。当当主要是依靠专业快递公司进行配送，与民营快递公司合作，并在一些大城市扩建了自己的仓储中心。卓越则是采取自建物流与第三方物流合作的方式，京东商城则是除偏远地区外，基本采用自建物流的方式。

第三节 电子商务物流存在的问题

一、物流基础设施差

物流基础设施是进行物流作业的基本条件与物质基础，它的优劣直接影响到物流作业的效率与作业成本。电子商务物流的基础设施包括运输工具、仓储设备、装卸搬用设施、包装的机械及网络通信基础等。

随着改革开放的深入，我国虽然在交通运输、仓储设备、装卸搬用、加工包装和通信信息等基础设施方面有了很大的提高和发展，但总体水平还比较落后。按国土面积和人口数量计算的运输网络密度，我国仅为1354.48千米/万平方千米，而美国为6879.3千米/万平方千米，德国为14670.4千米/万平方千米，印度为5503.9千米/万平方千米。这方面，我们不仅落后于欧美发达国家，与印度等发展中国家相比也有较大差距。

除此之外，物流基础设施的协调性和配套性发展也不完善，运输工具越来越多，发展速度越来越快，但是运输道路的建设却相对缓慢，这样运输工具的发展就不能得到最大限度的发挥，运输设施的区域布局不尽合理，主要运输通道供需矛盾依然突出，物流网点没有统一布局，难以适应电子商务发展的要求。

二、物流成本高

全球物流学会主席齐瑞安·瑞恩说过："中国2011年的国内生产总值（GDP）大概有6万亿美元，其中有1.36万亿美元花在了物流上。美国到目前为止仅有8.8%的高速公路在收费，但是中国95%的高速公路都是收费的。"由此可以看出中国物流成本的高昂，究其原因，一方面是因为我国物流系统运转效率不高，货物在途运输时间较长，还需要缴纳高昂的过路费，公路货运因缺乏合理的物流组织空驶率多年来保持在60%左右。由国家发改委、国家统计局、中国物流与采购联合会联合发布的《2013年全国物流运行情况通报》指出，2013年经济运行中的物流成本依然较高，社会物流总费用与GDP的比率为18%。另一方面是电子商务面对的不仅是批发商和零售商，还有大批最终消费者，最终消费者的分布非常分散，难以形成具有一定规模的集中配送区域。

中国的道路基础设施正在不断影响自己在物流方面的效率。物流中第一个环节是生产，由于物流效率的降低，运输成本过高导致产品价格居高不下，消费数量减少则已经开始影响国内制造能力的发展。

三、物流信息化程度低

目前我国物流配送模式中，自营物流的占大多数，这种自营物流基本处于小规模、作坊式的方式，依旧是一种劳动密集型产业，需要耗用大量的人力资源，电子商务物流配送对计算机的应用尚处于初级阶段，仅仅限于配送中心的订单处理、事务处理等，而货物的组织配送、最优库存控制、物流配送成本控制等还未能利用计算机进行处理。

目前我国物流企业各类信息技术的普及和应用程度还不高，物流信息管理尚未实现自动化，信息资源的利用尚未实现跨部门、跨行业整合，政府对物流标准没有形成一套完整的体系。

四、物流标准化程度低

目前适应物流配送发展和配送业务运作的技术标准和工作标准体系尚未建立起来，物流配送非标准化装备、设施和行为仍然相当普遍。各种运输方式之间装备标准不统一、物流器具标准不配套、物流包装标准和设施标准之间缺乏有效的衔接，物流设施和装备标准化滞后，难以形成有效的社会服务网络，如各种运输方式之间装备标准不统一，海运与铁路集装箱标准存在差异，在一定程度上影响着我国海铁联运规模的扩展。又如托盘标准和各种运输装备、装卸设备标准之间都有衔接关系，物流器具标准不配套就影响了托盘在整个物流过程中的有效使用。除此之外，信息系统之间也缺乏接口标准，运输、仓储、物流作业管理信息系统之间互不沟通，由于公共物流信息交流平台的缺乏，以互联网等为基础的物流信息系统难以得到实际应用。

五、电子商务物流专业人才缺乏

目前我国物流从业人员接受物流知识系统教育的程度偏低，素质相对较低，他们无论是年龄结构还是专业知识结构都不符合电子商务物流发展的要求，缺乏现代物流运作和管理的复合型人才是物流业发展的重要制约因素。新型的物流管理者是否具有较高的物流知识和操作经验，是否有较宽的知识面尤其是通晓现代经济贸易、现代物流运作、运输与物流理论和技能，可以直接影响到企业的生存和发展。目前，国内物流人才主要是从海外留学回国为主，国内物流技术和理论的发展较美国等发达国家较薄弱，人才的短缺使我国不能了解先进的科学技术，也使得我们与世界接轨形成障碍。电子商务物流人才的短缺已经严重阻碍了电子商务物流的发展。

第四节 物流治理经验与建议

一、加大物流基础设施建设，降低物流行业成本

从政府角度看，应加大物流基础设施建设，降低物流行业成本，注重专业人才培养。

加大基础公共设施的建设，建设覆盖全社会的立体交通网络和物流信息网络。加强基础设施建设首先要对城市、交通，仓库等物流设施进行规划和建设，

充分协调各个环节并使之配套和完善，应该加快公路、铁路、港口、机场等基础设施建设，各地方政府应统筹规划，正确引导物流企业布局和建设物流中心，包括物流仓库、配送中心等。推广先进适用的物流专用车辆和设备，实现运输、装卸搬运、包装、流通加工、配送等手段的机械化、自动化和现代化。

然而加大物流基础设施建设也需考虑到物流需求。物流需求是"第三利润源泉"的驱动力，物流需求不足，就不能驱动这个利润源泉。目前很多城市的物流规划陆续出炉，各地更是掀起了配送中心、物流中心、物流园区的建设高潮。但没有统一协调的部门对基础设施规划、物流资源整合进行宏观指导。只有准确进行物流需求预测，才能合理确定物流规模，确保物流项目的投资效益。目前，物流需求预测的问题集中体现在两个方面：一是我国目前建立的是基于行业的统计体系，尚未建立能准确反映物流运作的统计体系，统计数据的系统性不足必然影响物流需求预测的精度；二是在物流需求预测过程中，物流服务对象不明确或针对性不强，一般是基于物流量增长的分析，而没有考虑物流需求的结构。应在准确预测物流需求的基础上合理确定物流项目的建设规模。

培养物流人才可以通过政府、大学院校和企业三方来共同努力实现，我们不仅要吸引海外归国的物流技术人才，同时也要加大国内高等院校对物流人才的培养，可通过在高校开设物流专业、确立电子商务物流研究方向和留学制度的方式来培养现代物流专门人才，可建立大学、物流研究机构与物流企业的联系，政府引导物流企业积极与院校、研究机构等进行资本与技术的合作，发挥各自优势，如此才能满足我国物流人才的长期需求，促进电子商务环境下物流配送的发展。

二、推进物流行业的标准化，加快第四方物流的发展

从行业角度看，应加大物流行业的标准化，加快第四方物流的发展。

物流标准化是针对物流各系统制定出统一的物流标准，标准化能提高企业内部管理水平、降低企业成本、提高服务质量。要加强电子商务物流标准系统建设，包括制定行业标准、物流设施设备标准等，如制定托盘标准和各种运输装备、装卸设备标准，并且使相关设备之间的标准都有衔接关系，使得物流器具标准配套才能保证托盘在物流过程中的有效使用。物流行业标准的制定需要跟国际市场接轨，并推动标准的应用和普及，逐步形成我国现代物流业的技术标准化体系。

所谓第四方物流，是专门为第一方物流、第二方物流和第三方物流提供物流规划、咨询、物流信息系统、供应链管理等活动。第四方物流是物流业者提供的一个整合性的物流，包括金融、保险、多站式物流配送的安排。与第三方物流的

差别在于第三方物流只是单纯地提供物流服务，第四方物流则是整合性的，如可协助进出口关税问题、收款等功能。

新兴的第四方物流是一个供应链集成商，它能够调集和管理组织自己的以及具有互补性的服务提供商的资源、能力和技术，以提供一个综合的供应链解决方案。因为能够整合社会物流资源，所以第四方物流的发展能够提高行业发展水平，进而带动整个电子商务物流服务业的发展。

三、调整物流模式，整合物流资源

从企业角度看，企业应选择适合自身发展的物流模式，积极整合资源。

目前存在的物流模式大致有三种：物流自营模式、物流外包方案（第三方物流）、物流联盟方案。

物流自营是指生产企业借助于自身的物质条件自行组织的物流活动。在物流自营方式中，企业也会向运输公司购买运输服务或向仓储企业购买仓储服务，但这些服务都只限于一次或系列分散的物流功能，而且是临时性、纯市场交易的服务，物流公司并不按照企业独特的业务程序提供独特的服务，即物流服务与企业价值链是松散的联系。如卓越的自建物流，建立了自己的配送体系。

物流外包也称第三方物流模式，是以签订合同的方式，在一定期限内将部分或全部物流活动委托给专业物流企业来完成。由于任何企业所用的资源都是有限的，它不可能在所有的业务领域都获得竞争优势，在快速多变的市场竞争中，单个企业依靠自己的资源进行自我调节的速度很难赶上市场变化的速度，企业必须将有限的资源集中在核心业务上，强化自身的核心能力，而将自身不具备核心能力的业务以外包的形式或战略联盟、合作的形式交由外部组织承担。正如美国著名管理学者德鲁克曾预言："在十年至十五年之内，任何企业中，仅做后台支持而不创造营业额的工作都应该外包出去，任何不提供向高级发展的机会的活动，业务也应该采用外包形式。"

物流联盟是企业双方在物流领域的战略性合作中进行的有组织的市场交易，形成优势互补、要素双向或多向流动、互相信任、共担风险、共享收益、长期互利、全方位的物流合作伙伴关系。物流联盟是介于物流自营和物流外包之间的一种物流组建模式，联盟双方在相互合作的同时，仍保持各自的相对独立性。物流联盟的建立有助于物流伙伴之间在交易过程中减少相关交易费用，如信息搜索成本、讨价还价成本、监督执行成本、机会主义成本、交易风险成本。

虽然各个企业模式都各有优缺点，但选择企业模式更应该依照"具体问题具体分析"的原则，选择适合自己企业发展的模式。生产企业与第三方物流企业合作，虽然可以降低成本、得到良好服务、分散风险和提升企业竞争力，但也不是任何企业、任何业务都适合使用物流外包的方式，关键是要适合自己、适应时势。比如当当网根据自身优势，选择了"鼠标＋水泥"的物流模式，卓越网则采取自建物流与第三方物流合作的方式，京东商城则是除偏远地区外基本采用自建物流的方式。

根据国家政策的方向，大型优势物流企业可以通过兼并重组等方式对分散的物流设施资源进行整合，中小物流企业可以加强联盟合作，创新合作方式和服务模式，优化资源配置，提高服务水平，积极推进物流业发展方式转变。目前只为本行业本系统提供服务的仓储和运输设施，要积极创造条件向社会开放，开展社会化物流服务。商贸流通企业可以发展共同配送，降低配送成本，提高配送效率。物流企业加强与制造企业合作，全面参与制造企业的供应链管理，或与制造企业共同组建第三方物流企业。物流系统必须要有良好的信息处理和智能化传输系统，实现资源共享、数据共享、信息互通，才能提供最佳的服务。电子商务物流信息化表现为条码及信息录入自动化、射频及GPS、GIS等先进技术的实现。搭建电子商务物流公共信息平台，整合社会资源，实现信息共享，实现电子商务系统、物流管理信息系统等的无缝连接，可以运用计算机技术计算最优化的配送方案，这样可以更好地满足消费者的需求，为消费者提供更加优质、高效的服务。

第五章　电子商务税收

2007年7月，全国首例个人利用B2C网站交易逃税案一审判决，被告张黎因偷逃税款，被上海市普陀区法院判处有期徒刑2年，缓刑2年，并交纳罚金6万元，其公司处罚金10万元。上海普陀区法院调查显示，2006年6—12月间，张黎用某公司的名义在互联网上买卖婴儿用品，采用不开具发票、不记账的方式，也不向税务机关申报纳税，偷逃国家税款共计11万元。

目前我国电子商务在现行的税制体系下，已经实现了对B2B、B2C模式电商的征税，但对C2C模式的电子商务还未开始征收。下文如无特殊说明，电子商务税收即指C2C模式的电子商务税收问题。以我国最大的C2C电子商务网站淘宝网为例，2013年11月11日，淘宝网实现了电子商务1天350亿元的销售额，年交易总额突破1万亿元。若以3%的额度征税，淘宝上的网店一年下来将增收300亿元的税收。是否应该征收，何时开始征收，以及采取什么原则、方法和手段进行征收是当前电子商务税收问题的主要内容。

第一节　电子商务征税的背景和原因

近年来，电子商务市场呈现出蓬勃发展的势头。中国电子商务研究中心监测数据显示，截至2013年6月，全国电子商务交易额达4.35万亿元，同比增长24.3%。其中，B2B交易额达3.4万亿元，同比增长15.25%；网络零售市场交易规模达7 542亿元，同比增长47.3%，预计2013年有望达到17 412亿元。图5-1是电子商务市场2009—2014年的交易规模，可以明显看出增长趋势。

在企业区域的分布上，排在前10名的省份（含直辖市）分别为：广东省、浙江省、北京市、上海市、江苏省、四川省、山东省、河北省、福建省、湖北省，如图5-2所示。

据《中国电子商务报告（2013）》，中国网络零售交易额已超过美国，成为全球第一，人均年消费达到6000元。来自商务部电子和信息化司的数据显示，2013年中国网购用户达3.02亿，销售总额达1.85万亿元，占2013年社会消费品零售总额的7.8%，超越美国坐上全球头把交椅。根据各家电商已披露的财报

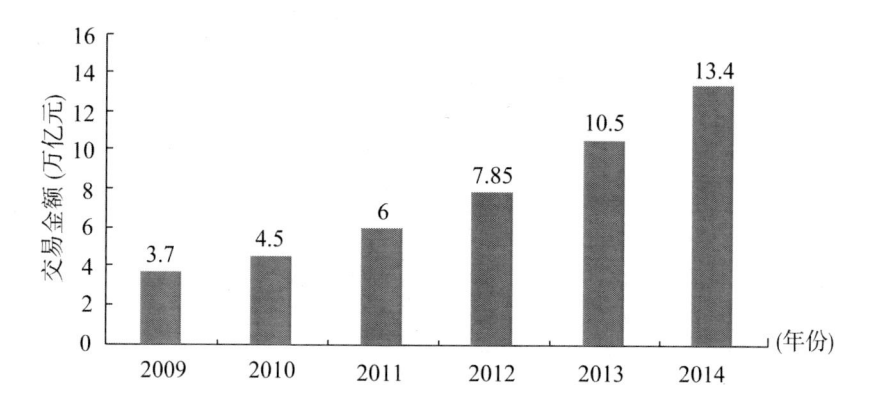

图 5-1 2009—2014 年中国电子商务市场交易规模

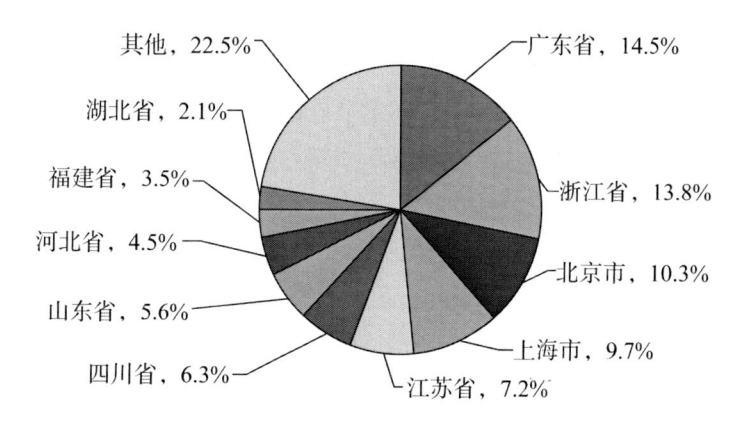

图 5-2 2013 年（上）中国电子商务服务企业区域分布

数据和中国电子商务研究中心（100EC.CN）监测数据显示，截至 2013 年上半年，中国 B2C 网络零售市场（包括开放平台式与自营销售式），天猫排名第一，占 50.4% 的份额；京东名列第二，占 20.7% 的份额；苏宁易购名列第三，占 5.7% 的份额。由此看来，B2C 市场格局基本稳定。从 C2C 市场来看，淘宝集市地位稳固，截至 2013 年 6 月，淘宝占全部的 95.1%，拍拍网占 4.7%，易趣网占 0.2%。如图 5-3 所示，中国网络购物的用户规模增长迅速。

由于电子商务零售市场规模庞大，覆盖全国各个地区和各类人群，商品从服装服饰到图书、电子数码等一应俱全，且价格相对线下实体商店便宜，网络购物也更方便快捷，网络购物成为大众消费的一个重要渠道。随着电子商务规模占社会消费品零售总额的比例将要突破 10%，针对电子商务零售业进行税收的压力和呼声也越来越大。电子商务零售业应不应该征税？为什么？

一些学者和官员从税收中性和税收公平原则出发，认为包括 C2C 在内的电

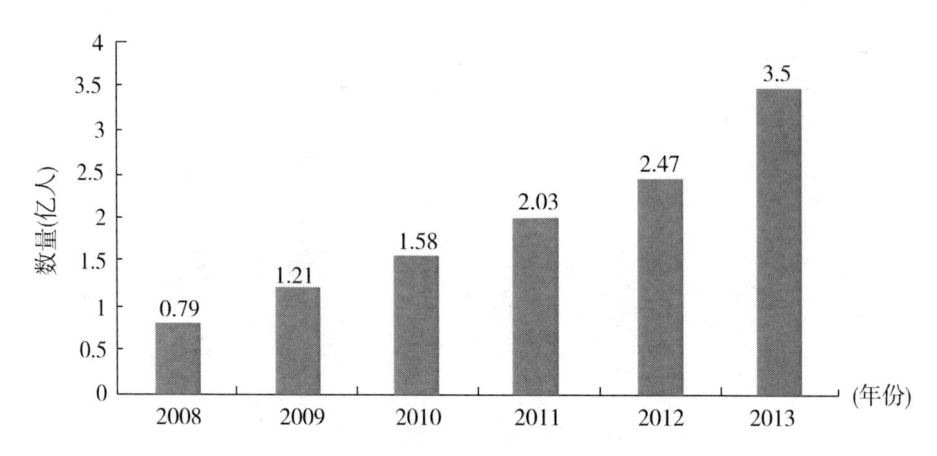

图 5-3　2008—2013 年中国网络购物用户规模增长图

子商务交易都应征税。税收中性原则的基本含义是政府在征税时，纳税主体除了承担税收本身的负担之外，不再承受其他额外的经济负担或损失。税收体制设计的一个原则就是生产和消费不会因税收而产生大的波动和影响。目前大多数网店收税的情况会对传统交易市场主体产生不利影响，导致其因网上销售的无税收而承受额外的经济负担和损失，最终影响资源的合理有效配置。

税收公平原则即税收负担的公平、税收的经济公平和税收的社会公平。企业与企业之间的交易、企业与个体消费者之间的交易在税收管理上比较规范，大部分都是完税的，然而基于网上平台的个体网上店铺（C2C 模式）大多数交易还没有实施征税。比如阿里巴巴创始人马云曾透露，淘宝网 94% 的店铺不需要缴税，这些网上店铺，并未在工商部门注册。这就造成了电子商务交易主体和传统贸易主体之间的税负不平等，对线下的实体店铺销售相对不公，显然与税收公平原则相悖，对传统贸易的发展存在不利影响。由于在现行的税制体系下，已经实现了对 B2B、B2C 模式电商的征税，但 C2C 模式的电商在税收征管上仍是空白，因而使其成为某些 B2C 交易主体的"避税工具"，由此也带来了一些新的问题。

第二节　电子商务零售业征税难题

越来越多的经营者进入电子商务市场，导致税收征管的难度进一步加大。征税成本的提高有悖于税收效率原则，也不利于电子商务市场的健康发展。税收效率原则是指在尽可能少的人力、物力和财力消耗下尽可能获得更多的税收收入，并通过税收分配促使资源合理有效地配置。之所以长期以来还没有对电子商务零售业开始征税，一是出于政府对电子商务的扶植和培育，二是税收成本较高，征管难度较大,不符合税收效率原则。但随着电子商务零售业占全社会零售市场的份额不断增大,针对电子商务零售市场的税收征管已经提上日程。

下面从税制要素的角度对电子商务征税的困难进行简述。税制要素是指构成一国税制的基本要素,尤其是构成税种的基本元素,也是进行税收理论分析和税收设计的基本工具。税制要素的内容包括纳税人、课税对象、纳税环节、纳税期限等,下面主要阐述C2C模式的电子商务对纳税人、纳税环节、课税对象和纳税时间等税制要素的影响。

一、纳税主体与管辖权问题

首先,纳税主体身份的确定。在规定某一主体在税收征纳活动中的地位时,法律要考虑其在税法活动中的民事主体身份,比如,是属于自然人、法人,还是属于非法人的其他组织。在电子商务零售业,个人网店一般未进行工商登记,在实际交易的过程中各交易主体的姓名可以匿名存在,并且不需要固定存在的交易地点,只需要一个网址和支付工具即可完成交易。电子商务活动匿名性的特点给查明电子商务纳税人的身份带来巨大的困难。

其次,收入来源地的认定。在电子商务活动中,交易过程不受传统商务的物理空间限制,无论纳税人的真实住所或营业场所设在何处,它都可以在任何税收管辖权范围内设立网站从事电子商务活动。一般情况下,凡是常设机构的收入,都被认定为来源于常设机构所在国。这种情况下,解决常设机构认定问题就显得尤为重要。在电子商务环境下,网站、服务器能否成为构成常设机构的营业场所,往往有较大的争议。美国认为服务器不构成常设机构,而澳大利亚等技术进口国则认为其构成常设机构。国际税收协定《OECD范本》就跨国电子商务的常设机构认定规则做了最终解释,其基本结论是:企业在另一国拥有服务器,构成该企业在另一国设有常设机构的场所条件,而仅仅拥有网址则不构成常设机构。

税收管辖权是指主权国家根据其法律所拥有和行使的征税权力,是国家税收的核心,同时也是国家主权的重要组成部分。税收管辖权是国家主权原则在国际税收领域的体现。

世界各国通行的税收管辖权的确认标准主要包括三种:一是属地原则,即以本国领土范围作为行使税收管辖权依据的原则;二是属人原则,即以纳税主体是否具有本国国籍作为行使税收管辖权依据的原则;三是混合原则,即混合适用属地原则与属人原则,以其中的一种为主,另一种为辅。目前大多数国家采取的是混合原则,对本国居民的境内外所得及非本国居民来源于本国境内的所得征收税款。由此引起的国际重复征税,通常以双边按税收协定的方式加以解决,即两国签署双边税收协定，约定纳税人本国应对于纳税人来自另一国并且已被该国征税的所得给予地面税款，从而尽量避免国际重复征税。

电子商务活动由于其以网络为交易平台，具有虚拟性和全球性的特点，使得地域变得模糊。又因为在网上交易可以使用匿名，更加难以确定收入者的国籍。但在网络的虚拟空间，交易者之间已经是全球性的交易，根本就不存在任何地域，虚拟空间中的匿名交易使交易者的国籍难以确定，从而导致了国家的税收管辖权较难确定。

二、纳税环节和税收稽查问题

纳税环节，主要指税法规定的征税对象在从生产到消费的流转过程中应当缴纳税款的环节。如流转税在生产和流通环节纳税。电子商务中C2C模式（俗称"网店"）中主要涉及商品的流通环节，故流转税是其主要涉及的税种。在电子商务交易中，由于工商登记的缺失及交易时可以采用匿名等因素导致交易对象不易认定和控制，进而导致纳税环节不易确定。而电子商务的交易不需要固定的地点，线上交易的电子记录易被篡改且不会留下任何痕迹，线下交易又无可追寻，导致纳税环节的计税依据不易控制，最终导致税款的流失。

税务机关对纳税人进行有效的税收征管和稽查，必须以切实掌握纳税人完整、真实的信息资料为前提，要获取这些资料，需要从纳税人的合同、发票、凭证、货单等原始凭证资料中获取需要的信息。但是，由于纳税环节的网络化和虚拟化，在电子商务活动中，原始凭证资料在线填制即可完成，网上交易的电子记录可以轻易更改而不留痕迹，而且越来越发达的加密技术可以很好地隐匿交易信息。这些都使得税务征管和稽查变得更加困难。

电子商务交易活动弱化了收入来源地的概念，使得税收管辖权不易确认。此外，各个国家目前对C2C电子商务是否征税持有不同看法。这样就给企业避税创造了良好的条件，电子商务交易企业就可以把销售记录转移到免税或低税的国家进行避税，从而造成国家税款的流失。另外，互联网的无国界特点也为跨国公司避税创造了条件，以互联网技术为基础的电子邮件、传真技术帮助企业通过互联网进行便捷的沟通，在关联企业之间进行收入和费用的分配和调整，从而避免巨额的税款，使得国家税款流失。

三、课税对象与纳税时间

课税对象又叫征税对象、征税客体，指税法规定对什么征税，是征纳税双方权利义务共同指向的客体或标的物。电子商务环境使得交易信息电子化，这样就很难将电子商务交易对象的性质进行归类，在交易对象的电子信息转化成实际物体之前，很难确定它是销售商品所得、特许权使用费、提供劳务所得等概念中的哪一种。如视频、音频资源通过网上交易，完成数字产品的下载使用，税务机关很难确定其属于商品销售进而对其征收增值税，还是将其认定为无形产品获著作权的转让而征收营业税。

纳税时间又称为征税时间，是税务机关征税和纳税人纳税的时间范围。现在税法规定的纳税时间是以传统的电子商务活动为基础，根据传统的支付方式确定纳税时间，纳税时间有纳税义务发生时间、结算期限和缴款期限三种。由于电子商务交易活动的复杂性，一次交易往往会产生多个时间节点，如支付订单时间、发货时间、收货时间等，很难确定把哪个时间节点确定为纳税义务的发生时间，进而确定结算期限以及缴款期限，这也给税务征收带来困扰，从而增加了税款征收的成本。

税收征管是税务管理的重要组成部分，是税务机关根据有关税法的规定，对税收工作实施管理、征收、检查等活动的总称。提高税收征管质量和效率是我国税收征管工作的基本目标，其中提高征收率和降低税收征纳成本是其中的两个主要方面。电子商务活动使得交易平台虚拟化，交易时间复杂化，大大增加了实际征管过程的难度，可能需要投入更多的人力物力，税收成本因此也会大大增加。

第三节 国际上电子商务征税状况

一、美国

美国是电子商务发展最快的国家，也是最早对电子商务税收问题进行研究和立法的国家。从1995年起，美国就开始研究电子商务的税收政策。总体而言，美国认为对电子商务征税将会严重阻碍这种贸易形式的发展，有悖于世界经济一体化的大趋势，因此提出了"电子商务自由化"原则。

美国于1998年通过《互联网免税法案》，禁止各州和地方政府对互联网接入服务征税，也不允许在现行税收的基础上增加新的税种。《互联网免税法案》以三年为期，2001年和2004分别延长两次。因为这项法案于2007年11月1日到期，《互联网免税法案》原本再延长4年，但由于参众两议院要求该法案永久性生效的呼声很高，考虑到此法案可能对国家和政府构成长期的潜在影响，最近一次的延长（国会通过的、布什总统签字的延长《互联网免税法案》的备忘录）最终采取折中方案，将此法案再度延长了7年。

但是《互联网免税法案》只是对互联网接入费收入不收税，并不是对网上的交易不收税。2013年5月6日，美国参议院通过允许各州对网店征收销售税的

《市场公平法案》。电商所在州的州政府向电商企业收销售税,州外销售低于100万美元的网店将被豁免。目前,各州仅可向在本州有实体形式的网店收销售税。

二、欧盟

1998年,欧盟决定对成员国居民通过网络购进商品或劳务时,不论其供应者是欧盟网站或外国网站,一律征收20%的增值税,并由购买者负责扣缴。经济合作与发展组织(OECD)认为不须开征新的税种,而只需在原有税种的基础上修改相应的税收条款,并实行税收中性原则,就可适应电子商务的要求。

2003年7月1日起,欧盟成员国开始实施电子商务增值税的新指令(Directive 2002/38/EC)。该指令规定,电子商务增值税的纳税主体为在欧盟取得电子商务收入的非欧盟企业,电子商务增值税征收范围为电子商务领域,欧盟的这一指令主要用于B2B和B2C,并未明确针对C2C电子商务模式。

三、发展中国家

相对于发达国家,发展中国家的电子商务起步较晚。但随着电子商务的快速发展,发展中国家的电子商务对税收的影响也日益明显。在1999年12月WTO西雅图会议上,广大发展中国家坚决反对东道主美国竭力要求WTO颁布一项禁止对电子商务征税的永久性《全球电子商务免税案》的提议。

印度政府始终对电子商务采取积极的扶持态度,但由于电子商务引发的税收问题日渐突出,从保护本国利益的角度出发,印度政府在1999年表明了对电子商务征税的立场和政策。该政策规定:对在境外使用计算机系统,而由印度公司向美国公司支付的款项,均视为来源于印度的特许权使用费,并在印度征收预提税。这一举措不但是对美国等免税区政策主张的坚决否定,而且使印度成了首先对电子商务征税的国家之一。

四、其他国家

2002年8月,英国《电子商务法》正式生效,明确规定所有在线销售商品都需缴纳增值税,税率与实体经营一致,实行"无差别"征收,分为三等,即标准税率17.5%、优惠税率5%和零税率0%,根据所售商品种类和销售地不同,实行不同的税率标准。年销售额超过5.8万英镑的,必须到税务部门进行增值税登记。若未超过,则不做硬性要求。

在澳大利亚,小本经营的个人网店通常不需要报税,除非交易额超过1000澳元,但店主须缴纳个人所得税,交税额度视店主当年的总体收入而定。

在日本,年收益低于100万日元的网店,大多没报税,年收益高于100万日元的,店主大都自觉报税。

第四节 中国电子商务税收治理的建议

当前,我国针对C2C模式的电子商务税收的法律暂时处于缺失的状态,一方面电子商务活动由于其交易平台网络化、支付手段电子化、交易全球化等特点冲击着现有的传统税收法律制度。它对传统税收的纳税人、纳税环节、课税对象、纳税时间等税制要素产生了不同程度的影响,加大了税收征管的难度,对税收管辖权和税收稽查造成了影响,容易导致税款流失。另一方面,目前C2C模式的电子商务主体工商登记的缺失,使本来备受冲击的传统税收更加无从下手。面对日益增长的电子商务零售额的比重不断增大,本书认为对电子商务零售业进行征税是大势所趋,然而如何与电子商务C2C平台进行合作,区分大卖家和小卖家,抓大放小,提高税收效率,降低税收成本,仍然是当前未有统一答案的问题。本书在综述了一些学者专家的指导意见下,总结提出了一些治理意见以供读者和相关部门参考。

王晶(2013)结合我国的国情和电子商务的发展状况,基于税收中性、税收公平、财政收入、国家主权等原则,提出从宏观层面加大科技产业的资金投入与扶持力度,提高税收征管人员的综合素质水平,健全和完善现行税收法律制度,提高公民自觉纳税的意识,加强国际间的交流与合作等;微观层面上对电子商务,特别是网络零售商设置较高的起征点,对电子商务适用合适的税种,确定合理的电子商务税收管辖权,电子商务出口退税的同步实施,"宽税基、低税率"的税收良性循环,为我国电子商务的快速发展及相关税收政策的制定提供借鉴。万洁根据电子商务的特点,结合国内外电子商务发展状况,通过分析电子商务对我国税收的影响和比较国际上电子商务税收政策,探讨关于我国电子商务税收的基本思路和对策。

邢丘丹、史国丽(2010)通过对电子商务诸多特征因素的分析,对传统税收法规、税收征管制度各个环节进行考察,试图归纳出电子商务将会对传统的税收法规、税收制度的各个环节和税收监管的手段方式产生的冲击,并提出相应的对策,为我国政府税务部门完善新形势下的税收制度提供参考。

王凤飞(2013)对电子商务税收征管方面存在的问题做了系统、详尽的分析,针对所存在的问题,提出了四个方面的解决对策,以实现和完善对电子商务的税收征管。

根据以上文献,本书总结认为,对于电子商务税收,尤其是C2C模式的税收，应该采取扶持的观点，对于一些小微企业，应给予适当的优惠和扶持。在中国电子商务经济发展论坛上，有人指出"要研究制定积极的电子商务的税收政策，要最大限度地减免创业期、培育期的电子商务企业的税负，特别是中小网商"。

对于税制要素，应根据电子商务需要重新界定，对于电子商务造成的纳税环节的不确定性、纳税时间模糊不清等问题进行明确的界定，防止税款流失。对于电子商务交易商品所属分类进行明确的界定，解决课税对象难以确定的问题。

对于税收管辖权的问题，应加强国际税收的合作与协调，积极与从事电子商务交易的国家进行协调，以国家利益为主，避免接受不合理的税收双边协定；同时也要本着平等、互利共赢的原则，在保证本国税收权益的情况下充分尊重别国的税收主权，通过沟通在稽查技术和手段上密切配合，防止国际避税。

对于税收稽查，可以和C2C交易平台、第三方支付平台合作，对电子商务的交易额和交易时间进行监控和管理；2013年4月1日起我国开始执行《网络发票管理办法》，鉴于目前电子商务交易平台的多样性，可以考虑选择一个主流平台，鼓励交易者在此平台上进行实名注册，注册时需要提供身份证号和工商登记号，这样就解决了卖家不进行工商登记的问题，使得税收有据可查。同时使平台跟网络发票管理平台进行对接，有效监控网络税收。同时培养一批高素质的信息技术人才，适应电子商务网络交易的特征，运用信息技术进行税收监督和征管。

第二篇
虚拟经济类

第六章 网游中的虚拟财产

第一节 中国网络游戏的发展概述

根据艾瑞咨询在 2014 年 1 月公布的数据，2013 年中国网络游戏市场规模达到 891.6 亿元，同比增长 32.9%。2013 年中国网络游戏保持快速增长主要得益于三个方面：首先，从构成来看，组成网络游戏市场的客户端游戏、网页游戏、移动游戏三者都保持较快增长；其次，从海内外市场来看，中国网络游戏企业积极开拓海外市场，同时积极维护国内新兴用户市场；最后，从企业经营来看，创新型的商业模式与运营模式也为行业发展提供了更多渠道。

如图 6-1 所示，根据艾瑞咨询给出的数据和市场规模柱形图，中国网络游戏市场规模（如图 6-2 所示）将持续增加，并且 2017 年预计将突破 2000 亿元大关，达到 2245.7 亿元。

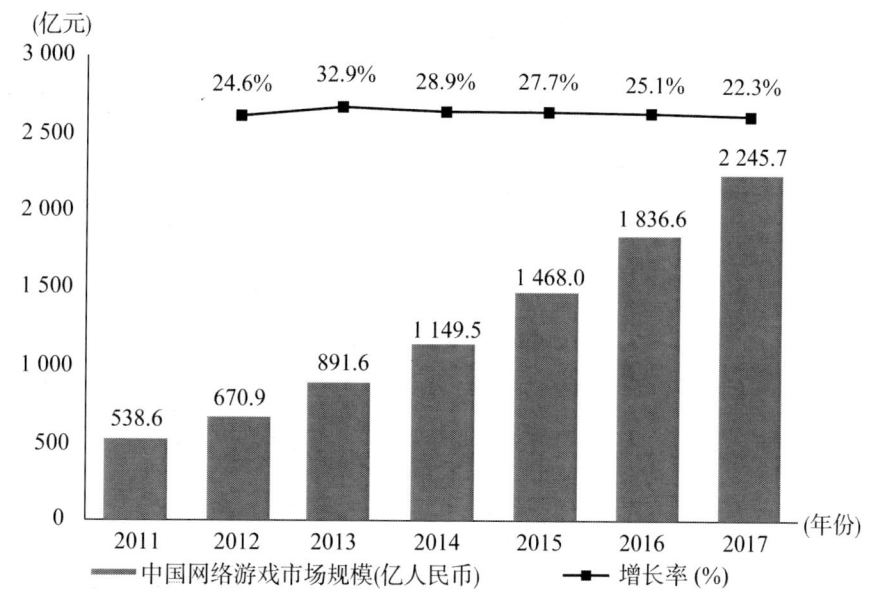

注：①中国网络游戏市场规模统计包括PC客户端游戏、PC浏览器端游戏、移动端游戏；②网络游戏市场规模包含中国大陆地区网络游戏用户消费总金额，以及中国网络游戏企业在海外网络游戏市场获得的总营收；③部分数据将在艾瑞2014年网络游戏相关报告中做出调整。
数据来源：综合企业财报及专家访谈，根据艾瑞统计模型核算。

图 6-1　2011—2017 年中国网络游戏市场规模

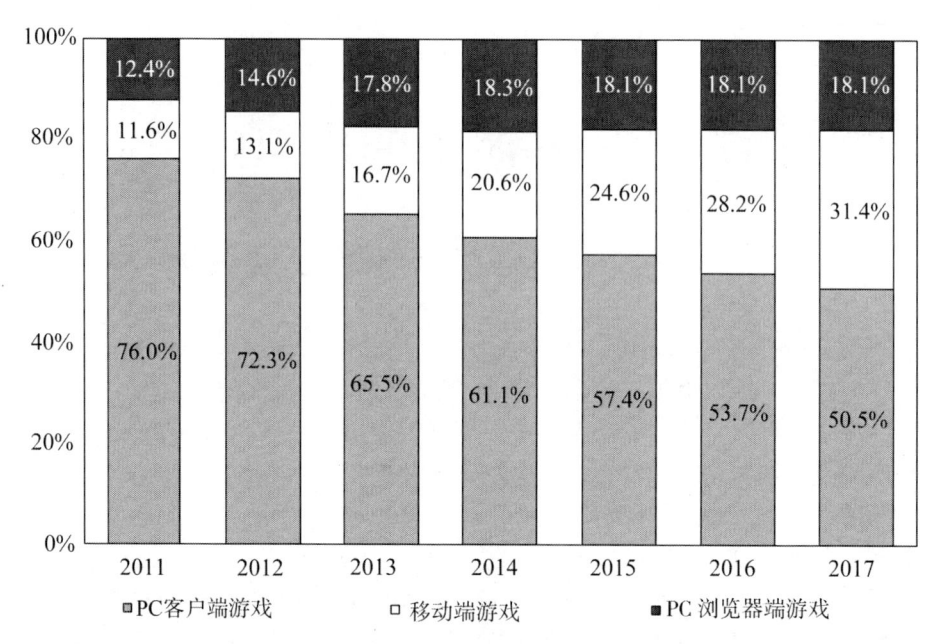

图 6-2　2011—2017 中国网络游戏市场规模结构

如图 6-3 所示，2014 年 1—6 月，中国游戏市场（包括网络游戏市场、移动游戏市场、单机游戏市场等）实际销售收入达到 496.2 亿元，同比增长 46.4%。

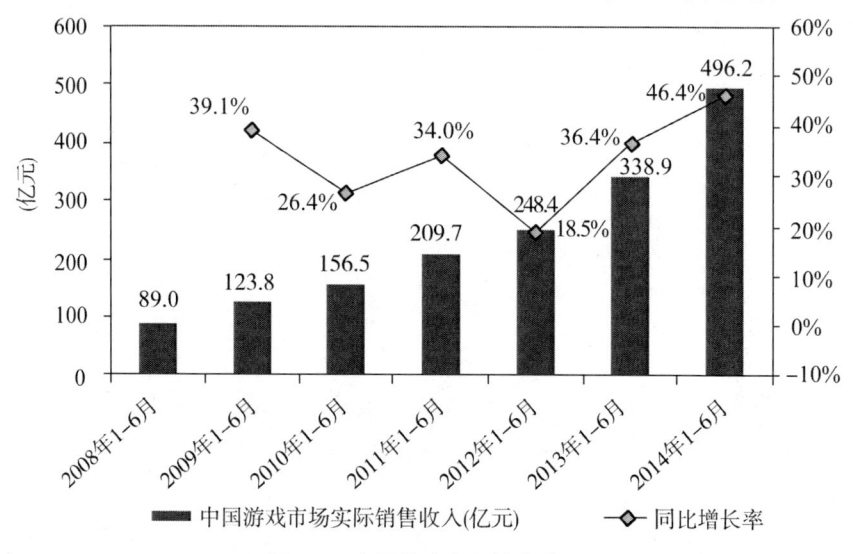

图 6-3　中国游戏市场销售收入

其中，如图 6-4 所示，客户端游戏市场实际销售收入 255.7 亿元，网页游戏市场实际销售收入 91.8 亿元，单机游戏市场实际销售收入仅占 0.1 亿元。

— 86 —

单位 300.0

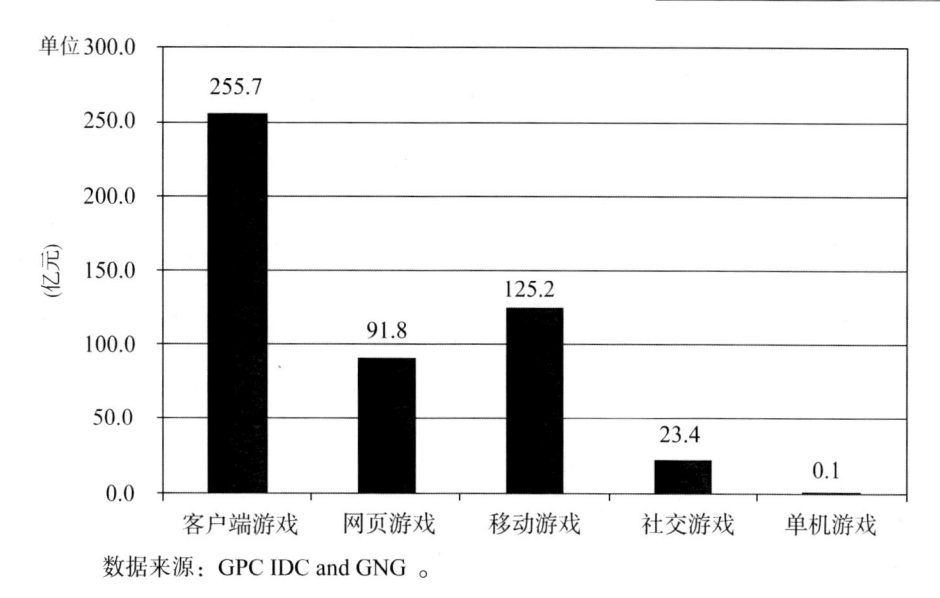

游戏类型	销售额（亿元）
客户端游戏	255.7
网页游戏	91.8
移动游戏	125.2
社交游戏	23.4
单机游戏	0.1

数据来源：GPC IDC and GNG。

图 6-4　游戏销售分布

目前 PC 客户端游戏还处于网络游戏中龙头老大的地位，但是未来中国网络游戏的发展趋势是移动端游戏即手机网络游戏所占的市场比重将越来越大，并且逐渐拉近与 PC 客户端游戏所占市场比重的差距。这也是全球网络游戏发展的趋势。移动端游戏的前景和经济潜力不可限量。

一、网络游戏的概念

网络游戏，又称"在线游戏"，简称"网游"，是一种以互联网为传播媒介，以用户的电脑和手机等设备为终端，由游戏运营商提供的一种虚拟在线软件服务，旨在满足网络用户娱乐、休闲、社交以及某种心理愉悦感的游戏方式，是一种存在于真实世界之外的虚拟世界的娱乐方式。

早期的电子游戏固化在一个电子设备上。1971 年，美国的电子游戏之父诺兰·布什内尔开发的街机游戏《电脑宇宙》标志着电子游戏商业化时代的到来，20 世纪 90 年代初，索尼开发出的第一代 PS 机为网络游戏的发展奠定了重要的技术基础。随着互联网的普及，大量在线互动的网络游戏在全球兴起。全球知名的网络游戏有《第二人生》（Second Life）《魔兽世界》（World of Warcraft）等。相对单机游戏网游更强调多人多机的在线互动。随着移动互联网时代的到来，基于手机的网游也在快速发展。

像文学、小说、电影和音乐等艺术形式一样，网络游戏借助故事情节、场景道具、规则设计和高新技术也为人类的精神生活开辟了一个精彩纷呈的新世界，在这个虚拟的新世界，人们享受着不一样的刺激和欢乐，在获得心灵愉悦和不同程度上的满足感的同时,这个崭新的世界也给现实世界里的人们带来了新的问题和挑战。

二、网络游戏的分类

本书分别对基于桌面互联网和移动互联网的网络游戏进行分类介绍。桌面互联网网络游戏的分类如下。

(1) 角色扮演类（RPG=Role playing Game）。该类游戏建立了一个类似于虚拟社会的环境和相应的规则,每个游戏参与者在其中扮演一个角色,彼此互动。玩家之间可以组队打怪升级,一起下副本,也可以对敌对势力的玩家进行攻击,还可以进行道具和游戏币的交易,并进行拜师和结婚等社交行为。总之 RPG 类的游戏就是一个新的虚拟环境。代表作品是近十年来不仅风靡国内而且席卷全世界的《魔兽世界》（World of Warcraft）,此外国内的 RPG 游戏还有《龙之谷》《剑灵》《寻仙》《剑侠情缘网络版 3》等。国外的 RPG 网络游游代表作除了《魔兽世界》之外,还有《奇迹世界》《洛奇英雄传》等。

(2) 模拟游戏,也叫策略类（SLG=Strategy Game）游戏。即玩家运用策略与电脑或其他玩家较量,以取得各种形式的胜利。这类游戏主要以历史为题材,特别是中国的三国时期和日本的战国时期受到模拟游戏制作厂商的青睐,因为战争很容易和策略联系到一起。但此类游戏主要以单机游戏为主,网络游戏相对较少。代表作有《三国世纪 Online》《敢达 Online》等。

(3) 动作类（ACT=Action Game）游戏,此类游戏主要是玩家控制游戏人物用各种武器消灭敌人以过关,几乎没有什么故事情节,游戏模式比较单调。但这并不影响一个风靡全球的游戏的横空出世,《Counter Strike》就是大家俗称的 CS,从 20 世纪 90 年代末期这个原本是两个美国人自娱自乐的游戏开始风靡全世界,同时也在中国掀起了一阵 CS 热。虽然这款游戏最早是以单机游戏的形式诞生的,但是后来它早已经成为网络竞技游戏的代表了。而这款游戏,就是很简单的射击动作类游戏。

(4) 模拟现实类（VR=Virtual Reality）,即用高科技的手段,通过电脑营造一个模拟现实的环境展开游戏程序,最早出名的此类游戏有电子艺电（EA）公司开发出的单机游戏《模拟人生》系列,后来随着网络游戏的发展,《模拟人生》也推出了网络游戏版本,即《模拟人生 OL》。此类游戏的代表作还有《第四世界》《第二人生》等。

(5) 体育类（SPT=Sports Game）,即在电脑上模拟各类竞技体育运动的游戏。这类游戏的特点是刺激,充满竞技性,而且随着体育运动在全世界的风靡,这类游戏经常能在各大网络游戏榜单上占有一席之地。最早是国外厂商单机的实况足球和 2K 篮球系列最为火爆，后来推出到网络游戏以后，2K 公司推出了基于《2K11》的《2K Online》网络游戏，电子艺电公司也不甘示弱，推出了《FIFA Online》，这两款国外的体育类网络游戏目前正处于风靡期。另外还有一款亚洲的体育类网络游戏不得不提，这款游戏的风靡甚至早于《2K Online》，它的名字叫《街头篮球》，华丽的动作画面，充满刺激和让心跳加速的体育元素，队友之间的团队配合。不仅是《街头篮球》的特点，也是所有这类网络游戏的共同的特点。

（6）竞速类游戏（RCG＝Racing Game），即在电脑上模拟各类赛车运动的游戏，没有什么剧情，但非常讲究图像音效技术，往往会成为同期电脑游戏技术的领先者。最早的单机代表作是《极品飞车》系列，这个系列也曾经风靡全世界。网络游戏中竞速类的游戏代表有《跑跑卡丁车》《QQ 飞车》《飙车》等。

（7）舞蹈动作类游戏。这类游戏主要是玩家通过敲击键盘的特定键完成指定的舞蹈动作来获得分数，可以让玩家在听歌曲操作角色进行舞蹈的同时和其他玩家进行 PK 及互动。代表作是《劲舞团》和《QQ 炫舞》。

（8）团队竞技类游戏。玩家分为两个团队，每个团队各有五名玩家，每个玩家控制一个英雄，通过补兵和推塔，以及杀掉对方英雄来获得金钱和经验，从而购买装备来提升自己的战斗力。比较有代表性的两款团队竞技网游如《英雄联盟》和《DOTA2》，在网吧游戏中拥有很大比例的玩家。

手机网络游戏由于其终端界面、操作、运行和带电能力等方面的限制，以及其易携带性和与位置相关性等特点，其发展轨迹和主要游戏类型与桌面电脑上的网络游戏有很大区别，目前主要类型有以下几种。

（1）卡牌类游戏：玩家通过不断地游戏并积累卡牌，对主角卡牌进行升级和进化，从而提升自己角色的战斗力，在副本中过关斩将，在 PVP 中也能占有一席之地。代表游戏有《我叫 MT》《百万亚瑟王》等。

（2）动作卡牌类游戏：这种类型的游戏是 2014 年刚刚推出的，在全面继承了卡牌类游戏特点的同时，加入了手动控制的技能系统，玩家可以决定什么时候释放终极技能，而终极技能释放的时机好坏也影响了一场战斗的结果。其可玩性比单纯的卡牌类游戏要高。代表作是最近刚刚席卷 iOS 和安卓两大平台的《刀塔传奇》。

（3）角色扮演类：和电脑网络游戏上的角色扮演类游戏类似，手机上的角色扮演类网络游戏也是需要玩家操作角色进行动作和战斗来升级和完成任务，同时收集和升级装备来提升战斗力,进而和其他玩家组队挑战更高级别的副本和战场。代表作有《时空猎人》《格斗江湖》等。

（4）休闲益智类:这类网络游戏的设计初衷是为了玩家们在空闲的时候放松自己的心情,从繁重的生活压力中解脱出来。因此这类游戏的画面风格都很卡通或者很轻松,让玩家很容易就上手开始游戏,同时不产生疲倦感。代表作有《恋舞OL》《喵斗士》等。

当然,手机网游还在随着用户接入和体验水平的提高在快速发展,将来基于位置的虚拟现实类的网络游戏可能成为一个重要类别。

从互联网大环境来说,目前移动端的流量比例大有超越PC端流量之势,未来4G网络甚至更快的网络将会普及,再加上智能手机的普及和性能日渐强大,以及现在如雨后春笋般涌现出的手机网游开发公司,笔者相信手机网游将会成主流。

三、网络游戏的盈利模式

当前知名的网络游戏开发商有:美国暴雪娱乐公司,其代表作品有《魔兽世界》《星际争霸2》《炉石传说》等;日本光荣公司（KOEI）,其代表作品有《信长之野望OL》《三国志OL》《三国无双OL》和《大航海OL》等。

国内网游的主要运营商有:腾讯,运营游戏如《剑灵》《斗战神》《英雄联盟》《寻仙》等;网易,运营游戏如《魔兽世界:熊猫人之谜》《天下3》《倩女幽魂2》等;盛大,运营游戏如《龙之谷》《传奇世界2》《星辰变》《九阴真经》等;完美,运营游戏如《诛仙3》《笑傲江湖OL》《神魔大陆》等;九城,运行游戏如《行星边际2》《神仙传》《热血篮球》等。

常见的盈利模式可以总结如下。

1. 点卡模式

所谓点卡,是玩家通过购买点卡来进行游戏时间和游戏货币的兑换。购买点卡以后,玩家可以依据自己的需要将点卡变为可使用的游戏时间或者游戏货币。当可使用的游戏时间变为0,玩家就无法登录游戏了。同样的,如果玩家的游戏货币没有了,他在游戏中肯定也会寸步难行。当这两种情况出现的时候,玩家肯定会继续购买点卡来继续游戏。游戏厂商正是通过卖点卡的交易行为来盈利。

全世界网络游戏的龙头老大《魔兽世界》采用的就是这种盈利模式。同样盈利模式的网络游戏还有《时空裂痕》《梦幻西游》《剑侠情缘网络版3》等。采取这种盈利模式对游戏质量的要求通常较高。

2. 道具收费模式

这是目前较为普遍的网络游戏的盈利模式,也符合互联网免费加增值服务的盈利模式。玩家可以免费进行游戏，但是如果想要获得比别人更好的装备和更多的权限功能，就需要购买必要的道具和装备，并伴随着游戏的持续更新，装备也在不断更新，玩家如果想要一直保持在较高的水平，就需要持续消费。如果玩家中期放弃，前期的投入将变成沉没成本。因此，相比于点卡模式对于游戏运营商更具吸引力，也激励着游戏开发商不断地推进更新。这也是为什么采用道具收费模式的网络游戏远远多于采用点卡收费模式的网络游戏的原因。

腾讯旗下代理的所有网络游戏（如《英雄联盟》《QQ飞车》等）采用的全部都是道具收费的模式，这也是腾讯游戏能在近几年获得很大市场份额的根本原因。

3. 广告模式

这种盈利模式主要有两种方式，一是指游戏厂商在游戏中植入广告，宣传与游戏相关或无关的产品，从而赚取广告费。广告厂商通过网络游戏中的虚拟场景对自己的产品进行宣传可以获得更多的销售量和品牌知名度。二是广告商依托游戏的名气，增加自身商品的吸引力，如许多周边外设都会将比较火的游戏的相关画面嵌到产品中。

如中国最大的粮油进出口企业中粮集团推出的一款全新实时互动交际游戏《中粮生产队》，于2010年1月正式上线。它将旗下丰富的产品（米、面、油、葡萄酒、巧克力、果汁、方便面、调味酱、茶叶、杂粮等）植入游戏之中，设计了种植、照料、采收、压榨、运输五个游戏环节，每个游戏环节都依据每种农产品的不同特点设计不同的游戏。并将每一款产品从最初的田间种植到工厂生产乃至最终到餐桌的一个产业链过程也巧妙地融入其中。再如许多鼠标、键盘、鼠标垫都会印有《魔兽世界》里的相关场景。下面介绍一下绿胜与天畅的"传统＋网络"模式。

2005年，绿盛集团与杭州天畅科技签署一项战略合作协议，将各自产品的推广嵌入对方产品之中。绿盛把《大唐风云》中太平公主游戏形象作为主体形象印刷在"QQ能量枣"的包装封面上，并在绿盛投放的电视广告、海报、路牌及各种形式的广告中都有所体现。天畅将绿盛QQ能量枣嵌入《大唐风云》的任何一个环节中，是游戏中最具神效的"全能补品"，游戏人物使用QQ能量枣技能补充体力，又能补充灵力，且补充效果非常出众。

合作双方都只是付出了各自的推广费用，但是其收效却远远大于单体推广。绿胜与天畅的双赢开创了一种全产业链体验式营销模式，这也为之后许多企业的合作提供了范例。

第二节 虚拟财产的问题与治理

一、网游中的虚拟财产

由于网络游戏出现和研究的时间较短,关于虚拟财产的概念还没有统一和规范的定义,对其认识和界定还需要一定的时间。本书简单地将虚拟财产的概念分为广义和狭义:广义的概念侧重于对虚拟的理解,认为只要是数字化的、非物化的财产形式都可以纳入虚拟财产的范畴之中,如网民的博客、微博、即时通信工具等信息流及数字媒体等,外延很广泛;狭义的网络虚拟财产指在虚拟的网络游戏空间环境中具有一定使用价值的物品,既包括游戏用户所申请账户中的虚拟人物,也包括虚拟人物在虚拟世界中使用各种方式所拥有的虚拟货币和虚拟物,包括游戏账号、游戏角色(RPG),以及游戏过程中积累的"货币""地产""装备""宠物"等物品。本章仅探讨狭义的、存在于网络游戏中的虚拟财产问题。

二、虚拟财产的特征

网络游戏中的虚拟财产与现实中的财产和物品属性有着根本的区别,同时,它又与现实中的财产和物品有着某些共通的属性和相应的价值。其具体特性总结如下。

1. 虚拟性

网络游戏中的虚拟财产只是电子数据,不是真实存在的,离开了游戏开发商的服务器,虚拟财产就什么也不是了。需要注意的是,知识在网络中的储存和传播也具有一定的虚拟性,如博客中的文章等,但这种虚拟性很容易寻找到现实的载体,如通过纸质出版成册。但游戏中的虚拟财产的虚拟性更强,往往较难转化成现实的财产和物品。其价值仅仅体现在网络游戏的特定场景和市场环境中,是基于游戏开发商和运营商服务器上的一种虚拟形式的存在。

2. 价值性

价值即有用性,网游中的虚拟财产虽然在现实世界并没有什么用武之地,但在某些特定场景和游戏环境下却具有不同程度的有用性,通过它可以完成某些功能,缓解焦虑或获取愉悦等身心上的感受。甚至玩家们认为某些虚拟财产是通过他们付出真实世界里的大量时间、金钱、人力和智力等成本投入才获得的,因此,有人认为网游中的虚拟财产不能简单地认为是游戏开发商和运营商所有,而是游戏供应商与玩家互动游戏中共同创造和拥有的财产。无论法律上如何界定其财产的所属,网游中的虚拟财产因其功能性和稀缺性设计,使得它具有一定的价值，游戏商家凭此定价收费，获取盈利。

3. 期限性

正如现实中的财产和物品有其生命周期一样，网络上的虚拟财产也并非永久不变的。随着游戏的上线和下线，其虚拟物品的存在和价值受到时效的极大影响。比如某一个网络游戏中的坐骑的存在时间只有 15 天等，都是虚拟财产的期限性的体现。当然，玩家为应对其虚拟财产的时效性，可能会想办法将某些不易保值的虚拟财产进行交易，换取某些游戏中更通用的财产，或者网络中的虚拟货币，甚至现实世界中的货币，以便延长其价值的时间有效性。

正是因为以上网络游戏的虚拟财产的三个特点，才有了关于网络游戏的虚拟财产的归属和法律性质的争议。

三、网游中虚拟财产的争议

近年来，关于虚拟财产是否算财产的争议已经少了很多，大部分人都认可了虚拟财产属于财产的范围，即认可了它的价值。近些年关于虚拟财产争议的问题主要集中在对于虚拟财产归属权和虚拟财产丢失的问题上。这是虚拟财产的两大主要争议问题。

首先虚拟财产的归属权争议，关于网络游戏中的虚拟财产的归属权的争议从来没有停止过，玩家和游戏厂商都坚持自己的利益不肯放弃，导致这个争议未能从根本上得到解决，并且有愈演愈烈的趋势。

而虚拟财产丢失以后产生的玩家和游戏厂商的争议也是因为虚拟财产归属权不清而导致的，玩家认为既然游戏厂商始终坚持虚拟财产归他们所有，那么对于玩家在游戏中丢失的装备等虚拟财产，游戏厂商有义务协助玩家找回。玩家的理由是："既然你们认为虚拟财产归你们所有，那么你们的财产丢失了，你们不会想办法找回吗？"基于这个观点，玩家通常会在虚拟财产丢失以后强烈要求游戏厂商找回财产（不论虚拟财产的丢失是否由玩家自己的行为导致）。而游戏厂商则通常会认为，虚拟财产的丢失是由于玩家自己的行为导致的，比如与游戏中的骗人玩家进行交易，或者自己操作错误导致装备被摧毁等。游戏厂商对此不应该负责，游戏厂商没有义务帮助玩家找回装备。相反，游戏厂商认为他们没有追究玩家的责任已经算是对玩家错误操作行为的一种宽容了。正是这两种观点的不一致，导致了虚拟财产丢失后的争议问题。

关于虚拟财产归属权的争议，目前主要存在三种不同的观点。第一是虚拟财产属于玩家所有。第二是虚拟财产属于游戏厂商所有。第三是虚拟财产属于玩家和游戏厂商共同所有，具体描述如下。

1. 虚拟财产属于玩家所有

网络游戏虚拟财产是玩家通过个人劳动（练级）、真实财物付出（购买点卡）、市场交易（买卖装备）等手段创造和获得的，它有效用、能交换，具有财产的基本属性，是无形财产的一种，应予以法律保护。承认网络游戏虚拟财产的财产属性，有利于维护网络游戏用户的合法权益，促进网络游戏经济健康发展。正是基于这种网络游戏的属性的定义，一部分人认为虚拟财产应该归玩家所有，因为玩家为了得到这些财产，付出了劳动，财务付出和金钱付出，他们不断地收集材料，升级技能，制作装备，用自己的劳动换来了装备。所以他们应该拥有这部分财产的所有权。玩家应该拥有的虚拟财产包括但不限于装备、坐骑、等级和经验等。

2. 虚拟财产属于开发商所有

另外一部分人认为，网络游戏中的虚拟财产应该属于开发商所有，他们之所以这样想是因为网络游戏中的所有元素，包括道具、游戏币、材料等都是开发商设计出来的，用这些元素制作出来的装备都应该属于游戏开发商。换句话说，这些虚拟财产的所有权归开发商所有，而玩家拥有的只是永久的或者暂时的使用权（永久或暂时要根据财产的类型来判断）。玩家是点击了事前合同"我同意"之后进入游戏使用道具、装备等虚拟物品的，但是当出现财产归属权问题时，游戏开发商对游戏活动有最终解释权。这是支持虚拟财产属于开发商所有的人的想法。

3. 虚拟财产属于玩家和开发商共同所有

剩下的一部分人保持比较中立的态度，他们认为网络游戏中的虚拟财产属于开发商和玩家共同所有。这种看法也分为两个分支。分支一认为对于所有的网络游戏中的虚拟财产，包括但不限于装备、材料、经验、等级和坐骑等；这些虚拟财产玩家和开发商各自拥有 50% 的所有权。每当虚拟财产有问题出现或者有争议出现的时候，任何一方都不能只按照自己的意愿来做出决定。双方必须在协商达成一致后才能做出决定，这样可以杜绝任何一方的利益受到伤害。分支二认为，凡是玩家直接用现实中的货币（比如人民币）购买的装备、材料、坐骑等虚拟道具，这些虚拟财产的所有权完全属于玩家，因为玩家为这些道具付出了经济代价——人民币，而人民币是玩家的财产，所以由人民币换来的道具也是玩家的财产。剩下的不是由玩家用人民币购买而获得的道具，比如采集得到的材料、BOSS 掉落的装备、抽奖得到的道具等，这些虚拟道具的所有权属于游戏开发商，玩家只有使用权。因为玩家得到这些道具没有直接付出现实中的真实财产，所以玩家并没有这些道具的所有权。这个观点也是在长期的虚拟财产属于玩家和虚拟财产属于开发商的争论中产生的新兴观点。正是因为这种观点比较中立，不偏袒任何一方，从而更容易被玩家和开发商所接受。

另外，还有一种因服务器"外挂"引起的虚拟财产问题。例如，2004 年 3

月 31 日发生的一个极端案例，中国最大网络游戏商上海盛大公司的客服部里来了一名男青年，他拿着一瓶汽油和一只打火机，怒吼着要自焚，结果"不慎"竟真引燃了汽油。幸亏工作人员及时扑救，该男青年只受轻伤。据悉，这名 30 岁左右的男子要求盛大恢复他在游戏中购买的虚拟装备。而实际上，他购买的虚拟装备是不法分子利用网络游戏"外挂"产生的"赝品"，一旦"外挂"被封，那些装备自然也随之消失。这名男子在得知自己上当受骗后，极度气愤，但依旧要求盛大公司让他继续使用那些虚拟装备，在没得到满意答复后，情绪随即失控，以死相逼。因此，这种因"外挂"产生的虚拟财产纠纷，到底是商家还是玩家的责任，如何解决也是一个问题。

四、网络游戏虚拟财产的治理

虽然我国在法律上还没有明文规定网络游戏中的虚拟财产的归属权（其实关于互联网领域的纠纷问题在当前的法律条文上都是空白），但当玩家的合法权益受到侵犯，请求法律给予公力救济时，司法机关面临这些新的问题，也给出了当时的一个判断，并成为以后类似案件的重要参考标准。这也是解决电子商务中大多数新问题的一种重要解决办法，即不是通过早立法、立新法、多立法来解决新出现的问题，而是通过相关案例进行判断。下面就是发生在 2003 年 12 月的我国首例网络游戏虚拟财产案——网络游戏"红月"用户李宏晨诉其运营商北极冰科技公司一案，使大家对该类问题有了一个判断参考。

2003 年 2 月的某天李宏晨轻车熟路地又一次登录进入游戏，已经是高手的他惊讶地发现自己库里的所有武器装备不翼而飞。后经查证，李先生的这些宝贝是今年 2 月 17 日被一个叫 SHUILIUOO II 的玩家盗走的。李先生马上找到游戏运营商北京北极冰科技发展有限公司交涉，但公司拒绝交出那名玩家的真实资料。事情并没有结束，6 月 1 日公司在未事先通知李先生的情况下就把他的名为"冰雪凝霜"的账号进行了使用限制，并删除了所有装备。6 月 2 日公司又删除了他另一个账号里的所有装备，而这些装备中有一部分是李先生花 840 元人民币买来的。在多次交涉未果后李先生以侵犯了他的私人财产为由把北极冰科技发展有限公司告上了法庭，要求被告赔偿其丢失的生化武器等装备并赔偿精神损失。

北京朝阳区人民法院的一审判决认为：虚拟装备在网络游戏环境中是一种无形财产，应该获得法律上的适当评价和救济，由于玩家参与游戏时，获得游戏时间和虚拟装备的游戏卡均需要以货币购买，所以虚拟装备具有价值含量，但虚拟物品无法获得与现实社会中同类产品的价值参照，不应将购买游戏卡的费用直接确定为虚拟装备的价值。所以法院最终只是判令被告通过技术操作将原告丢失的虚拟装备予以恢复。该案引起了专家学者对网络虚拟财产问题的极大关注。

各方对虚拟财产的诉求或观点总结如下。

李宏晨	丢的这些账号和装备是财产。首先，这些装备是花了很长的时间和精力才获得的，并且被告作为游戏运营商也公开向玩家销售这种装备
北极冰科技发展有限公司	游戏装备是一种无形的东西，归根到底只是服务器里的一组数据。另外，作为虚拟物品的玩家不能够完全支配这些东西
法律专家	针对此类事件表示，网络玩家的"虚拟财产"其实是由实际财产演变过来的，玩家有实际花费，也能从这些财产中得到满足感和快乐。现在法律中虽然没有针对保护"虚拟财产"的明文规定，但按照《民法通则》中保护公民合法利益的精神，"虚拟财产"应该得到法律的保护。财产是虚拟的，但是产生的利益却是实际的

最终的诉讼结果如下。

诉讼案由	游戏装备及道具被盗
判决依据	《民法通则》第五十五条、第五十八条、第六十一条，《合同法》第六十一条、第一百零七条
法院观点	虽然虚拟装备是无形的且存在于特殊的网络环境中，但并不影响虚拟物品作为无形财产的一种获得法律上的适当评价和救济
判决结果	判决被告恢复原告游戏装备及道具

虽然已有了一些判例在具体情境下对虚拟财产的认可和归属权判断，但争议和不同观点仍然存在，而且法律上也没有跟进立法。本书建议除了在法律上进一步根据已有判例进行研究和提出相关的法律条文确保虚拟财产的法律地位和保护之外，游戏开发商和运营商企业也应从商务管理模式和技术管理模式上给予重视和改进。如游戏运营商针对账号被盗、装备被盗等问题增加了密保卡的功能，以及高级装备的绑定功能（即某些高级装备不能转赠、转卖他人）等措施。

某些网络世界中的规则，虽然不具有法律的严肃性和强制性，但在解决实际问题时却发挥了重要作用，通过机制设计引导和规范着虚拟网络中人的行为，成为网络世界正常运行的有力保证。

立法和司法方面都明确承认网络虚拟财产的价值，规定网络游戏中的虚拟角色和虚拟物品独立于服务商而具有财产价值。服务商只是为游戏玩家的这些私有财产提供一个存放的场所，而无权对其肆意进行修改和删除。在法律上，这种财产的性质相当于存放在银行账号中的钱财，二者并无本质差别。

下面简单介绍一下网络游戏第一大国——韩国采用的治理方法。在韩国，玩家和游戏厂商默认的就是，游戏中的虚拟财产归玩家所有，这个默认的共识是有法律规定和保障的，已经在立法和司法方面明确规定，游戏厂商必须遵守这个规定。如果玩家的装备、坐骑等虚拟财产丢失了，游戏厂商有义务给玩家找回或者给予玩家补偿，服务商只是一个为玩家私有财产提供存放的场所，玩家的财产在存放场所丢失，存放场所自然负责到底。好比储户将钱存入银行，如果银行将钱丢失，银行有义务赔偿客户的损失，否则客户有权利将银行告上法庭。虚拟财产如实际财产一样也受到法律的保护。正是因为有了法律的明确规定和保护，在韩国关于网络游戏的虚拟财产归属争议几乎没有，即使虚拟财产丢失大多数情况下双方也都能和平解决，很少像国内很多玩家与游戏厂商的恶性纠纷和不理智的行为发生。

同样在网络游戏大国的美国，早在1998年11月24日，美国加州高等法院就颁布法令，规定网络中的虚拟财产属于玩家所有，并且应当被当作具体的"物"来看待。这样做的结果就是美国敢于对虚拟财产产生非分之想的人几乎没有，没有人敢于为了虚拟财产而触犯法律的高压线。

为了规范虚拟财产的属性定义和减少由虚拟财产的争议而引发的不和谐的事件的出现，本书从政府和企业层面提出了一些治理建议。

首先，根据韩国和美国的治理经验，建议政府从立法层面赋予虚拟财产法律地位，将网络虚拟财产像已有的私有财产一样纳入现行的法律保护范围。当然，针对虚拟财产的特点，这个法律保护政策应该由政府、互联网企业、网民和玩家共同协商，充分调研，以期达成共识，由相关部门提交司法部门审核批准，经过司法部门审核批准以后，将该法律保护政策写入相关的法律，成为一条不可触碰的正式高压线。只有这样，类似的虚拟财产的盗取和纠葛不清的虚拟财产的归属权问题才会有法律依据，盗取虚拟财产的行为才能得到有效遏制，游戏厂商和玩家才能够心平气和地协商解决游戏虚拟财产的归属问题，才能够有效避免不和谐事件的出现。执法部门应严格查处贩卖网络游戏中虚拟财产的行为，大力打击

"私服外挂"等不法经营，维护网络游戏市场的健康发展。

其次，游戏厂商应积极防范和参与自我治理，对玩家适时提示和正确指引，提高游戏玩家的安全意识，减少网络游戏虚拟财产诈骗和盗取行为的发生。比如腾讯公司针对近期日益猖狂的盗号行为，在网络游戏《寻仙》中不定时发布信息，提醒玩家们不要轻信虚假的广告和信息，避免上当受骗导致虚拟财产的损失。另外，不同的游戏厂商和游戏公司自行设立游戏中的虚拟财产归属的界定和虚拟财产产生争议时候的解决办法，并将这些内容和公告在玩家注册游戏时进行告知，玩家只有点了同意公告中的内容以后才能注册并继续游戏，代表玩家认可游戏厂商的规定并愿意遵守，日后在游戏过程中如果出现了争议愿意按照公告中的规定来协商解决。然而这种事先合同往往仅注重游戏运营商和开发商的利益而有失偏颇，对玩家的霸王条款也屡见不鲜。当然，游戏厂商从商业利益和品牌服务上也一直从技术的角度提出保障措施来减少虚拟财产的丢失而引发的争议问题。比如设定密保问题，绑定手机密保，邮箱密保，登录除了输入登录密码之外还需要输入口令卡上的特定数字，进入游戏后输入正确的财产密码才能对虚拟财产进行操作等。

第三节 网络游戏中的其他问题与治理

一、网游对青少年的不良影响

随着电子设备使用人群的低龄化，很多青少年甚至儿童从小就开始接触或迷恋手机游戏或网络游戏。由于儿童或青少年的自制力较差，在父母管教不严时，很容易沉迷于游戏而无法自拔，久而久之就会像对毒品产生依赖那样对网络游戏产生心理依赖，每天离开了网络游戏就会浑身难受。长期沉迷于网络游戏，尤其是含有暴力、色情等内容的游戏，轻则导致学习成绩下降，重则导致身心疾病、性格缺陷甚至犯罪等极端行为。因此，网络游戏对青少年儿童的不良影响不可小觑，并已经成为一个社会问题。

1. 游戏沉迷

虽然目前还没有一个准确的定义描述何为游戏沉迷，但大量的事例和反映的问题使得大家不得不开始关注该问题。对于一个游戏玩家，他可能总结出很多喜欢甚至沉迷于游戏的理由。例如，游戏能充实平淡无味的生活，是无聊时的消遣方式；游戏可以减少其在现实生活（学习或工作）中产生的挫败感，认为游戏世界的规则公开、公平、公正,只要有付出就有回报;游戏里"英雄拯救世界"、血腥、暴力、性情等符合其征服欲、人性本能;游戏带来心理愉悦、视觉刺激、情感共鸣等快感;某些游戏某种程度上激发智力思考,锻炼反应能力,游戏中的过关、不定期奖励、爆装备等激励机制刺激和维持了其持续的游戏行为;等等。这里有很多值得深思和研究的心理学、教育学、经济学、社会学和法律问题。

2009年7月16日,网友在百度贴吧"魔兽世界吧"发表的一个名为"贾君鹏,你妈妈喊你回家吃饭"的帖子,随后短短五六个小时内被390 617名网友浏览,引来超过1.7万条回复,被网友称为"网络奇迹"。"贾君鹏,你妈妈喊你回家吃饭"也迅速成为网络流行语。贾君鹏事件可以理解为一次互联网行为艺术,一次贴吧文化狂欢。大概意思就是说,一个名叫贾君鹏的青少年玩家在网吧沉迷于魔兽世界这款网络游戏,等待着这款网络游戏日常维护后开启服务器,而不肯回家吃饭。而他的妈妈则通过别人带话让他回家吃饭,当别人找到贾君鹏的时候,说出的就是那句"贾君鹏,你妈妈喊你回家吃饭"。虽然这个事件没有真实依据和人物原型,但是从网络用户对于这个事件的狂热推崇态度可以看出,许许多多的网络游戏玩家正是有过和事件中的贾君鹏类似的因为沉迷于网络游戏而被家长找寻的经历,才能对这个事件产生狂热的推崇态度。

同样,从极短的五六个小时内被广泛传播可以看出,在等待《魔兽世界》更新完毕开放服务器的这段时间,有许许多多的"贾君鹏"因为没有游戏可玩而无所事事,于是就在网上闲逛,从而才有了"贾君鹏,你妈妈喊你回家吃饭"的火爆。这也反映了部分青少年因为沉迷于网络游戏而疏于培养其他兴趣,终日沉迷在网络世界当中。

2. 游戏中的暴力、色情和赌博等问题

如果游戏中的暴力、色情和赌博等对于成年人来说有其必要性的话,那对于心智还未成熟的青少年来说就具有极大的危害性了,尤其在法治不健全、管制松懈的环境下。

众所周知,游戏中特别是国外游戏厂商出产的游戏中很多含有暴力、色情、枪战、血腥甚至肢解等不适合青少年接触的元素。这些元素会对于青少年特别是男生产生诸多不良影响。青少年的辨识能力还不够成熟,对人与人的关系和交往还没有形成良好的社会规范,对是非观念和法律的理解还不够透彻,有可能会误认为游戏中的暴力行为在现实生活中也可以尝试,对暴力带来的后果没有正确的认识。游戏中以自我为中心,几近弱肉强食的等级观念也容易使得青少年将游戏中的角色扮演转移到现实生活中,模拟游戏中的暴力行为,在现实世界进行偷窃、行凶。在做了这些违法行为后却不自知已经触碰法律底线,甚至觉得自己和游戏中的人物一样是大英雄。2013年,有两则来自美国的新闻彻底震撼了人们,让人们不得不重新审视网络游戏中的暴力因素对青少年产生的影响。第一则新闻是一名8岁的美国小学生玩《侠盗猎车手》这款游戏(一款鼓励抢劫和开枪射击的暴力倾向游戏),这名小学生在生活中开枪将一名90岁的老太太打死。第二则新闻是一名20岁的名叫Adam Lanza的青年,在长时间痴迷于暴力游戏以后,持枪闯入一所小学制造了一起骇人听闻的枪击案。中国也有类似的案例,如有个孩子其父母都是教授,一米八的个子,曾经是班长,学习拔尖,拥有很光明的未来。后来接触了网络游戏,因为玩游戏需要金钱,他就抢劫,因此被捕并获判刑三年零六个月;还有一个13岁的孩子,跟奶奶住在一起,奶奶不给钱玩游戏就用斧子把奶奶活活劈死了。这些血淋淋的事实都是暴力游戏对青少年产生不良影响的极端例子。

游戏运营商为吸引玩家关注,往往采用色情图像或内容诱惑玩家,而青少年在没有正规的性教育和成熟的性观念之下非常容易由于好奇和性冲动而引发不良后果。

除了在生活中产生暴力和色情行为以外,另一种受到网络游戏影响而产生的青少年不良行为就是赌博。诱使青少年接触赌博行为的原因主要有两种,一种是因为现在大部分的网络游戏都需要金钱的投入,许多家长也不会赞成孩子沉迷于网络游戏,所以青少年就没有了金钱的来源,为了使自己能够拥有足够的金钱来支持游戏中的支出,他们就走上了赌博这条不归路,希望能够通过极少的成本来赚到很多钱,这样他们就能够提高自己在游戏中的地位。青少年对于赌博的认识还不够全面和深刻,很容易陷入赌博的泥潭当中。另外一个原因是,很多网络游戏都存在一条黑色产业链,就是某些游戏中的玩家充当庄家,利用游戏中的角色、道具和游戏中的游戏币来举办小型赌场,玩家们下押金和点数,点数中了返还比押金多好几倍的金钱,不中押金就被收走归庄家所有了,这种情况屡见不鲜。青少年在游戏中接触了这种赌博模式后,也很可能深陷其中。

二、青少年网络游戏治理现状

为了避免青少年在网络游戏中受到暴力、色情、赌博等元素的影响,现有的措施主要有游戏分级、网络实名制、内容审查和监管等方法。

1. 游戏分级

首先是依照游戏内容对游戏进行分级。所谓分级，就是依照暴力和色情元素的多少和程度来分为不同的等级。比较知名的游戏分级标准有 ESRB 分级制度和 CERO 分级制度等，此处主要介绍娱乐软件分级委员会 ESRB 给出的分级，具体有 6 个级别：

EC 级（Early Childhood，幼儿）：这个等级的游戏是专门用于幼儿教育，不能包含任何家长认为不适当的内容。适合 3 岁或以上玩家。

E 级（Everyone，所有人）：此类游戏可能包含轻微的卡通、幻想、轻微的暴力，也可能含有温和的不良语言/歌词、漫画恶作剧或温和的暗示性主题。适合 6 岁或以上玩家。

E10+ 级（Everyone 10+，10 岁以上）：这些游戏可能包含更多的卡通、幻想、轻微的暴力，或者极少的暗示性主题。适合 10 岁或以上玩家。

T 级（Teen，青少年）：此类游戏也许包含暴力、暗示性主题、部分裸露、粗鲁的幽默、极少的血腥、模拟的赌博，或者少量的粗话，内容是中度到强烈的冲击。适合 13 岁或以上玩家。

M 级（Mature，成人）：此类别也许包含强烈的暴力、血腥与血液飞溅、更多的赌博、性主题内容、裸露或较粗鲁的语言，内容具有较强和极端的冲击。适合 17 岁或以上玩家。

AO 级（Adults Only，成人限定）：此类别中的游戏包含未满 18 岁的人士不适合的内容，内容是极端的冲击。这些可能包括成人视频游戏，显示强烈的性主题/内容，写实的裸露画面，使用药物/酒精/烟草，较强的语言，雄厚的成熟幽默，真正的赌博或暴力、血腥内容。限 18 岁以上成人玩家。

游戏分级方式的执行效果如何呢？因为游戏分级的方式本身只是一个建议性的措施，它的意义在于告知玩家和销售商游戏的级别，选择权还是在玩家和销售商手里。因此这种保护措施只具有建议性，没有强制性。在许多国家，政府是不限制 AO 级（完全成人级）的游戏进入自己国家的游戏市场的，是否玩此类游戏取决于玩家自己，是否销售此类游戏取决于网游运营商。大型的游戏厂商如微软、索尼等为了自己的声誉会拒绝销售 AO 级的游戏，但由于成人游戏的市场巨大，中小型运营商为利益销售 AO 级游戏也并不违法，毕竟这也是成人的权利。为保护青少年，我国政府禁止销售任何 AO 级游戏，甚至禁止 AO 级游戏的进入。国内游戏厂商一般不敢违反政府规定运营或销售 AO 级游戏；但另一方面，玩家们（包括成人玩家和部分青少年玩家），越是禁止的就越想尝试，他们可能通过国外游戏网站下载此类 AO 级游戏，并通过网络传播和复制。因此，国内并没有完全杜绝 AO 级游戏。游戏分级对于保护青少年有一定的作用，但并没有强制性的实质作用。

2. 游戏实名制

所谓实名制认证是指所有在网络游戏中注册的玩家，必须输入自己的身份证号码来验证身份。目前国内的游戏厂商都设有玩家实名认证的机制。

基于实名制的网络游戏防沉迷系统，针对未成年人沉迷网络游戏的诱因（网游中的等级、虚拟财产、奖励等与在线时间一般成正比），利用技术手段和机制设计限制未成年人的游戏时间。即对于未成年的玩家，每天的健康游戏时间是有限制的，比如 4 个小时之内玩家可以获得全额的经验。超过 4 个小时，但不超过 6 个小时的，获得的经验减半。游戏时间超过 6 个小时的，无论玩家进行什么样的操作，都不再获得任何经验。不同的游戏厂商对于青少年的健康游戏时间的设定不同，但对于成年人则没有这类时间限制。基于实名制的防沉迷机制是 2007 年起中国政府为保护青少年玩家专门开设的保护机制。

目前，实名制的执行效果如何呢？理论上，实名制是政府推出的一个很完备的机制，与单纯的游戏分级不同，实名制是强制性的，进行游戏之前，按规定必须实名认证。但实际上，实名制系统只能验证玩家提供的身份证号是否为成年人的，却无法分辨玩家和身份证号的主人是否为一个人，正是这一点让许多青少年玩家钻了空子，导致实名制也没有取得预期的效果。例如，许多青少年为了获得不受限制的游戏时间，在实名认证的时候用父母等亲属的身份证来验证。

3. 内容审查和监管

中国国家新闻出版广电总局专门负责审查游戏内容和批准游戏在中国上市，任何违反中国规定的游戏都不准上市，如过度色情、过度暴力等。广电总局决定一个游戏能否在中国上市并不是依靠前文所写的 ESRB 分级制度，而是有一套它们自己的审核制度。这个制度被许多中国的玩家所批评，他们认为，正是这个制度的存在，导致了许多很平常的游戏在中国无法正常上市。中国政府为了保护青少年，不惜以得罪一部分成年玩家为代价。可见中国政府为了保护青少年玩家的用心良苦。但是青少年玩家既然能通过国外的网站下载到 ESRB 分级中的最高级 AO 级游戏，他们也能通过同样的方法下载到被中国禁止上市的游戏来体验。所以这个保护措施在中国的执行效果也很不好。在得罪成年玩家的同时，还没有起到保护青少年玩家的作用。

针对网络游戏对青少年的不良影响，本书提出如下治理建议。

首先，对于暴力和色情内容，政府应该联合学校采取教育的方法，而不是一味地禁止青少年玩家去玩。众所周知，青少年玩家正处于叛逆期，你越是不让他做什么，他越是想尝试什么，越明令禁止青少年去接触暴力和色情游戏，青少年越是想去尝试接触。正确的做法应该是，政府联合学校，让学校对青少年进行教育，用一定的事例来告知青少年过度接触暴力和色情内容的危害，从主观上形成正确的观念，这样在很长的一段时间内他们就会知道应该采取什么样的做法去面对这些不良诱惑，所谓疏比堵好，就像大禹治水一样，换一种方式可能会取得更佳的效果。

其次，对于实名制的缺陷，政府可以考虑加入一定的技术手段。随着科技的发展，越来越多的技术手段可以丰富实名制的机制了。比如玩家在输入身份证号以后，游戏厂商可以要求玩家打开视频进行短暂的身份证号真实性核实，不需太长时间，只要短短几分钟就能核实身份证号对应的人和正在操作进行实名认证的这个人是否为同一个人，这样就可以避免青少年用其他成年人的身份证号来获取成人身份了。还有一种方法是，现在办理二代身份证的时候，公安局都有留存身份证主人的指纹。网络上的实名制机制可以考虑将指纹认证作为身份认证的辅助工具，只有当身份证号和指纹都符合身份证主人的信息以后，这个实名认证才能算是被通过。总而言之，用更多的技术手段来取代单纯的通过身份证号码的验证，可以让这个本应该很有效的机制发挥它应有的作用。

最后，针对国家已经禁止的某些过于暴力和色情的游戏仍在国内市场存在的情况，政府应当与提供这些游戏下载的网站进行协商，向它们阐明中国政府的立场和这样做的原因，希望能够得到对方的理解。对方理解政府的考虑以后，可以进行谈判，看是否需要通过一定的经济或者金钱为代价来让对方删除掉对中国青少年造成不良影响的游戏。对方如果说不需要金钱那自然是最好，如果提出的金钱要求在合理的范围内也无可厚非，毕竟网站都是以盈利为目的的，中国政府为了青少年拥有良好的成长环境付出一些金钱代价也是应当的。

从长远的治理角度来看，中国政府还有许多的工作要做，外国网络环境良好的原因一是因为他们的网络游戏行业已经很成熟和稳定了，而中国的网络游戏正处在起步阶段。二是价值观的不同，西方人认为不应该禁锢青少年的行为，而且有些中国人认为过于暴力和色情的元素在西方人眼里没有那么严重，这也是中国政府为什么要对西方游戏进行严格审查的原因。总之，要想让网络游戏早日发展成熟和稳定，仅仅依靠短期被动的防御措施还是不够的，还需要逐步完善我国的网络游戏体制，使整个网络游戏行业更加稳定，到最后网络游戏行业能够做到自我优化和去除不良因素。还应该定期主动引导青少年的价值取向，潜移默化地影响他们的观念，让他们成年以后形成固定的正确的价值观，这样他们就会主动排斥过于暴力和过于色情的不良元素，问题就迎刃而解了。

三、市场准入与内容审查

根据文化部提出的《网络游戏管理暂行办法》，一款网络游戏如果想要在中国大陆上市，至少需要满足六条规定并且通过关于游戏内容的合法性审查。这六条规定分别是：

（1）推广和宣传网络游戏不得含有法律法规规定的禁止内容；

（2）不得设置未经网络游戏用户同意的强制对战，不得以随机抽取等偶然方式，诱导网络游戏用户采取投入法定货币或者网络游戏虚拟货币方式获取网络游戏产品和服务；

（3）不得授权无网络游戏运营资质的单位运营网络游戏；

（4）网络游戏公司必须要求网络游戏用户使用有效身份证件进行实名注册；

（5）终止运营网络游戏或者网络游戏运营权发生转移的，应当提前60天予以公告，并妥善处理用户尚未使用的网络游戏虚拟货币及尚未失效的游戏服务；

（6）按照国家规定采取技术和管理措施保证网络信息安全，依法保护国家秘密，商业秘密和用户个人信息。

针对第（1）条，国家还有关于保护青少年的附加规定，即对游戏适用人群进行警示说明。以未成年人为对象的网络游戏不得含有诱发未成年人违反社会公德的行为和违法犯罪的行为的内容，以及恐怖、色情等妨害未成年人身心健康的内容。第（2）条主要是为了保护玩家的法定货币，用来规定网络游戏厂商遵守的杜绝强制对战引发的收费行为。第（3）条则是为了保障网络游戏行业的环境健康和规范，避免无网络游戏运营资格的商家的出现而制定的。第（4）条上文也有提及，是为了保护未成年人玩家和维护整个游戏稳定运行而采取的机制。第（5）条必须要单独拿出来解释一下，主要意思是游戏更换运营商必须提前60天上报审批通过，对玩家进行公告，并且做好所有游戏的交接工作，包括线上和线下的工作。但正是中国文化部关于这一点的说明不够详细，才导致了网络游戏的龙头老大《魔兽世界》2009年在中国更换运营商的时候引起审批争议事件，后文会有提及。第（6）条就比较好理解了，任何在中国上市的网络游戏以及厂商必须遵守中国的法律，不得泄露中国的国家机密、商业机密，同时也必须保护好中国玩家的个人信息，不得外泄。几乎全世界任何一个国家都有这一条要求。

（一）内容审查监管中出现的问题

中国对于网络游戏的内容审查监管还是比较严格的，凡是不符合政府设定的健康游戏标准的游戏或者带有明显历史错误的游戏不被允许进入中国的游戏市场来获取利益。但俗话说得好，百密一疏，在中国游戏发展的进程当中，由于内容审查和监管机制的不完善，就产生过游戏准入方面的问题。

下面介绍《提督的决断》的封杀和《魔兽世界》的审批权争议事件。

1996年6月夏天，"光荣四君子"事件震动中国。这件事情的起因是，日本光荣公司开发了一款名为《提督的决断》的策略游戏，这款游戏之所以会被中国政府封杀是因为这款游戏赤裸裸地宣传日本军国主义，歪曲日本侵华历史。但是在20世纪90年代的时候，中国对于游戏的审查还不够完善和严格，没有发现这一原则性的严重错误。但还是有一些中国人发现了这个问题，不久之后，以梁广明为代表的4位天津光荣公司的中国员工在发现这一错误之后，联名向自己的东家——日本光荣公司发出强烈抗议，国家随即对《提督的决断》的游戏进行了严格的内容检查，经过检查以后，中国政府认定该游戏有宣传日本军国主义的行为，这对于中国青少年的成长极为不利，于是很快对《提督的决断》这款游戏进行了查处，禁止其在中国大陆销售。

2009年6月，著名网络游戏《魔兽世界》（燃烧的远征）中国区运营商由原来的九城变更为网易。按照规定，游戏需要重新审批之后才能运营。然而，在获得新闻出版总署正式批准前，网易公司擅自开始出售该款游戏的点卡并提供新账号注册，它们觉得自己可以开始出售点卡是因为它们得到了文化部的运营审批批准，可以运营了。新闻出版总署却认为网易公司的行为是不合理的，因此终止了该款游戏的审批。网络游戏的另一主管部门文化部承认通过了该款游戏的运营审批，并认为新闻出版总署的行为"越权"。两家主管部门都认为它们对《魔兽世界》的处理"有法可依"，在媒体的宣传下，有关《魔兽世界》审批权的分歧迅速成为公众关注的焦点。这一事件充分暴露了我国数字内容产业市场准入制度中存在的不足，也说明了研究数字内容产业发展政策的必要性。虽然最终经过政府的内部协调，审批权问题被解决了，《魔兽世界》也成功通过了审批并上市，但是因此而延迟了上线的时间，同时中国政府自己的乌龙行为也给暴雪公司留下了不好的印象。这也反映了中国政府对于网络游戏特别是外国进口的网络游戏的审批和内容审查严格导致两个不同部门的权力重复和冲突,使得一款已经获得了准入资格的网络游戏要求再次被审批并被要求暂停点卡发售。

这充分体现出了中国的一句古话,物极必反,过于烦琐的审查制度,涉及太多的职能部门,看似缜密却取得了适得其反的效果。这个事件在 2009 年引起了很大的轰动。当时的新闻总署迫于玩家和媒体的舆论压力向中国网易游戏公司和美国暴雪公司进行了正式的书面道歉,并召开了新闻发布会。但是道歉过后,中国的网络游戏的审查和准入机制并没有得到有效的优化和改善,依旧有大大小小的类似《魔兽世界》事件的案例发生。

(二)已有的解决办法和效果

1. 加大网络游戏的内容审查力度

正是由于《提督的决断》案件的出现,中国政府决定加大对于网络游戏内容的审查制度,尽力避免漏网之鱼的出现。为了实现这一目的,中国文化部采取了一系列的措施,比如培养专门的网络游戏审查人员,提高相关工作人员的责任心,实施一款网络游戏需要经过多个网络游戏审查人员的多层审查制度等。这些办法取得了一定的效果,近年来中国网络游戏行业因为游戏内容中的不健康元素对玩家造成的不良影响已经大大降低了。但是近些年游戏厂商也变得更加精明,为了让自己的游戏能够进入中国游戏市场,同时也能吸引玩家眼球,游戏厂商开始大打擦边球,用很隐晦的游戏元素来让相关部门查不出来,但是又会给青少年带来不良影响。比如在游戏画面中很不显眼的地方出现不健康元素,但是语言上没有任何不健康元素,也没有提示。

2. 规范审查机制,完善审查流程

从 2009 年《魔兽世界》重新进入中国市场的准入风波之后,为了避免这种事情再次发生,中国政府对现有的审查机制和审查流程进行了严格的检查,确实发现了一些效率低下和执行效果不尽如人意的地方,比如上文所提到的中国文化部和新闻总署的职能冲突问题,正是一种因为职能冲突而导致的效率低下的情况。中国政府开始集中治理这种情况,在两个部门执行相同的工作的情况下,变更其中一个部门的工作,让此部门作为审查机制中其他环节的监管部门,保证每个环节都只有一个部门或一个小组来负责,避免了多个部门之间互相影响、互相掣肘而使工作效率降低。另外,对 2004 年 12 月中国推出的第一部网络游戏的审查机制和审查流程进行了全盘的检查,检查之后,中国承认自己的这套审查机制已经跟不上时代的潮流,赶不上游戏产业快速发展的速度。于是中国政府决心在

2004年的第一部审查机制的基础上，优化和完善出一个新的完整的有效的网络游戏审查机制。2010年3月17日文化部部务会议审议通过《网络游戏管理暂行办法》，并予发布，自2010年8月1日起施行，后改名为《网络游戏管理办法》。正是有了这一改版后的正式的管理办法，政府对中国的网络游戏行业的管理也日益规范，中国的网络游戏环境也长时间保持在了一个健康的状态下。

3. 对新兴的手机网络游戏行业进行规范

随着电脑网络游戏的日益发展，我国关于电脑网络游戏的管理已经日趋成熟。现在除了电脑网络游戏以外，有一种新型的网络游戏正以极高的速度在发展着，并且已经开始挑战电脑网络游戏老大的地位。这个新型的网络游戏就是手机网络游戏，从2013年开始，在国内，以360、百度、91等为代表的手机网络游戏运营商正在掀起一场新的手机游戏革命。

为了规范手机网络游戏行业的发展，管理好手机网络游戏，早日建立像电脑网络游戏那样的管理机制，文化部于2013年8月20日建立自审机制。

有了这个自审机制，文化部不仅能够对已经登记在案的电脑网络游戏进行自我审查，还能够对新的准备进入的手机网络游戏进行审核。这个自审机制算是文化部继《网络游戏管理暂行办法》后推出的又一个新的管理机制。目前看来这个机制对于手机游戏审查起到了一定的积极作用，但是鉴于手机游戏处于起步阶段，很多事宜还需要进一步的规范和完善，所以这个机制的长远效果还需要时间来检验。

四、网络游戏的私服问题

私服是未经版权拥有者授权，非法获得服务器端安装程序之后设立的网络服务器，本质上属于网络盗版，直接分流了运营商的利润。相对于官服而言，私服未经版权拥有者授权，它是侵害著作权的行为。

一方面，私服存在的主要目的同官方服务器是一样的，都是向玩家收费以获利。有些私服并不对外开放，也不以收费营利为目的，如部分网吧在吧内局域网架设私服，这类私服规模较小，一般仅限于网吧内部，以娱乐为主，不对玩家收费。严格意义上的私服是指没有得到网络游戏制作商的法定许可而私自存在并运营的服务器，它在技术和服务实力上都和正式的官方服务器不存在可比性，这些技术和服务的存在就是不合法的。从消费者的角度看，私服在很大程度上满足了很多游戏运营商所不能满足的需求，在官服玩花了几百元才冲到一个初级阶段，可是在私服可能一上线就是高级玩家了，或者是超高级玩家的级别，装备也高别人一等。这也是为什么有不少的玩家都选择私服来进行游戏的原因，私服可以用极少的成本来获得很高的回报。但这侵犯了官服的经济利益。

另一方面，私服和单纯的盗版不同，它给玩家带来的价值，并不只是单纯的消费成本的降低（很多玩私服的玩家所花费的钱比买官方的点卡的钱还要多），而是真正帮助玩家享受玩游戏的乐趣。现在很多玩家玩游戏的初衷都是为了获得快乐。所以，尽管私服质量明显不能和官方服务器相比，但是私服还是受到玩家的欢迎。因为私服可以让他们轻易地获得快乐和愉悦感。需要提醒玩家和读者的是，私服没有法人资格，法院也不受理玩家在私服造成损失后的任何申诉。所以，把玩游戏当作一种剩余精力投资的人，一定要玩官服，因为官服的所有装备和道具都是受到法律保护的，官服的游戏公司是有法人代表的。账号的价值在一定时间内相对比较保值，以后就算不想玩了，也可以在知名的交易网站卖掉（如5173网和淘宝网），这样能挽回所投入的部分资金。但是私服就不稳定了，如果私服被取缔了，玩家在私服中获得的所有装备和道具将全部消失，变得一无所有。

私服最早出现的原因，是官服游戏的包月收费模式，在中国网络游戏初期，即2000年左右，几乎所有游戏收费都统一标准，对于囊中羞涩的学生玩家，只能通过杂志饱饱眼福。他们盼望着免费游戏的出现。于是，私服在玩家的"呼唤"下应声而来。这就是"私服"的诞生背景。下面介绍私服在《传奇》中的肆意泛滥的过程。

私服在中国网络游戏市场已经存在很多年了，早在2000年，国内流行的网络游戏《传奇》就遭遇私服的挑战，并且一直被侵扰了十多年之久。到2011年出现了著名的"三日体"事件。以下是《传奇》私服的大事件时间表：

2000年7月出现传奇私服1.5虎卫版。

2001年开始流传私服。

2002年已经是传奇私服开始发展的一个阶段。

2002年9月传奇私服泄密，意大利英文版于2002年9月传入中国。

2002年9月左右全国第一个拿到了私服版本的人开始对私服进行安装。

2002年9月底私服基本汉化完成。

2002年10月1日大部分私服开始外测。

2002年11月私服封魔谷的出现。

2002年12月开始有人出售天价来牟取暴利，同一时段出现了几个宣传私服的网站。传奇的私服的模式开始定型。

2004年各类私服开始出现在网络上。由此，私服开始盛行。并且走向了一个新的时期。同时新形式的私服也在加紧开发之中，从2004开始，《传奇》中私服的蔓延已经不可阻挡了。

至2011年私服盛行出现"三日体"运营，从开服到一个子服的结束，只有三天时间：开服（第一天）；冲级或冲装（第二天）；占领沙巴克活动（第三天）。第四天则与上一期子服合并。

到2012年以后，已经很少有玩家会再提到曾经风靡一时的《传奇》了，《传奇》在网吧中的占有率也越来越少。《传奇》的没落，正是一个被私服所打垮的例子。在网络游戏起步的初期，中国没有正规的限制私服的工具，而那个时间段正是《传奇》的私服开始大规模进入中国市场的时间段。所谓枪打出头鸟，私服运营商们就将目标瞄准了《传奇》，《传奇》也就成为私服运营的最大牺牲品。

另外因为玩家制作的"外挂"主要都是针对官服而设计的外挂，很少会有人在私服中使用外挂。所以玩家们在私服的游戏体验中可以避开外挂的烦恼。外挂是指利用电脑技术针对一个或多个网络游戏，通过改变软件的部分程序制作而成的作弊程序。下面介绍金山玩家逼宫事件。

2004年10月20日下午两点，40多名玩家将博彦大厦305B会议室挤得满满的。据北京玩家王先生称，金山网游10月10日贴出了"关于15日开始对外挂使用者作删除角色处理的公告"。为保住自己100多的积分，王先生不再使用外挂程序。但16日晚上网时，他还是发现自己的角色上不了了。"你们凭什么封我们的号？"一个女玩家拍着桌子说，玩家和金山之间是合同关系，金山提供服务，玩家支付点卡打游戏，怎么打是玩家的自由，只要玩家不修改金山的服务器和游戏数据，金山公司无权干涉怎么玩。一名从天津赶来的男孩当场哭了起来，他刚花了近千元从别人手里买了批"黄金装备"，删除角色后装备都消失了。虽然金山客服部换了好几拨客服代表解释此事，但玩家们始终抱怨不停。最后，客服代表让玩家逐一填写了账号、密码，并答应为他们恢复角色。"打击外挂是吃力不讨好的事儿。"金山公司市场部的郝梅说，一方面，外挂既破坏游戏公平，对网游行业长期发展不利，国家有打击外挂的要求；另一方面，毫不留情打击外挂会伤害玩家感情，使之流向国外网游。10月19日，金山公司更改了原来的公告，对初次及再次使用外挂者做冻结角色处罚；第3次使用外挂才永久冻结，定期删除。

使用外挂按常理来说应该属于玩家的过错，但正是因为关于这外挂是否属于非法使用和获得虚拟财产没有一个明确的和统一的说法，才导致了金山玩家逼宫迫使金山做出更改处罚内容的决定。

于是，外挂与私服最终形成了两个相互推进网游磨灭的联合体，官服的外挂无法管理，玩家无奈选择私服。因为私服版本较低，且种类繁多，外挂开发者不会刻意去制造插件，这样的结果就是过多的外挂成就了私服的兴盛。

最后，私服和外挂均侵害了游戏官方版本的知识产权。尤其是私服，外挂还只是停留在玩家为自己个人营造福利的程度上，私服对官服的冲击更大，私服拉走的玩家不是一个很小的数目，对官服的冲击要远远大于外挂的行为。虽然外挂也可以毁掉一个很好的游戏，但那是许多外挂共同的行为，单从个体的角度来说，一个私服的威力要远远大于一个外挂的威力。所以从法律的角度来说，虽然私服和外挂都是对官方游戏的知识产权进行侵犯的行为，但是法律对于私服惩罚的严厉程度要远远大于对于外挂的严厉程度。私服的运营商很有可能会遭受牢狱之灾。下面介绍中国首例网络游戏外挂刑事案件——传奇007外挂案。

通过对《恶魔的幻影》网络游戏客户端进行修改和替换，开发制作出"007传奇三外挂""008传奇三外挂""超人传奇三外挂"等计算机软件并通过网络出售给游戏玩家进行牟利，北京市通广恒泰商贸有限公司法定代表人谈文明等3人制作并非法经营上述游戏外挂软件，牟利达人民币280余万元。2007年8月17日上午，记者从北京市第一中级人民法院获悉，谈文明因犯非法经营罪被法院终审判处有期徒刑6年。帮助谈文明负责销售及网络维护的刘某、沈某被法院宣告缓刑。

谈文明（男，35岁）曾在北京一家计算机软件开发公司工作，2004年6月起，谈文明未经授权或许可，组织他人与其共同使用跟踪软件动态跟踪《恶魔的幻影》客户端运行，又用IDA软件静态分析该客户端，最终用反汇编语言将客户端程序全部反汇编，从而获悉《恶魔的幻影》软件的数据结构，在破译《恶魔的幻影》游戏服务器端与客户端之间经过加密的用于通信和交换数据的特定通信协议的基础上，研发出"007传奇3外挂"计算机软件。后谈文明等人设立"007智能外挂网"网站和"闪电外挂门户"网站，上载007外挂软件和《恶魔的幻影》动画形象,向游戏消费者进行宣传并提供下载服务,并向游戏消费者零售和向零售商批发销售007外挂软件点卡。

2005年1月,北京市版权局强行关闭上述网站并将网络服务器查扣之后,谈文明另行租用网络服务器,在恢复开通"闪电外挂门户"网站的基础上,先后设立"零零发:传奇3智能外挂"网站和"超人外挂"网站,继续宣传其陆续研发的"008传奇3外挂"计算机软件、"超人传奇3外挂"计算机软件,提供上述软件的下载服务,并使用恢复开通"闪电外挂门户"网站销售上述两种外挂软件的点卡。至2005年9月,谈文明通过信息网络等方式经营上述外挂软件获利达2817187.5元。

法院认为,被告人谈文明、刘某、沈某违反国家规定,利用互联网站出版发行非法出版物,严重危害社会秩序和扰乱市场秩序,经营额达280余万元,其行为均已构成非法经营罪,且犯罪情节特别严重,依法应予惩处。被告人谈文明为共同犯罪的起意人及主要行为人,在共同犯罪中起主要作用,系主犯。被告人刘某、沈某为销售及网络维护人员,在共同犯罪中起次要作用,系从犯,可对二人依法减轻处罚并宣告缓刑。据此,法院做出如下判决:

依照《中华人民共和国刑事诉讼法》第一百八十九条第(二)项、《中华人民共和国刑法》第二百二十五条第四项,第二十五条第一款,第二十六条第一款、第四款,第二十七条,第七十二条,第七十三条第二款、第三款,《最高人民法院关于审理非法出版物刑事案件具体应用法律若干问题的解释》第十一条、第十二条第二款之规定,判决如下:

一、原审被告人谈某犯非法经营罪,判处有期徒刑六年,罚金人民币五十万元。

二、原审被告人刘某犯非法经营罪,判处有期徒刑三年,缓刑四年,罚金人民币十万元。

三、原审被告人沈某判处有期徒刑二年,缓刑三年,罚金人民币十万元。

这个案件也是中国第一个网络游戏外挂刑事案件,谈文明从2004年开始运营外挂到2007年被逮捕,他利用外挂非法盈利长达三年之久,这期间给《传奇3》造成重大损失,甚至对于《传奇3》来说是一个很大的打击,政府虽然采取了行动最终制止了这种违法行为,但是因为相关法律法规的不完善，使得不法分子在外逍遥了三年之久。

(一) 治理现状

(1) 2003年12月23日，新闻出版署、信息产业部、国家工商行政管理总局、国家版权局、全国扫黄打非工作小组办公室发布了《关于开展对私服、外挂专项治理的通知》。这是中国有关部门推出的第一个要明确治理私服和外挂的文件。该通知明确指出了"私服""外挂"行为的严重违法性，即"私服""外挂"违法行为是指未经许可或授权，破坏合法出版、他人享有著作权的互联网游戏作品的技术保护措施、修改作品数据、私自架设服务器、制作游戏充值卡（点卡），运营或挂接运营合法出版、他人享有著作权的互联网游戏作品，从而谋取利益、侵害他人利益。重则可以判刑！

(2) 公安部颁布的《计算机信息网络国际联网安全保护管理办法》第六条规定："任何单位和个人不得从事下列危害计算机信息网络安全的活动：（一）未经允许，进入计算机信息网络或者使用计算机信息网络资源的；（二）未经允许，对计算机信息网络功能进行删除、修改或者增加的；（三）未经允许，对计算机信息网络中存储、处理或者传输的数据和应用程序进行删除、修改或者增加的；（四）故意制作、传播计算机病毒等破坏性程序的；（五）其他危害计算机信息网络安全的。"

外挂的使用修改游戏玩家和服务器之间传送的数据并且破解和使用服务器协议，直接违反了此规定的第六条第一项和第三项。针对这种违法行为，《计算机信息网络国际联网安全保护管理办法》的第二十条规定：违反法律、行政法规，有本办法第五条、第六条所列行为之一的，由公安机关给予警告，有违法所得的，没收违法所得，对个人可以并处五千元以下的罚款，对单位可以并处一万五千元以下的罚款，情节严重的，并可以给予六个月以内停止联网、停机整顿的处罚，必要时可以建议原发证、审批机构吊销经营许可证或者取消联网资格；构成违反治安管理行为的，依照治安管理处罚条例的规定处罚；构成犯罪的，依法追究刑事责任。

另外我国《计算机软件保护条例》第二十四条规定：除《中华人民共和国著作权法》、本条例或者其他法律、行政法规另有规定外，未经软件著作权人许可，有下列侵权行为的，应当根据情况，承担停止侵害、消除影响、赔礼道歉、赔偿损失等民事责任；同时损害社会公共利益的，由著作权行政管理部门责令停止侵权行为，没收违法所得，没收、销毁侵权复制品，可以并处罚款；情节严重的，著作权行政管理部门并可以没收主要用于制作侵权复制品的材料、工具、设备等；触犯刑律的，依照刑法关于侵犯著作权罪、销售侵权复制品罪的规定，依法追究刑事责任：

（一）复制或者部分复制著作权人的软件的；

（二）向公众发行、出租、通过信息网络传播著作权人的软件的；

（三）故意避开或者破坏著作权人为保护其软件著作权而采取的技术措施的；

（四）故意删除或者改变软件权利管理电子信息的；

（五）转让或者许可他人行使著作权人的软件著作权的。

有前款第（一）项或者第（二）项行为的，可以并处每件100元或者货值金额5倍以下的罚款；有前款第（三）项、第（四）项或者第（五）项行为的，可以并处5万元以下的罚款。

（3）2002年8月1日起施行的《互联网出版管理暂行规定》中第六条明确指出，从事互联网出版活动，必须经过批准。未经批准，任何单位或个人不得开展互联网出版活动。违反此项规定，由省、自治区、直辖市新闻出版行政部门或者新闻出版总署予以取缔，没收从事非法出版活动的主要设备、专用工具及违法所得，违法经营额10 000元以上的，并处违法经营额5倍以上10倍以下罚款；违法经营额不足10 000元的，并处10 000元以上50 000元以下罚款。"私服"经营者如果没有获得新闻出版部门批准从事网络游戏经营，应当依据该条承担行政责任。

正是有了上述这些法律法规的保驾护航和对不法分子的有力打击、制裁，私服在中国的蔓延情况已经从《传奇》时的大肆泛滥变成了现在的仅仅在少数非法经营的网吧中才存在的游击部队。私服的市场占有率呈跳水式下降，而官服的玩家越来越多，并且正规游戏厂商的服务也越来越完善。根据文化部发布的《2013年中国网络游戏年度报告》，2013年网络游戏市场规模达到891.6亿元。比2012年提高了将近300亿元之多。这些都是中国一步步对网络游戏行业进行规范和对于侵害正规网络游戏利益的行为宣战的结果。正是在文化部、新闻总署、司法部门等多个部门的通力合作下，在大量游戏厂商的协作与配合下，私服和外挂的治理工作才取得一些成效。

（二）治理建议

基于当前网络游戏私服和外挂的治理情况和相关法律法规，笔者主要有如下治理建议。

坚决执行《互联网出版管理暂行规定》《中华人民共和国著作权法》《计算机信息网络国际联网安全保护管理办法》等法律法规中的有关规定和惩罚措施,对不法分子和相关存在违法行为经营私服和外挂的公司进行严厉打击和制裁,情节严重时要交予法院和司法部门处理。不能因为在私服治理上已经取得了一定成效就沾沾自喜而放松警惕,要时刻维护网络游戏行业的健康环境。

从原来的被动防御变为主动出击。在私服治理取得成效之前,由于网络游戏私服和外挂现象的数量过于庞大,有关部门只能采取被动防御的措施,等待不法分子上钩,抓住他们明显的把柄之后才给予致命一击,这种办法虽然可以打击私服,但是效率偏低,由于之前的私服情况过于猖獗,也只能采取此种办法。但是现在情况已经不一样了,大量的私服已经被消灭了,仅有少数的还在负隅顽抗,大多数还停留在潜伏期,在暗处蠢蠢欲动。针对这种情况,我们有必要将原来的被动防御策略改为主动出击策略,要根据以前所积累下来的私服治理过程中的经验,主动判断某些非法网站和可疑的行为是否存在私服和外挂的行为,发挥主观能动性,主动出击让不法分子措手不及,这种办法可以将许多抱着侥幸心理准备尝试经营私服的不法行为杀死在摇篮之中,防患于未然。从被动变为主动,将主动权掌握在自己的手里,更好地维护和保障网络游戏行业的健康发展。

对玩家进行正确的引导和教育。私服和外挂之所以在前些年会如此猖獗,正是因为玩家贪图一时的利益,认为私服中取得高人一等的地位要比官服中容易得多。于是大量的玩家转战私服。更多的不法分子正是利用这一机会来经营私服。所谓供不应求才会刺激供给的增长。正是因为玩家们对私服的青睐,才导致了官服的经营不善,最终被私服所击败。为了避免这种情况的再次出现,文化部,包括网络游戏厂商,有义务对玩家进行告知和教育,让玩家们知道私服是一种违法的行为,私服中的道具和装备是没有法律保障的,一旦私服被取缔了玩家的付出就没有了。而官服则不一样,经营官服的游戏公司是合法的,是取得了法律上认可的经营资格的,换句话说,玩家在官服中的道具和装备等虚拟财产是受到法律保护的。当玩家知道了这些内容以后,他们也就不会尝试私服和外挂了,私服和外挂也就没有市场了,这样就会有很多的私服和外挂因为无法经营下去自己就会放弃。

网络游戏的主体是玩家,也就是消费者。一款网络游戏想要拥有较长的生命周期,以消费者的看法为核心的营销策略是必不可少的。一款游戏如果在更新的过程中越来越偏离主流玩家的想法和意见,那么它很难继续保持盈利状态。同时,游戏的研发也要照顾到所有类型的玩家,保证大部分玩家都能有良好的体验。经调查分析，中国网络游戏消费者有 4 种不同类型，按市场中人群数量的多少排列依次是成就型（31.3％）、痴迷型（25％）、探索型（23.2％）、社交型（20.5％）。对于成就型玩家，游戏厂商需要做的是为游戏设置更多的奖励机制来满足成就型玩家的虚荣心，让他们拥有成就感，这样他们就会拥有进一步深入游戏的动力。对于痴迷型玩家，厂商则需要不断地推出新的情节和任务，避免让痴迷型玩家因为游戏可玩性降低而产生厌恶感，换句话说就是要保持他们的痴迷性。而对于探索型玩家则需要花一定的功夫来考虑研发重点。此类玩家多数比较理智，在经过了一定时间的探索和试玩以后他们才会决定是否继续玩下去。厂商如果想留住这批玩家，需要让游戏具有一定的亮点和特色，要么画面精美，要么任务出彩，要么装备系统有别于其他网络游戏，只有这样才能在短短的试玩期内抓住探索性玩家的眼球。最后，对于社交类玩家，需要注意游戏中的玩家间的社交体验，比如注重聊天系统和组队系统的优化等，只要能让此类玩家在游戏中和其他玩家有良好的社交体验就可以满足他们的需要，毕竟他们玩游戏是以交朋友为第一位的。

  总的来说，中国网络游戏目前还处于起步阶段，有许多不成熟的地方，如装备交易、虚拟财产保护、可持续发展等方面。中国网络游戏的前景还是很光明的，但是如果厂商还是像目前这样只顾眼前利益，在明知道自己可以引导玩家的行为的情况下，仍然不出台相关的办法来引导玩家，只顾着让玩家一味地投入，而忽视游戏产业的长期健康发展必将导致竭泽而渔。

  要想让中国网络游戏走在正确的发展道路上，厂商对游戏的定位十分重要，商家必须理解"绿色"游戏这一概念，"绿色"游戏是指将游戏制作成一个提倡互助协作、利于人际交流的社交游戏及健康益智、有利身心、提倡协作精神的网络游戏。现在大量道具收费，厂商跟随着玩家的不理智消费会使游戏变味。中国的网络游戏如果想要进一步成功，行业内的厂商们必须牢记绿色游戏的初衷，尽快从短期的利润成绩和在线人数中清醒过来，将网络游戏的未来发展趋势和命运牢牢地把握在自己的手里。道具消费只是游戏的辅助手段，在游戏初期可以用来为游戏厂商赚取相应的利润从而为后续的开发和运营提供资本，但是绝不应该成为一种常态。当游戏成熟了以后，道具收费就应该减少甚至慢慢消失了。遗憾的是这一点现在在国内网络游戏行业是天方夜谭。另外游戏厂商也需要配合政府的工作，以游戏厂商为主，政府的政策为辅。厂商需要彻底贯彻和实行政府提出的要求。只有这样，中国网络游戏才能够茁壮成长，才会有光明的前景，而这也是广大网络游戏玩家希望看到的。

第四节 总结

在漫长的网络游戏治理的过程中,为了让网络游戏行业更加成熟和健康,网络游戏的三大主体——消费者、行业(游戏厂商)和政府应当各自扮演什么样的角色,或者说是怎么样做才能让网络游戏的治理效果最好,产生"1+1+1>3"的效果?

一、消费者在网络游戏治理中应扮演的角色

作为网络游戏的直接体验者和网络游戏的服务对象,消费者是网络游戏行业治理的动力。所有的治理办法和治理内容都是为了让消费者能够获得更好的游戏体验。所以消费者在网络游戏治理中应当扮演的角色是问题的发现者。对于成年的网络游戏消费者,他们有能力分辨出游戏中的不良因素和影响游戏发展的内容。当他们发现了这些内容以后,他们应当通过正当的渠道反馈给游戏厂商,游戏厂商会根据玩家提供的信息去核实,核实属实以后游戏厂商应反映给相关政府部门(比如文化部或者新闻总署),由政府和游戏厂商共同商议如何进行处理,在处理之后应该给予发现问题的玩家一定的奖励。

作为问题的发现者,玩家还要保持一定的自律性,不贪图游戏中问题(比如外挂)产生的小利益,玩家应该保持自己的态度,坚定自己的立场,支持正版,杜绝使用外挂和私服等盗版产品,保护游戏的知识产权的同时也使自己避免额外的麻烦和争议(因为贪图小便宜而让玩家自己陷入官司的例子比比皆是)。

成年玩家可以以自律来规范自己的行为,并且协助游戏厂商解决问题,那么未成年玩家又该如何呢?

鉴于未成年玩家还不具备分辨是非的能力,在网络游戏中容易受到不良因素影响的可能性更大,且他们没有自己的经济来源,这就需要未成年玩家的家长承担起监护的责任。当发现自己的孩子有沉迷于网络游戏的趋势时,应当及时引导孩子,用合理的方式和恰当的言语告知孩子沉迷于网络游戏的危害。家长的引导可以避免更多的"贾君鹏"的出现。此外,当游戏中有暴力、色情等不利于青少年元素出现时,家长们也应当立刻反映给媒体或者有关部门,避免更多的未成年人受到不良因素的影响。

总之,对于消费者来说,他们应当做的行为就是协助政府和游戏厂商发现问题并及时反馈。对于成年消费者来说,在反馈的同时还应当做到自律,使自己不

被问题所波及。对于未成年消费者，他们的父母应当起到监护和保护的作用，在反馈问题的同时避免让自己的孩子受到伤害。

二、企业（行业）在网络游戏中应扮演的角色

企业和行业，也就是网络游戏产业中的网络游戏厂商，包括网络游戏开发商和网络游戏运营商。他们是网络游戏治理中的最主要角色。因为无论是政府下达的命令或者引导文件，还是玩家提出的游戏中的问题和玩家们的意见，都需要游戏厂商来进行操作才能实现网络游戏的治理。比如当文化部颁布了关于网络游戏某个方面的新的治理标准和治理办法时，网络游戏厂商需要对自己旗下的游戏是否符合标准进行审查，如果达标则不需要优化，如果不达标则需要优化治理。同样对于玩家提出的问题，网络游戏厂商也需要进行评估，问题不大则可以自行解决，如果是十分严重的问题或者涉及违法犯罪的问题，游戏厂商需要上报有关部门，等待有关部门的批示再进行处理。所以游戏厂商是连接玩家和政府的中间媒介，自然也就是最重要的部分。游戏厂商在网络游戏治理中应该是执行者的角色。

游戏厂商在网络游戏治理流程中具体应当做到的事情还有对自身的规范和约束，不能单纯地为了追求利益而丢掉道德上的原则和底线。游戏厂商希望通过网络游戏来获取利益，这本无可厚非。但是需要注意的是，在追求利益的同时不能违反政府出台的相关网络游戏管理办法，不能置玩家的利益于不顾。否则，不仅会让自己失去用户的信任和政府的支持，对于整个网络游戏行业的持续性发展也是极其不利的。玩家们希望厂商可以充当游戏管理者的角色，政府则希望游戏厂商作为它们在游戏行业中的代言人，这些对于游戏厂商来说都有一定的挑战，但也是它们应尽的义务。

最后，游戏厂商还需要做的事情就是，和行业内的其他厂商进行良性竞争，坚决不能用过低的价格和其他不正当手段来进行恶性竞争。一家独大，或者称为垄断的情况不仅对于网络游戏行业，对于任何一个行业都是百害而无一利的，也是不可能被允许的。所以，在行业内，一家网络游戏厂商应当在与其他厂商进行良性竞争的同时，保持一定的合作关系，以便互相学习、共同进步。当政府出台新政策的时候，行业内的游戏厂商也可以聚集在一起开会来商讨怎样根据政府的新政策来制定出合适的具体方法并规范自己的行为，当政府看到行业做出的努力和产生的效果以后，政府觉得这个行业可以实现和达到自己制定的目标，就会对这个行业产生好的印象，在长远的发展中政府也会对此行业进行更多的扶持和帮助。这对于整个行业本身来说是很有利的。所以游戏厂商在注重自身利益的同时

也应当注重整个行业的合作与规范,因为后者也可以为自身带来利益。同样,牢固的合作关系也会使行业在面临重大危机时(比如整个网络游戏行业都面临私服和外挂挑战的时候)团结合作、临危不乱,共同商讨出应对的办法。总之良好的合作关系在网络游戏行业内是很有必要的。

三、政府在网络游戏中应扮演的角色

在网络游戏治理的过程中,政府应当扮演的角色是引导者和决策者。

所谓引导者角色,是在日常的网络游戏的治理过程中,对于政府新出台的政策,政府有关部门有义务向游戏厂商和玩家进行解读,让游戏厂商和玩家主要是游戏厂商知道如何根据新的政策来规范自己的行为。同时,在网络游戏行业创新的路上,政府也可以作为引导者来引导网络游戏厂商进行正确的创新,避免网络游戏厂商走上不正确的创新道路,进而造成不好的影响。此处的影响不仅是指对这家游戏厂商自己造成的影响,还包括对整个网络游戏行业造成的不良影响。同时,政府以引导者的角色出现可以拉近与游戏厂商之间的距离,可以更好地与游戏厂商合作,并且让游戏厂商按照政府的要求来做。如果政府经常以监督者的角色出现的话,网络游戏治理的效果和相关新规定执行起来的效果难免会差些。

至于决策者角色,是因为在网络游戏行业中出现的问题不是很严重时,游戏厂商可以自行解决,只要和其他游戏厂商或者玩家沟通好即可。但是在出现比较大的或者相当严重的问题的时候,游戏厂商无法承担起相应的责任,所以他们也就没有办法自己拿主意来决定该如何处理。这个时候游戏厂商就会向政府寻求帮助,请政府给出一个明确的答复,然后厂商再按照政府给出的答复去执行。比如行业内某个厂商有违法行为时,其他的游戏厂商不知道如何做才能将这个违法行为对网络游戏的冲击降到最低,这个时候就需要政府决策,比如外挂和私服的过度猖獗让游戏厂商无能为力,这个时候游戏厂商就会向政府求助,借助法律的力量来惩罚和打击外挂和私服的经营者,还给网络游戏行业一个健康的环境。

消费者发现问题并告知游戏厂商,游戏厂商接受消费者的意见,同时也协助配合政府的工作,游戏厂商作为一个执行者的角色站在网络游戏治理的第一线,而政府则是幕后的引导者和决策者,规划着整个网络游戏行业的发展和进度及创新。

第七章 虚拟货币

第一节 虚拟货币的发展

一、虚拟货币的定义

对于虚拟货币的定义,学术界一直没有一个统一的认定。学术界经常引用的是巴塞尔银行监管委员会对电子货币所做的定义,指在零售支付机制中,通过销售终端、不同的电子设备之间以及在公开网络上执行支付的"储值"和"预付支付机制"。

中国人民大学的苏宁教授认为虚拟货币是由非金融机构发行,借助计算机网络在发行者与持有者之间流通,能购买现实商品、虚拟财产和电子化服务的充当等价物的近似货币。

秦聪(2010)认为虚拟货币是一种以私人发行为主,以用真实货币购买为主要取得方式,可以在特定的网站购买现实或虚拟的商品、服务的网络支付工具。

樊玲(2012)认为界定虚拟货币的概念,可以从狭义和广义两个角度来看,所谓狭义的虚拟货币就是指那些不与现实的法定货币发生兑换关系,而仅仅是以一种虚拟的形式存在于网络世界中,发挥支付功能的虚拟货币表现形式,常见的就是QQ农场、QQ牧场中用来购买种子和动物幼崽的金币等形式;广义上的虚拟货币就是那些除狭义虚拟货币以外,与现实的法定货币存在一定的兑换比率,需要用现实中的法定货币购买才能够在虚拟世界中使用和发挥作用的虚拟货币形式。

目前对"虚拟货币"做出官方界定的是文化部、商务部于2009年6月26日联合发布的《关于加强网络游戏虚拟货币管理工作的通知》。其中把"网络游戏虚拟货币"的概念界定为由网络游戏运营企业发行的,游戏用户使用法定货币按一定比例直接或间接购买,存在于游戏程序之外,以电磁记录方式存储于网络游戏运营企业提供的服务器内,并以特定数字单位表现的一种虚拟兑换工具。对于网络游戏领域的虚拟货币只能用于在网络游戏领域购买指定的网络游戏产品和服务,而且这些虚拟货币的购买力拥有一定的时间和空间限制。虚拟货币最常见的表现形式为预付充值卡、预付金额或游戏点数。

综合学术界的各种说法，本书认为虚拟货币的定义应从广义和狭义两个角度来看。广义的虚拟货币包括网络运营商发行的虚拟货币、以法币为基础的电子货币和以比特币为代表的数字货币。数字货币的内容将在下一节单独介绍。狭义的虚拟货币则是指由网络运营商发行的，在网络中发挥价值尺度、流通手段、支付手段职能的特殊形式的货币，主要代表有腾讯的 QQ 币、各大论坛积分、广泛使用于网络游戏的游戏点卡等。虚拟货币的出现，很大程度上促进了网络商品、服务的发展，同时也为小额支付提供了方便。本节提到的虚拟货币主要是指狭义的虚拟货币。

二、虚拟货币的起源

秦聪（2012）认为，虚拟货币的起源可以追溯到互联网产业的初始创立阶段。在早期，部分互联网社区为了增加网站的点击率和各板块的发帖、回帖以及浏览数量，采取了一种"积分制度"，积分的数量越多，则对应的各板块的特权越多，这就是虚拟货币的雏形。后来，这些积分被冠以网站、论坛的名字，并以所谓的"货币"名义出现，便形成了虚拟货币。

一个事物的存在必然有其合理性。我们了解了虚拟货币的起源，但虚拟货币之所以得以发展，其根源何在呢？我们可以通过发行方和使用方这两个角度来考察这个问题。

从虚拟货币发行者的角度看，虚拟货币的优点有二：其一，如果网络上出售的商品或劳务以本国的法定信用货币标价，那么政府就有充分的理由来干预定价。这会给网站运营的灵活性和营销策略的制定造成不便。如果以虚拟货币来定价，面对五花八门的虚拟货币，政府的监管难免力不从心，网站的经营者对价格的制定相对来讲拥有较大的自由空间。所以，灵活的自我定价和逃避监管是发行者使用虚拟货币的最重要根源。其二，面对日益激烈的竞争，各个网络运营商纷纷采取各种奖励措施来招揽用户。给予用户信用货币的奖励显然是不可行的，而实物奖励又不一定是用户所需要的，所以虚拟货币的出现恰好解决了这一难题。用户在获得了一定的虚拟货币奖励后，可以在特定网站上使用这些货币来购买自己需要的物品。这就使得网站和用户之间实现了一种双赢。

从虚拟货币使用者的角度来看，虚拟货币有以下三个优点。

第一，虚拟货币账号保护了个人财产的私密性。不论是什么样的电子货币都与信用货币相联系。如果使用信用卡等电子货币进行支付，则可以反映甚至盗取很多用户的信息，如个人财富状况和真实信息等。而再多的虚拟货币也不能视为财富的象征，同时很多在网上使用的个人信息也不必是真实的，所以在网络上使用虚拟货币可以很好地保护个人隐私。

第二，虚拟货币具有安全性。由于各种虚拟货币被不同的网站所使用，对应着不同的账号，被他人知道的概率较小。同时相比真实的货币账号，虚拟货币账号中的货币数量通常较少，即使被盗取损失也小。

第三，用户获得虚拟货币的渠道比较多。用户可以通过购买、网站赠予、赚取等方式获得虚拟货币。虚拟货币的取得并不局限于使用信用货币的多少。

正是由于虚拟货币的发行方和使用方之间的双重需要，虚拟货币才应运而生。但是，归根结底，这也是生产力发展到一定阶段的必然结果。

三、虚拟货币的分类

关于虚拟货币的分类学者们的观点各不相同，较难达成一致。

贾丽平（2010）将虚拟货币分为三类。第一类是游戏中使用的游戏币，如《魔兽世界》中的金币。此类货币是由玩家打倒敌人、完成任务获取的货币，通过博彩赢钱等方式积累货币，同时也可认为是游戏中的一种道具。由于互联网允许玩家互相交易，游戏币便成为"虚拟金融市场"中的流通货币，玩家之间可以通过交易平台来交易游戏币和游戏道具，实现互通有无。不过由于多数游戏相对独立，游戏币也能购买游戏中的道具；第二类虚拟货币则是网络游戏服务商或网络企业发行的专用货币，用于购买服务商提供的各种服务。目前我国出现的这类专用货币主要有Q币、泡币、U币、百度币、酷币、魔兽币、天堂币、盛大点券等。第三类网络虚拟货币是美国贝宝公司（paypal）发行的可用于网上购物的一种网络货币。目前国内尚未出现此类公司，其货币也未普及。

张福军（2008）认为虚拟货币主要有两类：一类是用于交换的虚拟货币，一类是用于消费的虚拟货币。

杜志刚（2011）则将虚拟货币的概念范畴分为三个层次：第一层是指一切虚拟化了的货币，即广义虚拟货币，这部分不仅包括下文所指的狭义虚拟货币和电子货币，而且包括特别提款权、补充货币等其他特殊的虚拟货币，其发行主体包括政府和个人及其他组织；第二层是包括信用卡在内的电子货币，由主权国家或法定货币组织（央行或商业银行）发行和流通；第三层是以网络虚拟货币为代表的狭义虚拟货币，包括论坛积分、各网络公司的虚拟货币等以个体组织为发行主体并在特定范围内流通的货币符号。

综合上述学者观点，本书将狭义虚拟货币主要分成以下两类。

第一类虚拟货币是网络游戏服务商或网络企业发行的专用货币，可以用于相关购买虚拟产品和网络服务的消费，我国目前出现的这类专用货币主要有Q币、

Q 点、Y 币、盛大点券等。

第二类虚拟货币是由论坛、虚拟社区及其他社交工具的创立者发行的积分式虚拟货币。这类货币实际上是一种用来增加用户满足感的手段。在这些平台上，积分等级的高低是权力和身份的象征。虽然积分本身并不具有意义，但由于人们的心理作用，积分逐渐有了其价值的体现。通常论坛上的积分与现实货币之间没有直接的兑换关系，但是往往会通过其他间接的方式进行兑换。比如腾讯 QQ 号的高等级受到很多人的青睐，虽然不能直接购买 QQ 等级，但是可以购买超级会员等增值服务获得 QQ 等级加速提升的特权。

四、虚拟货币的特性

吴怀琴（2007）认为虚拟货币最大的特性就是发行机构的无组织性。一般情况下，一国的货币是由央行或特定机构垄断发行的，国家有专门的政府部门对货币发行机构进行监督和管理，具有很高的组织纪律性。而当前网络虚拟货币的发行机制与其不同，发行机构几乎是清一色的网络服务提供商，而且发行机构众多，其发行网络虚拟货币的目的和原则是完全的市场行为，即自身经济利益的最大化。它们各自为政，各行其责，几乎不需要接受任何部门的监督和管理，不具备最基本的组织纪律性。

钟无涯（2011）则认为虚拟货币有以下三个特性。

第一，平台的局限性。目前我国市场上流通的虚拟货币有很大的局限性，主要体现在三个方面：币值的稳定性、货币间的互换性和财产安全性。币值的稳定性主要是基于流通手段职能而言。以盛大网络的《热血传奇》为例，新服物价一般相对较低，随着时间推移，普通商品物价降低，而稀缺物品的价格会大幅上升，受供求关系影响极大，物价缺乏相对的稳定性；因为虚拟平台、社区或空间，如各类网站、聊天工具、游戏竞技平台、网络游戏等运营商的不同，虚拟货币也因此名称不同、单位不同、价值不同，虚拟货币之间不能相互兑换。

第二，监管的缺失性。文化部联合多个部门，先后颁发了《互联网文化管理暂行规定》和《关于加强网络游戏虚拟货币管理工作的通知》，为互联网的健康发展尤其是虚拟货币的使用管理提供了一个发展的框架和行为的准则。但是，随着互联网发展的深入，各种现象层出不穷，虚拟货币的发行、使用、流通和回收，以及对此展开的许多规避管制的技术创新，仍有许多细节值得商榷。值得注意的是，虚拟货币只是一种数字化的信息，虽然只存在于网络虚拟空间，却能成为信息商品的交易媒介并成为虚拟财富的价值象征；而其发行、流通和监管并未形成相对完善的制度，因此具有一定的隐患。

第三，流通的随意性。一方面，由于虚拟货币监管的缺失以及近乎为零的发行成本，虚拟货币的提供者在面对日益增多的网民和虚拟货币使用者数量时便有着无法遏制的造币冲动，他们能够通过发行大量的虚拟货币轻易获得巨额的铸币税。另一方面，大量的新网民及互联网支付的便捷性加速了虚拟货币的流通速度，使虚拟货币具有超越现实货币的扩张能力。此外，虚拟货币与现实货币的转化门槛极低，加大了虚拟货币流通的随意性。比如，腾讯Q币可以通过电话、银行卡、手机话费和人民币等多种方式进行充值。

杜志刚（2011）则将虚拟货币的性质归纳如表7-1所示。

表7-1 虚拟货币的性质

特性	描述
商品属性	对于卖方来说，虚拟货币和其他虚拟化数字产品一样，是一种需要用真实货币进行购买的产品，只要销售出虚拟货币，对厂商来说，因为不存在反向兑回的问题，因此虚拟货币的销售即是产品的销售
货币属性	对于买方来说，他所获得的虚拟货币可以在一定范围内方便自由地兑换为各种相应产品或服务，也能够通过相应渠道销售资源来获得虚拟货币，因此，在特定领域内它就被视为一种货币，作为一般等价物，在对应的特定社区内行使货币职能
流通性	虚拟货币能参与到产品或服务的流通过程中，它在一定范围内和一定功能内能够行使货币的全部职能，并且，部分虚拟货币由于被广泛接受，在社区内外部可被接受和转移，这就是流通过程
网络外部性	虚拟货币存在规模效应，当突破特定的用户规模时，使用它的人越多，它的价值也就越大，其功能也就越显著
虚拟性	很显然，虚拟货币发轫于虚拟世界，技术上是一种数字代码，因此，它只是一种数字化的代码，并不存在实体的形式（如纸币、金币等）
秘密性	由于其虚拟性，并且只是通过虚拟的ID在特定社区的虚拟世界中使用，因此不太容易泄露个人真实信息资料，避免财务风险和隐私泄露
极低成本特性	在社区内，虚拟货币行使其全部职能几乎是零成本的
应用有限性	由于发展和法律所限，虚拟货币目前只能在特定区域内使用

五、电子货币、虚拟货币与数字货币的比较

电子货币、虚拟货币和数字货币在发行主体、使用范围、货币数量、信用保证、交易安全性、交易成本和运行基础等方面均有着不同程度的差别，如表7-2所示。

表 7-2 电子货币、虚拟货币与数字货币的比较

	电子货币	虚拟货币	数字货币
发行主体	银行等金融机构	网络运营商	无发行主体
使用范围	无限制	网络	无限制
货币价值	与法币对等	与法币不对等	与法币不对等
储存形式	磁卡或账号	账号	数字
流通方式	双向流通	单向流通	双向流通
货币数量	由法币决定	发行主体决定	固定数量
信用保证	政府信用	商业信用	—
交易安全性	较高	较低	一般
交易成本	较高	较低	较低
运行基础	软件、网络、POS、IC读卡器等设备	软件、网络	开源软件以及构建其上的P2P网络
典型代表	银行卡、公交卡、支付宝等	Q币、游戏点卡、盛大币、论坛积分等	比特币、莱特币等

电子货币的发行主体是银行等金融机构，要接受中央银行和银监会的金融监管，其信用保证主要是政府信用；虚拟货币的发行主体则为网络运营商等非金融机构，它的信用保证则是商业信用，即消费者能否顺利方便地买到特定的网络产品或服务；较虚拟货币与电子货币而言，数字货币是比较特殊的一种，它最大的特点就是去中心化，即没有发行主体，从而也没有信用保证。

在数量上，数字货币总量是一定的，以比特币为例，其总量只有2100万个，而电子货币和虚拟货币的数量则由其发行主体决定。就目前来看，淘宝上已经有以比特币标价出售的商品，"世界首台"比特币自动提款机于2013年10月29日在加拿大温哥华启用，设在温哥华一家名为"潮流"的咖啡屋，由此可见以比特币为代表的数字货币的使用范围正在逐步扩大，没有受到限制；由于电子货币是以作为一般等价物的法币做支撑的，其使用范围也没有限制；而虚拟货币的使用范围仅限于网络。

电子货币具有货币的五项基本职能，而虚拟货币之所以被称为虚拟"货币"，是因为其发挥了部分货币的职能。例如，在腾讯QQ中，一个QQ秀标价10个QQ币；在某网络游戏中，一个游戏道具标价2000个金币，此时，这些虚拟货币就发挥了价值尺度的职能。在网络商品和服务的购买过程中，虚拟货币则发挥了支付手段的职能，虚拟货币在虚拟世界中的流通也是其流通手段的表现。由于

虚拟货币使用范围的局限性，本书认为它不具有贮藏手段和世界货币的职能。以比特币为代表的数字货币，由于其去中心化和流通任意性的特点，则具有货币的全部职能。表 7-3 是虚拟货币、数字货币与电子货币的职能比较。

表 7-3　电子货币、虚拟货币和数字货币的职能比较

货币职能	电子货币	虚拟货币	数字货币
价值尺度	★★★	★★	★★
流通手段	★★★	★★	★★
支付手段	★★★	★★★	★★
贮藏手段	★	★	★★★
世界货币	★★	★	★★★

第二节　虚拟货币的现状及问题

一、虚拟货币的现状

随着虚拟物品的大量使用和普遍认同，虚拟货币的使用人数和发行数量快速增长，虚拟货币开始扮演越来越重要的角色，虚拟货币支付领域得到不断的扩展，虚拟货币逐渐脱离虚拟世界的领域，进入人们的现实生活。比如在某些网站已经可用网络虚拟货币购买通常只有人民币才能买到的实物产品或服务，虚拟货币形成了与传统货币等同的购买力，虚拟货币与真实货币之间的界限逐渐模糊。

不少门户网站、网络游戏运营商很早就开始提供虚拟货币以供使用。据不完全统计，目前市面流通的网络虚拟货币不下 10 种，如 Q 币、百度币、酷币、魔兽币、天堂币、盛大（游戏区）点券等。业内人士估计，国内互联网已具备每年几十亿元的虚拟货币市场规模，并以 15%—20% 的速度成长。2002 年，腾讯公司推出 Q 币业务，并规定 1 Q 币等价为 1 元人民币，用户只需要购买 Q 币，即可用来支付 QQ 的各种互联网增值业务。现实中，Q 币适当打折后在网络上可以购买瑞星杀毒软件等现实商品、抵偿债务，甚至可进行手机充值；许多网络论坛给版主的工资也是以 Q 币结算；在淘宝等交易平台上，有很多出售 Q 币的店家。Q 币逐渐具有被普遍接受的交易和流通手段，成为一种国内最为流行的虚拟货币。在腾讯公布的《2014 年第二季度及中期业绩》中显示，活跃账户增值服务付费注册账号数为 8800 万，QQ 月活跃账户数达到 8.29 亿，注册及活跃用户成为腾讯总营业收入增长的核心和基础，其服务将延伸至美国、越南、印度等。面对每年

庞大的虚拟交易额及通过经营虚拟货币获利,北京市地税局 2008 年 11 月 10 日开始接受虚拟货币交易的申报,并计算缴纳个人所得税,事实上,虚拟货币作为电子商务的产物,开始扮演越来越重要的角色,而且越来越和现实世界交汇。

从表 7-4 所列虚拟货币的种类和应用范围可以看出,虚拟货币在互联网上的应用广度逐渐拓宽,其触角延伸到了网络世界的各个领域,而且目前有些虚拟货币的发行公司开始采用与其他公司进行战略结盟的形式拓展本身发行的虚拟货币的应用范围和购买能力,揭开了虚拟货币跨发行公司流通的序幕。

表 7-4 常见虚拟货币

币种	发行公司	使用说明	应用领域	汇率(与人民币)	获得方式
Q币	腾讯	QQ秀、QQ会员、QQ游戏、交友包月、资料下载等	网络通信、网络娱乐	1Q币=1元	银行卡、手机/电话充值、财付通、QQ卡等
一卡通系列	网易	由网易提供的虚拟货币,包括一卡通、游戏币和POPO币等	网络通信、网络娱乐	50点=5元	购买实体卡、免费取得、私下交易取得
U币	新浪	新浪提供的虚拟货币,可用来购买新浪的增值服务以及新浪商场的商品	网络媒体、电子商务	1U币≈1元	银行卡充值、手机充值、声讯电话充值和宽带充值
百度币	百度	百度提供的针对个人用户的网上消费(如百度传情、付费影视等)推出的虚拟货币	信息检索	1百度币=1元	百度卡、手机充值卡、宽带/手机/电话,网上银行,第三方支付等
盛大系列	盛大	盛大在线公司推出的用来支付各种盛大增值服务,以及与盛大签约的合作商户系统消费服务的虚拟货币,包括盛大元宝币、点卡、绿卡等	网络娱乐	不同的支付方式单价不等	银行卡、充值卡、手机/电话(声讯购物)等

续表

币种	发行公司	使用说明	应用领域	汇率（与人民币）	获得方式
China-Pub V 币	中国互动出版社	由网络书店中国互动出版社推出的用于网上支付、阅读VBOOK等互联网服务推出的初级虚拟货币	电子商务	10V币＝1元	网上支付、阅读卡、邮局汇款、银行、余额转换
咚咚币	新东方在线	由国内著名教育集团公司新东方旗下新东方在线发行的用于支付在线课程、考试培训等服务的初级虚拟货币	网上教育	1咚咚币＝1元	在线听课卡充值、移动积分兑换、银行、汇款、易宝等
狐币	搜狐	搜狐付费增值产品及服务（VIP邮箱）、搜秀、摘星吧、星相紫薇		1狐币＝1元	银行卡、手机、固定电话、宽带账号、搜狐一卡通
联众币	联众	会员资格、联众秀、特殊标志、参加比赛		10联众币＝1元	银行卡、电话银行、邮局汇款、支付网关
21CN快感币	21CN	宽屏电影、在线音乐、收费邮箱、在线游戏		21CN快感卡10元＝10元	邮政185电话购买、邮政183网上订购、邮局购买

二、虚拟货币的问题

目前网络虚拟货币已经突破了原来只能购买虚拟货币发行商提供的产品和商品的功能，扩展到可以用于购买网络上销售的部分现实世界的产品和服务的功能。虚拟货币功能的这种演进已经严重违反了《人民币管理条例》中对实物商品购买权限的规定,《人民币管理条例》中对实物商品购买权限只赋予了法定货币——人民币所有。虚拟货币已经开始给法定货币的地位和功能带来了冲击。

关于虚拟货币的法律犯罪风险,贾丽平(2010)认为主要体现在以下两个方面。

第一,洗钱犯罪风险。目前犯罪分子已经认识到了虚拟货币所特有的虚拟性、匿名性的特性,开始寻求机会利用网络环境进行洗钱活动了,互联网信息技术的高科技性和虚拟货币交易记录的易篡改性更为寻求洗钱犯罪的犯罪分子提供了隐蔽和广阔的空间。因虚拟货币的流通而大量产生的第三方交易平台更加成为洗钱犯罪最好的途径和平台。

第二,网络游戏赌博犯罪风险。互联网技术发展的一大产物就是网络游戏,虚拟货币最先也起源于网络游戏,如果仅仅是用于购买网络游戏中的武器设备,则不会产生很大的风险,但是由于没有对虚拟货币发行商的资格和条件进行限定,任何机构、团体或个人只要有发行的需要都可以发行虚拟货币,因此出现利用网络进行变相赌博的行为。现实中的游戏赌博已经被法律明文禁止,人们开始利用网络虚拟货币进行游戏赌博,通过网络上输赢游戏币的形式来交换虚拟货币,然后再拿虚拟货币到第三方交易平台兑换成法定货币,实现赌资的变现。

秦聪(2010)认为由于虚拟货币尚处于发展初期,相关法律法规尚不健全,再加上其本身的一些缺陷,难免存在一些问题和隐患,主要表现为以下几点。

第一,对现有法律法规的冲击。我国的法定货币是在国家信用基础上发行的人民币。如果在一定程度上,我们将虚拟货币视为网络公司基于自身信用发行的货币,其存在的合法性就会遭到质疑。同时,由于某些虚拟货币已经与人民币形成了固定的比价,并存在现有法规监管范围之内的二级市场,如何使其规范并纳入监管显得尤为重要。

第二,对货币供给量的影响。前文提到,某些虚拟货币与真实货币形成了双向互换。真实货币的发行是有法可循并有国家信用做担保的,而虚拟货币发行者的信用值得考察且其发行是不受节制的。由于虚拟货币理论上有无限创造货币的可能,同时可以部分与真实货币兑换,那么必然会对流通中的货币供给量产生影响。

第三,对国家的税收造成影响。由于现行法规对经营虚拟货币的交易,以及虚拟商品和劳务的买卖没有一个明确的规范,随着虚拟经济的不断发展壮大,其对国民经济的影响将不断增加,如果工商部门和税务部门不对其经营进行规范,最终结果必然会导致国家税收的流失。

第四，为犯罪提供温床，为网络犯罪提供便利。由于监管上的不到位，虚拟货币必然为洗钱、赌博提供便利。在现实世界中，我们可以找到证据表明某人某时在某地做过某事，但是在网络上追查虚拟币的来源和去向则不会这么简单。青少年处于人生观和价值观的形成阶段，其辨别是非的能力还不是很强，为了获得虚拟货币，有些人甚至在现实社会中用犯罪的手段获得真实货币，再将赃款转化为虚拟货币。

钟无涯（2011）认为虚拟货币的泛滥具有触发通货膨胀的可能性。虚拟货币与现实货币在流通手段这一相同职能中，最大的不同就是普遍接受性。固定充当一般等价物的商品属性既有自然属性也有社会属性。因此，虚拟货币流通的单向性与信用创造的不可能性控制着虚拟货币的整体数量和流通范围。但是，随着服务运营者市场势力的不断扩大，终端客户的爆发增长，虚拟货币的流通范围和流通速度也将不断升级。如果虚拟货币和现实货币双向流通的低成本甚至无成本成为可能，虚拟货币将使虚拟世界的通货膨胀波及现实世界成为可能。此外，由于虚拟空间、社区和游戏等平台提供虚拟货币和相关服务的低成本甚至零成本，服务运营者在利益驱动下有制造膨胀快速获利的内在激励。因此，一方面，虚拟空间、社区和游戏等平台的服务提供者人为制造虚拟通货膨胀；另一方面，虚拟货币和现实货币双向流通机制将虚拟通货膨胀传递到现实货币世界。以目前中国市场最大的虚拟货币提供者腾讯为例，Q币、Q点等腾讯产品是可以互换的，但是不能直接从Q币兑换成人民币。如果打开双向兑换的阀门，并与其他强大的市场平台对接，如支付宝等第三方支付平台，那么，在市场容量不断扩大的刺激和推动下，电子商务第三方支付、虚拟货币与信用创造等多种因素互相融合、刺激并协调作用，必将引致虚拟货币的通货膨胀，并且这种虚拟空间通货膨胀必然传递至现实生活。

李剑（2013）综合多名学者的观点，将虚拟货币应用过程中的危害因素分析如下。

第一，对现实金融秩序造成冲击，给正常的货币政策带来风险。

虚拟货币现实和潜在的金融风险主要有以下几个方面：①可能冲击货币信贷政策。如果互联网公司把虚拟货币的发行当作一种新的融资形式，则此时的虚拟货币就不再是普通的商品。虚拟货币与法定货币发生自由兑换，有可能使其取代法定货币成为网上交易货币，如此势必对现实金融体系造成冲击，从而使国家不能完全再按原有估算方法实施宏观调控。因此必须考虑虚拟货币对法定货币供应量的影响,这样就会产生宏观调控风险。②可能造成网络公司的信用风险。如果网络公司经营不善或其产品对网民失去吸引力,网民便会抛售虚拟货币或回兑成现实的法定货币,情况严重时,极易引发网络挤兑潮。若网络公司没有足够的控制能力和充足的流动资金作为保障,就必然使经营者遭受巨大的资金风险,诱发信用危机,甚至导致发行者破产。如果这种影响波及其他网络公司或整个互联网行业,必将对整个互联网行业带来灾难性的后果。③可能冲击法定货币流通体系。随着网络经营普及性发展,各网络公司的互联互通也将成为一种趋势。如果虚拟货币的发展使其形成了统一的市场,各种虚拟货币之间可以互通互兑,那么它就不再是一般意义上的虚拟货币了。从某种意义上来说虚拟货币就成了网络交易中的通用货币了。这就相当于在已有的法定货币之外,又形成了另外一种货币,很有可能对法定货币流通体系造成冲击。

第二,其法律地位的不确定性使虚拟货币自身存在安全隐患。目前,我国对虚拟货币的法律地位还没有准确的定位,这使得虚拟货币本身具有安全隐患。由于目前国家对虚拟货币管理机制缺失,使其完全处于一种自由放任的状态,广大网民的合法权益难以得到有效保障。

①国家没有对虚拟货币实行监管。一旦发行企业关门或倒闭,网民的合法权益无法得到保护,虚拟货币的持有者将无法得到清偿,网民的虚拟财产将化为乌有,造成现实利益的损失。

②网络运营商的系统安全技术普遍不强,防护措施不够完备,虚拟货币很容易被盗,且无法追回。

③由于虚拟货币产生的虚拟财产处于一种"真空"的状态,从法律上没有相关的保护措施,一旦发生虚拟财产损失,执法机关也没有合法的执法依据。

第三,监管措施缺乏容易给社会环境造成危害。

①给洗钱提供便利的平台。与传统洗钱手段相比,利用虚拟货币洗钱更具有隐蔽性,而且其成本和风险也大大降低。不法分子可利用网络经济的平台和虚拟货币的形式,将不法所得转换成虚拟货币,再兑换成实际法定货币,达到洗钱的目的。

②给国家的税收政策造成实质性的危害。2008年9月28日,国家税务总局公布了《关于个人通过网络买卖虚拟货币取得收入征收个人所得税问题的批复》,虽然表明国家已经开始对出售虚拟货币的税收问题引起了重视,但还没有具体的管理实施细则。随着网络交易不断发展和交易额的成倍增长,税收的大量流失问题也逐渐突出,亟待国家制定措施。

③给赌博提供了新的形式。为了娱乐大众，一些网络公司推出了大量的网络游戏，甚至也开发出带有赌博性质的游戏活动，个别不法组织更是专门利用网络平台推出赌博游戏，利用虚拟货币进行网 E 赌博。这种赌博形式更容易受到后台的操控，可以不受时间和空间的限制，使赌博更具有欺骗性和隐蔽性，给社会造成极大的危害。

第三节　虚拟货币的治理

一、现状

目前我国法律上没有关于虚拟货币的专门法，仅仅是有一些通知和规定，已经颁布的有关虚拟货币方面的规范性文件主要有多部门联合发布的三大通知，分别是 2007 年 1 月 25 日公安部、信息产业部、文化部和新闻出版总署四部委联合发布的《关于规范网络游戏经营秩序查禁利用网络游戏赌博的通知》（以下简称《通知（一）》）；2007 年 2 月 15 日由人民银行、商务部、文化部等十四部委联合发布的《关于进一步加强网吧及网络游戏管理工作的通知》（以下简称《通知（二）》）；2009 年 6 月 26 日，文化部、商务部联合发布的《关于加强网络游戏虚拟货币管理工作的通知》（以下简称《通知（三）》）。另外在 2008 年 9 月 28 日，国家税务总局就北京市地方税务局提出的《关于个人通过网络销售虚拟货币取得收入计征个人所得税问题的请示》做出了批复。最后还有从 2010 年 8 月 1 日起开始实施的文化部部务会议审议通过的《网络游戏管理暂行办法》，如表 7-5 所示。

表 7-5　虚拟货币相关规范

发布时间	发布机构	发布文件名称	关于虚拟货币的主要内容
2007 年 1 月 25 日	公安部、信息产业部、文化部、新闻出版总署	《关于规范网络游戏经营秩序查禁利用网络游戏赌博的通知》（公通字［2007］3 号）	禁止网络游戏企业利用虚拟货币进行赌博或为赌博活动提供便利。通知规定：网络游戏服务单位不得收取或变相收取与游戏输赢相关的佣金；不得提供以"虚拟货币"等方式变相兑换现金、财物的服务或游戏积分交易、兑换服务；不得提供用户间赠予、转让等游戏积分转账服务等

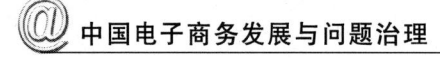

续表

发布时间	发布机构	发布文件名称	关于虚拟货币的主要内容
2007年2月15日	文化部、国家工商行政管理总局、公安部、信息产业部、中国人民银行等十四部委	《关于进一步加强网吧及网络游戏管理工作的通知》	规定对网络游戏虚拟货币管理的主体是中国人民银行；对网络游戏经营单位发行虚拟货币的总量以及单个网络游戏消费者的购买额都要进行严格限制；网游企业发行的虚拟货币只能用于购买自身提供的网络游戏等虚拟产品和服务而不能用于购买实物产品；用户将网络游戏虚拟货币回赎为法定货币时，赎金额不得超过原购买金额
2008年9月28日	国家税务总局	《关于个人通过网络买卖虚拟货币取得收入征收个人所得税问题的批复》（国税函[2008]818号）	第一，规定了个人通过网络收购虚拟货币而后加价出售，如果取得了收入，则其收入属于所得税应税所得，应缴纳个人所得税；第二，规定了销售的虚拟货币的财产原值的计算方式
2009年6月26日	文化部、商务部	《关于加强网络游戏虚拟货币管理工作的通知》	第一，对网络游戏虚拟货币做出了定义。第二，对网络游戏虚拟货币发行和交易的准入条件做出了规定，特别是对发展报告应包含的内容做出了详细规定，并且规定同一单位不得同时经营发行和交易两项服务。第三，详细规定了网络游戏虚拟币的发行和交易行为规范。规定网络游戏虚拟货币只能使用法定货币购买、仅限于兑换发行企业自身提供的虚拟服务；网络游戏运营企业要保障用户的合法权益，如计划终止其产品和服务，须提前60天予以公告；网络游戏虚拟货币交易服务企业应规定出售方用户实名注册并绑定银行账户；充值、交易记录保存应不少于180天；不得为未成年人提供交易服务等。第四，规定要加大对"私服""外挂"和利用网络游戏虚拟货币赌博的打击力度，规定了相应的处罚措施

续表

发布时间	发布机构	发布文件名称	关于虚拟货币的主要内容
2010年8月1日起施行	文化部	《网络游戏管理暂行办法》	一是详细规定了从事网络游戏网上运营、网络游戏虚拟货币发行和网络游戏虚拟货币交易应当具备的条件；二是将网络游戏虚拟货币发行和交易的相关规定集中在第四章"经营活动"中，采取分项列举式立法，使相关规定更加集中明了；三是在第五章的"法律责任"中，对相关违法行为的处罚更加明确具体

二、评价与对策

从以上内容可以看出，《通知（一）》虽然对虚拟货币的问题做了一定的规定，《通知（二）》《通知（三）》均是根据网络经济和虚拟货币发展过程中出现的不同问题，不同行政部门对虚拟货币进行规制的文件，但是缺乏有效的司法和执法可行性。从以上内容可以看出，该通知对虚拟货币问题虽做了一定的规定，但规范的面很窄，主要是防止虚拟货币成为赌博的工具。

李剑（2013）将防范虚拟货币风险的对策归纳如下。

（1）要尽快确定虚拟货币的法律定位。随着社会的不断进步，货币的形式也在不断变化，历史上就出现了贝币、刀币、铜钱、金银币、纸币等不同货币形式的演变。现代经济的发展和现代信息技术的革新，还出现了债券、股票等不同类别的法定有价证券。由于现代电子技术、信息技术和互联网技术的发展和成熟，电子货币的出现和应用是历史的必然。现阶段，对网络虚拟货币的定位已经到了必须用法律的形式确定下来的时候了。如虚拟货币性质的明确、各交易主体的权利义务、交易的规则等要用法律或法规的条文予以明确，明确消费者、商家、银行和清算机构的权利和义务，在法律上明确虚拟货币的发行主体，规定其发行的数量、种类和业务范围，确定虚拟货币交易在法律上的合法性，并就虚拟货币流通可能带来的清算和结算问题、交易安全问题以及消费者权益保护问题等提出相应的法律解决办法。

（2）要建立严格的市场准入制度。首先，对发行主体实行市场准入。主管部门根据申请发行主体的资本规模、经营状况、资信等级、内部管理制度是否完善等因素决定是否批准其发行虚拟货币。其次，对发行数量实行申报制。要限制发行商发行虚拟货币的数量。主管部门要根据发行商的资产状况确定其发行数量。最后，发行方式要做出严格规范。发行方式只能由国家指定的金融机构代为发行，并规定购买限额等。只有这样，才能使国家对虚拟货币的发行和使用实行有效的管理和控制。

（3）要实行准备金储备制度。虚拟货币发行者要发行虚拟货币，必须按相关规定的比例要求，向有关部门缴纳一定数量的法定货币作为储备金，这样可以防范和化解发行者在经营不善和面临破产的情况下，消费者的合法权益可以得到有效的保护。准备金缴存的额度可以根据公司的规模、发行的数量和风险性评估区分不同的比例，并且在其后依据公司的经营状况和信誉程度进行一定幅度的上下浮动。

（4）要纳入税收征管体系。国家应该像对股票交易一样，对使用虚拟货币交易设置相应的税种，根据交易额的一定比例缴纳相应的税收，并加强对虚拟货币交易行为的网络监管，明确规定虚拟货币交易主体的权利和义务，对在虚拟货币交易中规避税收的不法行为制定相应的惩罚措施，促进网络交易的公平性。

（5）要实行第三方交易平台审批备案制度。要明确规定使用虚拟货币必须通过第三方交易平台进行交易，并且规定凡是提供虚拟货币交易服务的第三方交易平台，在开展服务前，必须按程序进行申请、审核，在经有关部门批准后，才能够开展虚拟货币的交易服务。第三方交易平台必须置于国家相关部门的有效控制之下，能够随时对交易情况进行监控，发现异常交易能够及时进行干预，以有效防范风险，杜绝赌博、洗钱等不法活动的发生。

第八章 数字货币

第一节 数字货币的兴起与发展

一、比特币的兴起

2008年11月1日,名为 Satashi Nakamoto 的神秘人士发表了一篇文章,文中陈述了他对电子货币的新设想——比特币:一种点对点的电子现金系统。并于2009年1月设计完成构建在开源软件和 P2P 网络中的比特币。比特币的价格历经了3年时间狂涨2万倍,截至2013年年底,比特币对美元的汇率是916.01。如此疯狂的涨势,引起了全世界的关注,继德国于2013年6月首次承认比特币的合法货币地位后,美国也确认了比特币的合法货币地位。比特币的出现对已有的货币体系是巨大的挑战。虽然它属于广义的虚拟货币,但它与网络企业发行的虚拟货币有着本质的区别,因此我们称它为数字货币。本书第七章已从发行主体、适用范围、发行数量、存储形式、流通方式、信用保证等方面将数字货币与前面提到的虚拟货币和电子货币进行了对比,如表7-2所示。对比可见它与基于法定货币的电子货币和网络虚拟货币有着本质的区别。

2013年12月,央行等五部门下发文件,由此可知,从性质上看,比特币是一种特定的虚拟商品,不具有与货币等同的法律地位,不能且不应作为货币在市场上流通使用。但是,比特币交易作为一种互联网上的商品买卖行为,普通民众在自担风险的前提下拥有参与的自由。

比特币是什么?为什么它可以让人如此疯狂?它究竟是怎样产生的?有什么样的特点?让我们带着这些问题进入下面的内容。

二、比特币的定义

经过调研,本书认为数字货币是源于网络的一种加密算法,通过运算生成的、总数一定的一类特殊虚拟货币,以比特币(Bitcoin)为代表,也包括莱特币(Litecoin)和 PP Coin 等。

本部分将以比特币为代表进行介绍,比特币技术原理如下。

比特币是由对等网络 P2P 的节点,在完成一个特定数学问题计算之后生产出的。这些数学计算需要相当的运算能力才能完成,并能够通过生成有效运算工作的证明来检验。在比特币网络中运算难度可以自动调节,在最初的4年里会有

10 500 000 比特币被制造出来，这个数值每 4 年减半，所以在第 4 年到第 8 年中会有 5 250 000 比特币被制造，在第 8 年到第 12 年中会生产 2 625 000 比特币，以此类推。因此最终比特币的数额会无限趋近 21 000 000 比特币。

从技术上讲，目前的数据结构下，一个比特币可以被分区到 8 位小数，所以 0.00000001BTC 是目前的最小单位。如果将来有需要，再考虑更小的分区单位。即使比特币的允许精度从目前的 8 位小数扩展，最终流通中的比特币将总是略低于 2100 万（假定其他参数不变）。

系统运行内建的机制会在平均每 10 分钟确认一个区块（block）。参与制造新比特币的人数变动，新比特币制造的难度也随之变动，这是将整个分布式网络作为一个整体来分析，分析的依据是之前 2016 个区块的制作时间。因此制造的难度与一定时间内全网投入制作工作的平均运算能力相关。单一个体"发现"新区块的可能性是创建在他的计算能力与全网计算能力的综合比较之上的。

区块的总数乘以每个区块的比特币值就是现存的比特币总数。每个区块的币值在最初的 210 000 个区块中是 50BTC，之后 210 000 区块是每区块 25BTC，然后是 12.5BTC、6.25BTC，以此类推。最后一个产出比特币的区块将是编号为 6 929 999 的区块，这大约会在公元 2140 年前后发生。届时流通中比特币的总数将恒定维持在 20 999 999.9769 BTC。生产的奖励会从 0.00000001 BTC 变为 0，然后将不再有新的比特币被生产出来。

三、数字货币的主要特征

数字货币与之前介绍的虚拟货币如 Q 币，电子货币如银行卡等有着本质区别，其特性主要表现在以下几个方面：

（1）去中心化：数字货币没有特定的发行机构，它来自于某些开放的算法，因此没有任何人或机构能够控制它的发行，个人只需安装比特币客户端即可"生产"比特币。

（2）总量固定：由于算法解的数量确定，所以某类数字货币的数量是一定的，比如比特币的总数只有 2100 万，莱特币的总数为 8400 万，这从根本上消除了虚拟货币滥发导致通货膨胀的可能。

（3）匿名性：比特币能够最大限度地保证个人隐私，交易数据很难被追踪。当然，为便于监管，也可以通过法律强制进行实名制管理。

（4）安全性：数字货币的交易过程需要各个节点的认可，因此能够有效保证交易的安全性。

（5）便捷性：数字货币可以在任意一台接入互联网的终端设备上管理。任何人、任何时间、任何地点都可以挖掘、购买、出售和使用。

第二节 数字货币的现状及问题

一、数字货币的现状

目前,随着比特币的迅速发展,各种山寨币如同雨后春笋般涌现,如阿侬币(ANC)、质数币(XMP)、招财币(ZCC)等,其中最具有代表性的是莱特币(Litecoin)。表8-1是比特币和莱特币性质的比较。

表 8-1 比特币、莱特币性质比较

	比特币(Bitcoin)	莱特币(Litecoin)
算法	SHA-256 挖矿算法	scrypt 加密算法
处理时间	10 分钟	2.5 分钟
预期数量	2100 万	8400 万
分割单位	0.00000001	0.00000001
所使用矿机性能	较高	较低

从表 8-1 中我们可以看出,莱特币虽然与比特币类似,但它们还是在算法、处理时间、预期数量、所使用矿机性能方面具有差异。比特币产生的算法是 SHA-256 挖矿算法,而莱特币则采用了 scrypt 加密算法,scrypt 算法使用 SHA-256 作为其子程序,这使得相比于比特币,在普通计算机上挖掘莱特币要更加容易。Litecoin 官网上有一句这样的话,"We wanted to make a coin that is silver to Bitcoin's gold",即如果 Bitcoin 是金币,那么 Litecoin 则致力于去做银币。比特币的发行总数为 2100 万,莱特币的发行总数则为 8400 万。

比特币诞生至今,从一文不值到身价暴涨,中间的过程跌宕起伏,具有很大的不稳定性,图 8-1 是比特币诞生至今的价格走势图。

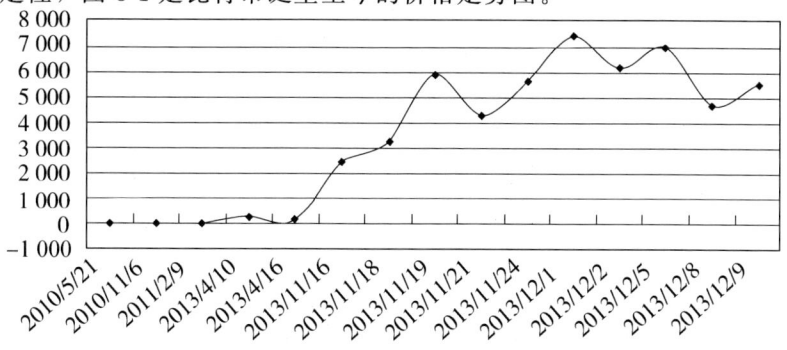

图 8-1 2010—2013 年比特币价格波动

从图 8-1 中我们可以看出，从 2013 年 4 月 16 日起，比特币的价值开始上涨，逐渐进入公众的视线，随着身价的暴涨，各国纷纷表态，有支持者也有反对者，比特币的身价就随着事态的变化时涨时落。

二、数字货币的问题与争议

自从 20 世纪初奥地利经济学派著名的自由主义经济学家哈耶克在《货币的非国家化》一书中完整地阐述了一种去国家化的非主权货币的构想，之后几十年这种去中心化的货币经济一直吸引着许多经济学家，但都苦于没有试验这种货币的方法和技术，而 Satoshi Nakomoto（2008）提出的比特币超乎想象地实现了哈耶克的构想，并真实地引发了一场"多元货币竞争理论"的社会试验。正如不同经济学派之间存在长久的对立一样，有关数字货币的发展问题和治理也引起了巨大争议。通过大量的文献调研，本书将归纳、总结和分析有关数字货币的一些问题和争议。

1. 数字货币是否值得信任

作为一种虚拟商品，比特币的价格在短短三年内涨幅万倍。图 8-2 是比特币上线以来的货币价值总量走势图（来自 www.blockchain.info），曲线显示比特币的价格从 2013 年开始大幅升值，最高时达到 139 亿美元，并迅速下落。每次巨额的涨幅都吸引了大量投资者的簇拥，而瞬间的跌落又使部分学者认为数字货币最终不过是一场经济泡沫。即便支持比特币的学者也大都认为比特币的巨额价格浮动是其健康发展的一大诟病。因此，对于数字货币到底是否值得信任，如何看待其投资风险的态度，目前国内学者的观点大多是不乐观的。

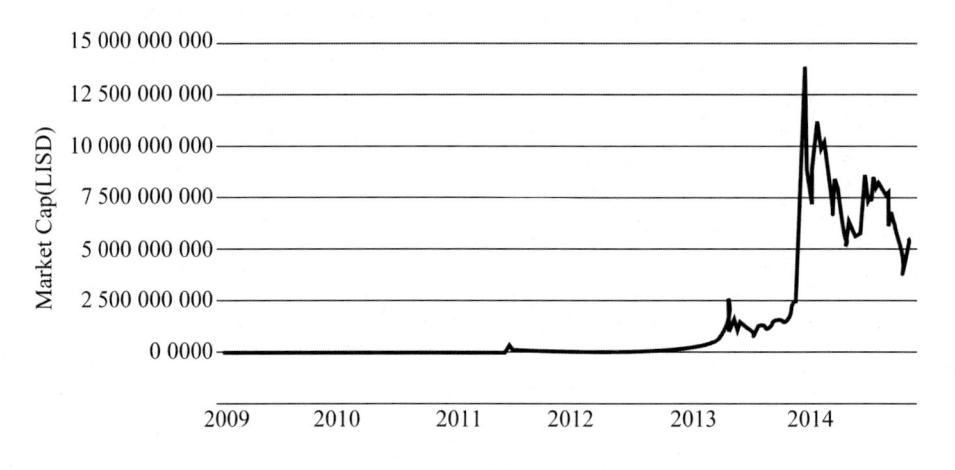

图 8-2　2009.1－2014.11 比特币市场价值走势

吴洪（2013）认为数字货币是一群极端的自由主义者的理想生活方式，它没有解决网络支付安全的问题，却带来被从事非法交易者利用的隐患，因此不值得信任，更不值得投资。崔屹东、郑晓彤（2012）认为由于比特币缺乏一个拥有信用保证的发行机构，没有担保及保证金，在初期很难被大多数人信任。王娜（2014）从货币的本质角度分析数字货币并不具备货币本质，而且近期正演变成一种投机工具，对其进行限制非常必要。廖愉平（2014）认为比特币不属于真正意义上的货币，对网络支付基础服务职能的拓宽和强化是其长远发展的基础，但在长时间内难以维持其币值的稳定性。作为虚拟货币的比特币，目前其市场价格远远偏离了其内在的价值，存在极大的泡沫，投资或投机比特币都是最差的选择。还有人认为数字货币是现代版的荷兰郁金香，甚至是庞氏骗局的一种。

首先我们应承认数字货币价格的巨额涨幅和当前投资市场的匮乏有一定的关系，然而，抛开这个因素，需要思考的是为什么偏偏是以比特币为首的数字货币被疯狂炒作呢？正如成思危（2009）认为虚拟经济的发展需要经历闲置货币的资本化、生息资本的社会化、有价证券的市场化、金融市场的国际化及国际金融的集成化过程一样，笔者认为这是数字货币最初资本化的必经过程。这一过程中的不断易手和价格波动造成的市场投机和风险虽不会直接创造社会财富，而且价格的巨额浮动的确不利于数字货币作为支付手段和价值尺度的货币属性，但不可否认这是资本市场的一个强有力的信号，资本对数字货币未来的一个信心表征。

回顾互联网经济的发展，1995年基于网络的电子商务开始在全球兴起，同样经过短短几年的认知和发展，1999年全球资本疯狂涌入互联网行业，造成了随后的互联网泡沫。然而，这场经济泡沫却清楚地显示了资本市场对互联网产业的信心，当时看似过度投资的互联网基础设施，如主干网的重复铺设、带宽的激增等现在看来确实为过去十多年网络经济的迅猛发展奠定了不可或缺的基础。因此，当前数字货币的巨大涨幅至少显示了全球资本市场对这一实验货币的未来信心。正如互联网并未彻底颠覆传统经济，而是全面优化和提升传统经济的运行方式一样，笔者认为数字货币也不可能完全取代现有纸币，而是推动传统金融体系的变革和融合创新，优化现有的网络支付方式并且提升当前的虚拟经济。

王兆刚（2003）指出货币和金融天然地具有虚拟性，而且随着经济全球化和金融衍生产品的泛滥，传统金融体系的虚拟化已经开始逐渐弱化国内外的货币金融制度。前诺贝尔经济学奖得主弗里德曼在《美国货币史》中通过实证分析显示20世纪30年代的大萧条和当时货币总量刻意控制之间不无关系，而2008年的亚洲金融危机，甚至津巴布韦政府发行世上最大面额纸币等现象都能说明近百年基于国家信用的法币体系的确存在固有缺陷，其信用基础并非一劳永逸和牢不可破。数字货币的出现至少为世界货币和金融体系改革提供了有益的借鉴和参考意义。

随着数字货币的创新性应用的推广，其信用将随着全球使用人数、范围以及影响力的增加而逐步提升。至于数字货币的价值短期内是被高估了还是有更大的升值空间，没有人能准确预测。但考虑到价值由需求引导，笔者相信包括多国法币和多种数字货币在经过一定时间的竞争博弈（即使是非对等的）和国际治理之后将趋向一个相对稳定且稳步向上的状态——补充、监督和平衡以国家信用为基础的传统金融系统。

2. 数字货币是否真的安全

从消费者采纳角度看，数字货币的安全性是其能否被接受的重要影响因素。崔屹东、郑晓彤（2012）认为比特币从技术设计的角度上看不存在安全问题。万伟（2014）认为数字货币并没有现实货币的防伪技术，电脑黑客可能会利用其安全漏洞生产伪币或者盗取数字货币。一方面，数字货币由于是一种基于网络节点的加密算法，因此交易过程被认为是足够安全的。另一方面，由于网络本身的缺陷，部分文献认为比特币的安全性仍然是一个大的问题。这种安全风险可能来自技术和管理方面。例如，数字货币钱包作为一种软件存在的安全隐患，个人由于误操作和线下管理的不善造成的永久损失，而且在没有资产保障和法律保障的环境下这种损失和风险更是为消费者的预期带来了不确定性。

一方面，尽管比特币由于其去中心化和匿名性的特点让其从理论上看起来非常完美，但是比特币大部分交易都需要通过交易平台完成，因此平台的安全性就成了限制比特币体系的"短板"。

2013年12月初国内首起比特币诈骗案告破。浙江东阳人老乔在国内知名比特币交易平台 btc—gbl.com 炒比特币，4天时间9万元被骗个精光。根据老乔这条线索，东阳警方介入侦查，发现这家交易网站其实是个骗子网站。

2013年10月28日，香港比特币交易平台 GBL 网站出现无法进入的情况，导致数百用户的逾千万元人民币面临损失。而在2012年，比特币交易平台 Bitcoinica 就曾被黑客劫走价值23万美元的比特币，此后类似事件时有发生。

另一方面，恶意投机凸显了监管的漏洞，比特币被称为"人为制造出来的黄金"，因为它既能流通又能持久保存。而生成比特币的人所要付出的，则只是电脑不停地运作，就是他们俗称的"挖矿"，这些人也因而被称为"矿工"。从源头来看，比特币市场上最核心的人群无疑是"矿工"，是他们在生产、制造比特币。

但如今,"矿工"的身份正在变味。"越来越多的观望者为了赚快钱开始加入'矿工'的行列",这让支撑比特币最初发展的极客们反而变成了少数。作为一种虚拟货币,比特币的价格近年来像坐了火箭一样攀升。原本在电脑玩家之间进行交易的比特币,也逐渐成了被投资乃至投机的对象,甚至可以用于购房和淘宝购物。业内人士称,在没有相关法律和监管的背景下,这种"畸形"的狂欢已经有些失控。

从政府的金融体系角度来看,一个重要的安全问题就是对当前金融体系是否会构成威胁。一般学者认为数字货币交易的匿名化和相对现有金融体系的独立性非常容易被利用来从事非法交易。王凯风(2013)指出类似比特币的山寨币可能间接导致数字货币的通胀,而且山寨币的系统更容易被黑客侵入。姜立文和胡玥(2014)认为数字货币存在难与现行法币和金融体系兼容、监管难度大、存在通缩风险和配套技术风险、分布和持有不平等、接受程度小众化以及类似的网络虚拟货币的竞争威胁等诸多风险。王刚和冯志勇(2013)认为数字货币的法律地位存在不确定性,交易平台存在脆弱性,且易被洗钱等非法交易利用。

任何技术的安全性都是相对的,数字货币虽然存在技术和管理上的安全隐患,但从其交易机制设计上不难看出其本身的安全级别要远远高于电子货币,毕竟最初其设计基础大多是基于加密算法的。电子货币的安全性主要来源于一套相对独立和集中的金融信息系统以及比较完善的法律法规保护。而数字货币如果能够得到相应的货币认可和法律法规的保护,其技术和管理上的安全问题笔者认为是完全在可控级别范围内的。

对现有金融体系的冲击,笔者认为需要提前防范,如果能从创新和发展的角度去做相应地调整和改革也许会成为金融体系提升和改进的机遇。例如,现有的金融体系参与到数字货币交易平台的建设和管理,进行以政府金融机构为主导的融合创新,可能会更有利于银行未来收益和国家征税管理。由于数字货币的匿名性本质上并不妨碍进行实名制或第三方备案管理,因此利用其进行洗钱和不法交易活动在制度完善和监管治理之下并非是无解的难题。

因此,笔者认为数字货币的安全性是可控可管理的,作为以反体制形象出现的数字货币需要与现行金融体制相互妥协和融合。在这场市场进入和阻挠的博弈中,对预期收益的判断将会影响政府的选择,而部分政府的选择也将会直接影响其他国家政府的决策,更深入地博弈研究将会为监管和治理策略提供重要指导。

3. 数字货币能否成为真正的货币

如果仅就货币的基本职能考虑,数字货币可以实现货币的所有基本职能,尤其是作为储藏手段和世界货币的优势更加突出，如前文表 7-3 所示。

然而从当前实际情况看，数字货币是否具有真实的货币属性，许多学者存在不同看法。王燕、周光友（2014）认为比特币极其接近货币的本质，同时基本具备货币的五大职能，但是由于它在发行机制方面固有的特点（总量固定、产生速度由算法确定），很难替代纸币成为未来的货币。贾丽平（2013）认为比特币基本上具有货币的功能，拥有货币的部分属性，但不一定是真正的货币。它未来能否过渡为真正的货币取决于人们对比特币的信任、对一整套机制所营造的信心。杨涛（2014）认为数字货币不具有货币属性，原因主要是它不是由货币当局发行、不具有法偿性与强制性，另外还因为它缺乏货币应具备的必要信用基础、未能反映特定的社会生产关系、缺乏货币资产必需的安全保障等。

电子货币是法定货币的延伸，其具有法偿性和强制性，但数字货币短时间内可能还不会被各国政府所接受和承认，其成为真正货币可能还有一段很长的路。根据《福布斯》2014 年年初的调查显示，仅有少数国家如德国和美国对比特币交易释放了某种善意，考虑将其纳入金融监管范畴；大多数国家持谨慎观望、不予支持的态度；另有少数国家如中国和巴西等对数字货币的交易采取了限制交易的态度。到目前为止，还没有任何国家的政府承认数字货币的合法性，最多将其视作可自由交易的虚拟商品。

市场上虽然某些机构或商家接受数字货币，但数字货币作为支付手段仍然比较鲜见。许多学者认为这是"格雷欣法则"下的劣币驱逐良币现象。因为数字货币的发行总量固定势必引起通货紧缩，没有人拿出势必升值的良币作为支付手段参与当前的货币流通。而且，面对当前巨额的价格变动幅度，郭田勇和季赛（2013）甚至认为比特币将因此逐渐退出实际流通领域，成为储藏货币。

笔者认为数字货币要成为真正的货币面临两大现实问题：一是各国政府对数字货币的态度和相应的法律法规是影响数字货币未来发展的重要因素。选择开放、创新和规范还是保守、限制和禁止将直接影响数字货币在不同国家的采用和普及。二是即使在宽松的环境里，由于数字货币交易的安全性和便捷性的技术门槛对于普通民众来说还比较高，因此在消费市场上的普遍采纳可能还需要更多技术创新、应用创新以及相关法规的跟进。

第三节　对数字货币的治理和展望

与马克思主义经济学中的剩余价值学说不同，信息经济学家奈特认为资本家的利润来自市场的不确定性及风险,是对资本承担试错风险给予的回报,而熊彼特的创新学说进一步强调不断地创新是社会财富增加的源泉。笔者认为科技和创新是不可阻挡的社会进步力量,数字货币的出现必将影响和优化传统的金融体系。因此,全球资本对数字货币的狂热追逐一定程度上反映了市场对其的认可。

然而作为颠覆性目的出现的数字货币目前得不到政府的理解和支持,因此,其未来发展路径存在巨大的争议和不确定性。通过对大量有关数字货币资料的调研,笔者发现数字货币的未来发展离不开政府的认可、法律法规的保护和金融体系的合作。这一市场进入阻挠博弈的过程可能是一个长期的过程。未来数字货币的创新和应用需要与传统金融体系相互妥协、合作和融合,但这个过程不是一个完全对立的零和博弈。

对于以比特币为代表的数字货币的治理来说,首先需要行业层面对比特币的交易进行规范,保证比特币从产生到交易的整个过程是安全可靠的,一旦发生问题可以在整个行业层面进行查找和管理,这样才能让比特币的"矿工"和交易者放心,才能使比特币的发展更加顺利。其次则是政府层面的监管,国外关于比特币虽然没有相关法律但也不断出台各种相关监管政策。2013年5月15日,美国国土安全局冻结了比特币交易所Mt. Gox的两个银行账户。Mt. Gox的CEO被美国海关指控未登记就进行货币交易,并面临巨额罚款或高至5年的有期徒刑。2013年3月,美国财政部在其一项引导措施中提到,公司企业在线上货币(包括比特币)兑换中,必须接受监管,这是出于反洗钱的需要。比特币在美国被监管的事件,应引起我国相关部门的重视,比特币在中国也不能走出监管的"圈"。下面介绍我国对比特币的首次表态。

2013年11月20日,我国相关监管部门就比特币进行了首次表态。

中国人民银行副行长易纲当日对媒体表示,从人民银行角度,近期不可能承认比特币的合法性。但他同时认为,比特币交易作为一种互联网上的买卖行为,普通民众拥有参与的自由。《通知》指出,首先,现阶段,各金融机构和支付机构不得以比特币为产品或服务定价,不得买卖或作为中央对手买卖比特币,不得承保与比特币相关的保险业务或将比特币纳入保险责任范围,不得直接或间接为客户提供其他与比特币相关的服务,包括:为客户提供比特币登记、交易、清算、结算等服务;接受比特币或以比特币作为支付结算工具;开展比特币与人民币及外币的兑换服务;开展比特币的储存、托管、抵押等业务;发行与比特币相关的金融产品;将比特币作为信托、基金等投资的投资标的等。

其次，要加强对比特币互联网站的管理。依据《中华人民共和国电信条例》和《互联网信息服务管理办法》，提供比特币登记、交易等服务的互联网站应当在电信管理机构备案。电信管理机构根据相关管理部门的认定和处罚意见，依法对违法比特币互联网站予以关闭。

再次，防范比特币可能产生的洗钱风险。中国人民银行各分支机构应当将在辖区内依法设立并提供比特币登记、交易等服务的机构纳入反洗钱监管，督促其加强反洗钱监测。提供比特币登记、交易等服务的互联网站应切实履行反洗钱义务，对用户身份进行识别，要求用户使用实名注册，登记姓名、身份证号码等信息。

最后，加强对社会公众货币知识的教育及投资风险提示。各部门和金融机构、支付机构在日常工作中应当正确使用货币概念，注重加强对社会公众货币知识的教育，将正确认识货币、正确看待虚拟商品和虚拟货币、理性投资、合理控制投资风险、维护自身财产安全等观念纳入金融知识普及活动的内容，引导社会公众树立正确的货币观念和投资理念。

综观上述问题，比特币的前景很难让人看清楚，不乏有人认为比特币是资产"泡沫"。

第九章　网络知识产权保护

知识产权是指权利所有人对其创造的智力成果所特有的权利，一般都有一定的期限。智力成果包括发明创造、文学艺术作品等，以及在商业中使用的图像、名称、标志等外观设计。知识产权主要分为商标权、专利权、著作权等。随着互联网技术的迅速发展，各种有意无意地网络知识侵权行为引起了人们对网络知识产权的广泛关注。网络知识产权是由网络发展所引起的与网络相关的各种知识产权，除传统的知识产权内涵外，网络知识产权还包括计算机软件、多媒体、数据库、网络域名、电子版权及数字化作品等。由于网络资源的特点，如信息量大、种类繁多、更新时间短、开放性强等特点，相对于传统的知识产权，网络知识产权也具有其特点。目前网络知识产权的保护体系还不完善，相关法律法规不健全以及网络技术的制约给网络知识产权的保护带来了前所未有的挑战。

第一节　网络知识产权存在的问题

一、网络音乐的版权问题

北京市版权局副局长王野霏 2015 年 1 月 29 日在中国网络正版音乐促进联盟成立大会上指出：决不允许网络音乐版权的乱象长期存在，版权行政部门将加强市场监管，为正版音乐的发展营造良好的市场环境和法律环境。同时指出中国音乐市场的发展潜力巨大，音乐版权的规范化管理不到位打击了音乐创作人的积极性，从而阻碍了中国音乐产业的良好发展。经过此次大会，我们可以看出音乐版权问题的严重程度以及相关部门治理网络音乐版权乱象的信心。

网络音乐版权保护问题的长期存在以及治理难度较大使当前网络音乐行业面临巨大的挑战。这个问题不仅困扰着音乐版权所有者和唱片公司，也使音乐产业界人士感觉前途渺茫，网络音乐产业链也受到很大影响。在当今网络化的世界中，市场尚不规范，法制并不健全，使得在网络上下载音乐仍然是大行其道，尤其是各大搜索引擎更是为网友们寻找 MP3 提供了最大的便利，人们在享受方便快捷的同时淡忘了原本应该遵循的版权规则。

在互联网尚不发达的旧媒体时代，音乐版权所有者和音乐制造商可以通过市场调和弱化或解决版权问题,但在网络发达的新媒体时代,信息的获取方便、快捷、高质量,如果没有完善和强有力的法律对应,就无法解决网络版权的问题。所以在新媒体时代下有关网络版权侵权的案例日益增加,侵犯版权事件层出不穷。人们在办理相关案件时发现,旧媒体时代的有关法令法规在新媒体时代下存在漏洞,如果不及时改善和制订符合新媒体技术环境下的音乐版权法,会直接影响数字音乐产业发展。

下面是一些比较典型的案例:

案例	区域	版权问题点	法院判决
Napster事件 美国联邦地法院 (2001.2.12)	美国	Central distribution/P2P（对等网络）版权问题	1999年,RIAA(美国唱片工业协会)以P2P侵犯知识产权为由将Napster告上了法庭。法院判决,把音乐作品改为MP3格式,在网上上传或下载是侵犯著作权
BonnevilleInt'l Corpv. Peters153F. Supp. 2d563（E. D. a. Aug. 1, 2001）	美国	The right of digital perform-ance of sound recording 电台 Webcaster 播放版权问题	Bonneville International Corporation 2001年和NAB为音像数字演出权向法院上诉知识产权厅。法院判决,电台获得数字播放权的代价是支付数百万美元
STARDigio事件 平城10〔7〕第19566号事件	日本	数码电台版权问题	1998年日本音像公司联盟上诉,要求"第一兴商"禁止播放Communication Satellite数字音乐节目。原因是"第一兴商"使用STARDigio播放器把音像公司联盟的作品在网上储存、编辑并播放。法院否决音像公司联盟的上诉
Bugsmusic事件 水源地方法院城南分院	韩国	播放问题	2002年,韩国唱片公司联盟以更换格式非法复制传播、侵犯知识产权为由将bugsmusic告到了韩国水源地方法院。Bugsmusic反驳:其提供的服务性质与电台相似,符合著作权法。法院判决,bugsmusic性质不同于著作权法规定的电台播放的特性,为此bugsmusic不能被视为播放行业

网络音乐盗版得以盛行主要是因为当今社会有其盛行的土壤。网络音乐侵权盗版事件从另一个方面说明了盗版在音乐推广中的作用。中国著作权协会理事、著名音乐人苏越表示："尽管近些年来唱片业遭受很大的损失是因为盗版，但从推广的意义上讲，越多人喜欢、越多人听，音乐的目的才能达到。"同时，苏越认为打击盗版是整个唱片工业的难题，也是维护版权人合法权益的必经之路。

从以上网络音乐相关版权问题来看，笔者认为当今社会音乐版权的保护应从以下三个方面进行思考。

一是人们对知识产权的法律认知问题。人们对知识产权的法律认识不到位，很容易有意无意地产生知识产权的侵犯问题，以及对自己拥有的知识产权保护不到位的问题。因对此问题一方面应完善网络知识产权相关立法，另一方面应加强相关法律宣传，尽可能普及相关法律知识。关于网络信息下载的相关法制问题，全国已经实施的《信息网络传播权保护条例》对相关问题进行了明确规定。其中第5条明确指出，未经权利人许可，任何组织或者个人不得进行下列行为：

（一）故意删除或者改变通过信息网络向公众提供的作品、表演、录音录像制品的权利管理电子信息，但由于技术上的原因无法避免删除或者改变的除外；

（二）通过信息网络向公众提供明知或者应知未经权利人许可被删除或者改变权利管理电子信息的作品、表演、录音录像制品。

二是对网络音乐规范管理的问题。网络音乐规范管理也存在一些不同的情况。首先，网络传播音乐是一部分网络音乐原创网友的主要渠道。因为网络音乐基本上是免费的，因而它能起到巨大的推广作用，现在许多歌手更是由网络歌曲而成名，而这部分歌曲是不存在版权问题的。其次，一些原创音乐，在推广时期也需要网络进行推广，这部分音乐虽存在版权利益，但在推广时却不存在版权问题。所以不能因为网络音乐的传播难以控制和版权问题就全盘否定它的存在价值。此外，网络音乐还有更多复杂的情况。例如：有人买了CD，将其上传到网络，使之成为网络免费音乐，而这张CD的音乐是有版权的；有些音乐发烧友本着共享的精神上传他们买的原版音乐，可是人们听后没有履行12小时之后删除的原则，甚至以其牟利。以上各种行为，都为网络音乐的保护增加了难度。针对此问题，笔者认为面对网络信息的多样性和传播渠道的复杂性，网络音乐的版权保护更应具体问题具体分析，在区分音乐传播的方式和性质的基础之上相应提出管理的具体措施。

三是音乐商业模式的创新问题。网络音乐的版权问题层出不穷也从另一个层面上表现出了正版音乐商业模式运营的局限。正版音乐相对于其他非正规渠道的音乐在获取的方式、便利性等方面都存在局限，这也限制了正版音乐的传播。因此，音乐的商业模式创新也应着手推进。在音乐商业模式的创新过程中应保证以下三点：第一，保证权利所有人能得到应有的回报；第二，保证产业链经营主体都有机会获利；第三，也是最根本的一点，保证用户便利地获得好听的音乐。

二、"私服、外挂"的问题

私服是指没有获得网络游戏所有权人的许可或授权而私自运营的服务器，它实质上属于网络盗版，私服的存在分流了网络游戏运营商的利润，给网游产业的良好发展带来了危害。外挂是一种网络游戏作弊程序，是外挂者利用自己的电脑技术改变网络游戏的部分程序制作而成的。私服、外挂本质上属于网络知识侵权行为，其存在和不断蔓延不仅使网游运营厂商蒙受经济上的损失，从长期来看会损害整个网游产业链的利益。

"90后"在校大学生伙同他人开设网络游戏私服，冒名在网上支付平台开设账户收取玩家钱款，一年多时间非法获利近200万元，对久游公司造成直接经济损失900余万元。近日，徐汇区人民检察院以涉嫌侵犯著作权罪，将犯罪嫌疑人张明（化名）批准逮捕。

犯罪嫌疑人张明，像其他的"90后"一样，很喜欢玩游戏且喜欢钻研游戏。2006年，还在读大学的张明，在玩网游时认识了广州某网吧网管李定国（化名，在逃）、北京网络公司工作人员刘春（化名，在逃）。经刘春提议，三人决定开设网络游戏私服赚钱，最后选定了当时很火的网游《劲舞团》。首先由张明注册网络域名用于设置私服游戏的网站主页。电脑技术好的李定国则从境外某网络论坛上下载一个英文版《劲舞团》游戏服务器端程序，再偷偷架设到刘春工作的网络公司服务器上，予以调试。

私服架设好以后，三人在网上各论坛发布广告，公布他们注册的网站名，自称运营私服，并留下自己的QQ号用于联络，在腾讯网"财旺通"等网上支付平台开设账号用于收钱。网络玩家联络上他们以后，只要通过"财旺通"等网上交易平台、网上付款系统付相应款项，就可以获得用户名和密码，进入这个网站玩网游《劲舞团》。

三人分工非常明确，李定国负责私服架设和数据库维护，刘春负责服务器的日常维护和安全。张明则负责该私服论坛、解答玩家问题。案发后一年多时间内，三人累计经营收入近200万元。去掉网络支付平台抽取的30%的佣金，三人约获利140万元。其中张明一人获利40万元，他自己也很吃惊，案发后，直呼"没想到这么短的时间能赚到那么多钱"。

2008年6月，上海久游公司技术部门发现有不法分子在网上架设私服招揽玩家，并通过网络支付平台收取玩家钱款，侵犯了该公司知识产权，对该公司造成直接经济损失计人民币900余万元，于是报案。侦查部门经技术手段锁定犯罪嫌疑人张明，于2009年2月17日，将其从武汉抓获。

从上述案例可以看出，私服害人害己，但在现今的网游世界中，私服外挂的问题仍层出不穷。例如，2009年"魔兽"停服时期，各类私服如雨后春笋般出现，直接影响了互联网的秩序。私服、外挂不仅侵犯了游戏软件著作权人的权利，还损害了游戏运营商的利益，危害信息网络安全，如任其不断蔓延，整个网络产业的正常发展将会受到威胁。根据当今网游现状，将私服、外挂危害总结如下。

1. 对游戏正常运营的干扰和破坏

（1）破坏网络游戏平衡，导致用户流失。虽然网络游戏只是一个虚拟的社会概念，但其游戏的参数设置也要合理。"外挂"的侵入破坏了原有游戏参数的平衡，使"外挂"使用者可以迅速达到正常用户运行很长时间才能达到的游戏等级，损害了游戏的娱乐性，缩短游戏的寿命不仅导致这部分用户在线时间缩短，同时这些不平衡还严重干扰其他玩家的正常游戏，导致大批游戏用户离开游戏并造成一定的精神和财产损失。

（2）游戏用户追求的就是升级和刺激，"外挂"能使用户走捷径，对不少用户有很大的吸引力。甚至在最初时，游戏运营商对此也持"默认"的态度，尤其在单机版游戏时代，更是如此。但游戏进入网络版时代后，情况发生了变化。因为对于单机版游戏，厂商赚取的是单机版游戏安装软件的价格，用户购买单机版游戏的安装软件后，厂商该得的利润已经得到，用户再怎么修改软件都与厂商盈利无关。而网络版游戏则不同，用户的客户软件一般由厂商赠送，厂商的利润产生于用户的在线时间。而"外挂"由于具备前述功能，会影响游戏进程，缩短游戏时间，进而影响网络游戏软件厂商的利益。不仅如此，"外挂"的出现还侵犯了正版软件著作权人的著作权。

2. 对信息网络安全的破坏

（1）对用户的直接损害。一些"外挂"的质量低劣，用户缺乏判断能力而以高价购买，结果得不到其宣传的结果，继而使网络用户对网络安全产生不信任。

（2）对网络安全的影响。非法外挂得不到任何审批和安全保证，"外挂"软件制作者在"外挂"软件中往往还安装病毒程序，使用这种"外挂"后，会自动盗取用户的计算机资料。

3. "外挂"衍生其他纠纷

少数"外挂"程序含有木马程序代码,专门渗入游戏服务器,修改属性,改变数据,盗取用户的账号和密码,近几年已经出现了不少盗取他人账号及"抢劫"他人虚拟财产的纠纷。

三、博客知识产权问题

1. 个人的博客著作权侵权行为

许多人在博客中上传自己原创的文章,与网民们共享交流。这些上传的文章中也有很多优秀的、受到广大网民欢迎的作品,有些人便把这些博客中较为优秀的作品收集起来,再加以分类整理,形成一个相当于优秀作品集的数据库与网民们共同分享。从信息传播的角度来看,这是一种积极的行为,不仅为广大网民提供了方便,也使这些作品不会因为无人知晓而被埋没,这时,这些作品收集者充当了信息传播者的角色。但从网络知识产权的角度来看,这种行为很容易侵犯博客原创者的著作权。我国《著作权法》明确指出,著作权作为一种私有财产,持有人拥有完整地占有、使用和处分的权利。除了作品持有人之外,其他人不能享有完整地占有、使用或者处分的权利。这种解释在互联网日益发达的今天同样适用于网络上的各种侵权行为。这种通过信息网络向公众提供作品而没有取得权利人许可的做法,显然侵犯了著作权人的合法权利。

2. 网站的博客著作权侵权行为

2009年8月2日,于某在以其名字命名的搜狐博客上发表文章《如何突破难度与稳定的瓶颈,继续领跑世界跳坛》(下称《如》文)。《如》文引用了《西方理念是科学,东方思想是宗教》(下称《西》文)的整段内容,但并未以任何形式注明引文的作者和出处,也未经作者同意,更不用说支付报酬。《西》文于2009年6月17日发表在"西北风的空间——搜狐博客"上。于某曾多次访问该博客,并对《西》文进行评论。

不久,于某接到法院寄至的诉状,《西》文的作者李某要求于某停止侵权、赔礼道歉、赔偿损失。原来,李某发现自己的文章被大段引用,即请公证机关就相关内容进行了公证,收集、保全了相关证据。后将于某告上法庭,请求法院判令于某停止侵权、赔礼道歉,并赔偿经济损失及维权费用7000余元。

于某认为，博客中的文章没有著作权，李某也不能证明自己就是博客文章《西》文的作者，其起诉不能成立。但法院审理认为，李某通过用户名和密码可以登录"西北风的空间——搜狐博客"，且该博客中显示有李某的照片。于某虽然辩称李某并非该博客的主人，但并没有提供充分的证据。故法院没有采信于某的辩解，而是认定李某就是博客《西》文的作者，认为博客作品也具有著作权，据此做出上述判决。

像上述案例中的于某一样，很多人认为，博客中的文章没有著作权。但《著作权法》第三条规定，文字作品享有著作权。博客虽然是非纸质文章，但其仍属于文字作品，与著作权法中的其他作品本质上是一样的，只是载体形式不同。同时《著作权法》第十条规定，著作权人享有署名权、信息网络传播权等多项权利。署名权即表明作者身份，在作品上署名的权利；信息网络传播权，即以有线或者无线方式向公众提供作品，使公众可以在其个人选定的时间和地点获得作品的权利。著作权人可以转让或者许可他人行使上述权利，并依照约定或者法律规定获得报酬。但在本案中于某未经许可，没有署名而引用李某的博客文章，侵犯了李某的署名权、信息网络传播权。因此法院判决于某承担相应责任是正确的。

关于本案，张城源（2010）认为，同个人的侵权行为相比，网站的侵权行为更加复杂。互联网不是免费的、超越法律之外的，它是现有的法律和法规在互联网和博客中的细化，如果大家都不遵守这个游戏规则，博客这个领域是发展不起来的。因此，除非博客作者声明本人作品可以任意转载，否则，应该视为博客作者没有授权任何人转载其博客作品。但现在某些网站对博客文章的转载已然成为一种商业行为，依照我国《信息网络传播保护条例》第十九条规定："通过信息网络提供他人的作品、表演、录音录像制品，获得经济利益的，由著作权行政管理部门予以警告，没收违法所得，没收主要用于避开、破坏技术措施的装置或者部件；情节严重的，可以没收主要用于提供网络服务的计算机等设备，并可处以10万元以下的罚款；构成犯罪的，依法追究刑事责任。"对此，有关司法部门应加大执法力度，依法维护作者著作权，对网站的侵权行为依法给予严惩。

根据以上案例的陈述与分析，本书将网络微博的著作权保护措施总结如下：

第一，完善著作权保护的相关法律法规。我国现有的著作权法第三条明确规定："本法所称的作品，包括以下列形式创作的文学、艺术和自然科学、社会科学、工程技术等作品：（一）文字作品；（二）口述作品；（三）音乐、戏剧、曲艺、舞蹈、杂技艺术作品；（四）美术、建筑作品；（五）摄影作品；（六）电影作品和以类似摄制电影的方法创作的作品；（七）工程设计图、产品设计图、地图、示意图等图形作品和模型作品；（八）计算机软件；（九）法律、行政法规规定的其他作品。"可见，著作权法保护的作品形式多样，并不限于纸质作品，以网络为载体的博客同样也应受著作权法的保护。但由于著作权法没有明确指出网络微博著作的保护问题，然而在网络日益发达的今天，网络博客的著作也成为知识创作传播的重要途径，因此加强网络立法、完善相关法律法规变得越来越有必要。

第二，加强版权保护的宣传力度，一方面能够唤起著作权人的维权意识，另一方面也能够给侵权方以警告。对于网络上的侵权行为，很多版权所有人对其认识不足，从而放弃了其拥有的著作权，这种现象也助长了博客侵权的行为，因此，人人都应该加强著作权的保护意识。

第二节　知识产权保护现状与治理

一、国外知识产权保护

在知识经济日益发达的今天，创新成了国际竞争中最重要的因素之一。知识产权保护制度为激励和运用创新、实现创新的价值提供了载体和有力的保障。从近现代世界社会和经济的发展可以看出，知识产权健全与完善的国家也是知识进步与经济繁荣的国家。

美国作为世界上"科技领先型国家"，对知识产权的法律保护由来已久。1994年12月8日美国政府制定了《乌拉圭回合协议法》，对知识产权法律做了进一步的修改和完善。除司法保护，美国还利用行政程序和仲裁制度保护网络知识产权。美国在不断提高知识产权保护水平的同时，也对知识产权的保护范围不断扩展。20世纪80年代后，美国知识产权制度做出了巨大调整，在国内建立了促进知识经济发展、科学技术创新的政策体系，更加注重政策体系中知识产权的规制和导向作用。正是由于美国知识产权保护的不断改进和有效实施，美国得以形成品牌大国、版权大国和专利大国。

"二战"以后，日本能在短短几十年的时间内迅速崛起，这与日本政府重视知识产权体系的建设和科学管理有着很大的关系。作为"技术赶超型国家"的日本曾提出"教育立国""贸易立国""科技立国"，日本逐渐认识到了知识的重要性，进而提出了"知识产权立国"，从而制定了《知识产权战略大纲》，出台了相关基本法，在网络知识产权保护方面也建立强大的知识产权侵权应对机制，加大执法力度，对网络侵权行为严厉打击和取缔，同时完善立法和各项保护制度，有力地打击了知识产权的侵权行为。

欧洲是世界知识产权保护的发源地，自20世纪70年代起，伴随着欧洲国际商品贸易的不断扩大和知识产权国际市场的形成与发展，欧洲各国的知识产权保护出现了一体化的趋势。今天，欧盟若干知识产权法规的制定已经形成一个统一的"欧洲"权利制度，保护知识产权领域的协调和统一已经达到一个相当高的水平。

印度运用多种手段相结合来保护知识产权，使用司法保护、行政保护和民间保护三方面配合和互动，成为印度保护知识产权的特色方式。

对于信息网络发达环境中的知识产权保护问题，许多国家、地区和有关组织也都采取了相应的措施和手段。如世界贸易组织通过了《与贸易有关的知识产权协议》；世界知识产权组织制定了《版权条约》和《录音制品条约》；美国1998年通过了《数字千年著作权法》；欧盟颁布了《信息社会版权指令》。我国也在把握时机，立足本国国情并努力与国际接轨，为越来越繁荣的网络知识产权的发展提供有力的法律保障。我国于2001年修改了《著作权法》。2005年，在首次发布的《知识产权保护白皮书》中，提出建设"创新国家"，将打击侵权盗版的剑锋直戳网络领域。2006年，国务院出台了《信息网络传播权保护条例》，并且承诺在条件成熟时加入《世界知识产权组织版权条约》和《世界知识产权组织表演和录音制品条约》，党的十七大报告将"提高自主创新能力，建设创新型国家"作为"促进国民经济又好又快发展"的首要措施，明确提出"实施知识产权战略"。这些信息都表明我国想要加大知识产权保护力度的决心。

二、我国网游知识产权的保护

我国相关部门曾先后制定了一些规章，如《互联网信息管理办法》《互联网游戏出版管理办法》等，用来规范我国网络游戏市场，这些规定对我国网络游戏市场的规范化起到了一定的积极作用。但随着网络游戏的迅速发展，实践中的诉讼和纠纷也在不断增加，却缺少一部特定的法律来进行审判，无法可依的现象时有发生，网络游戏进一步法制化管理势在必行。王寅（2010）认为根据网络游戏市场的特性和内容，应当从以下四个方面进行规范。

第一，网络游戏的市场准入需要法律规范。目前的法规规章主要集中于对网络游戏产品的内容和市场准入的规范，其中比较重要的就是文化部出台的《关于网络游戏产品内容审查工作的通知》。它要求对网络游戏产品把好入口关，对网络游戏产品的贸易协议、运行代理协议、原始版权证书和版权授权书都要进行审查，甚至包括游戏中的文化内容都要进行实质性的审查。但是，在加强审批的同时，还应与监管联系起来，持续作用于游戏的上市与运营。

第二，提供网络游戏服务的公共场所需要法律规范。网吧是提供网络游戏服务的主要场所，而目前国内对网吧的管理却十分落后而且低效，这主要是陈旧的监管理念所致。一方面没有从消费需求、行业成长的战略高度来进行定位监管，而是一味只从弊端出发；另一方面是缺少科学而不流于形式的监管手段。在对网吧等网络游戏服务场所监管的过程中，由于监管不当而导致了整个产业的低迷，既耗费了人力物力财力，又阻碍了产业的发展。因此，只有为之立法并严格执行，才能使产业兴旺。

第三，打击"私服"和"外挂"需要法律规范。"私服""外挂"属于网络盗版的一种，是侵害著作权的行为。在国家的联合行动中明确了"私服"行为是一种违法行为，是属于一种非法互联网的出版活动，应该依法严厉打击。可见，要想确保我国网络游戏产业的健康发展，需要用法律的武器来铲除这两颗毒瘤。

第四，保护网络游戏虚拟财产需要法律规范。法律是根据物的自然属性上升为法律属性的，如果没有社会关系也就没有法律关系。虚拟财物是网络游戏环境下的财产和物品，即虚拟环境下的财产和物品，并不是我们现实生活中的财产和物品。虚拟环境中的物品虽然称为物品，但它没有物的自然属性，也就没有法律属性。而游戏和游戏中的各种功能都是运营商提供服务的一部分，实际上是一种服务提供者和消费者的法律关系，这种交易行为，应当受到法律的保护。

因此，不论是对现有的法律进行扩充，还是为了网络游戏产业单独立法，只有加快网络游戏的法制化管理，才能保证网络游戏市场的健康发展，为人们提供健康的休闲娱乐享受。

2012年7月25日，新闻出版总署副署长孙寿山在上海举办的中国国际数码互动娱乐产业高峰论坛上表示，实现网络游戏的良好发展还须做出以下努力。

一是完善政策法规，下发《关于加强对进口网络游戏审批管理的通知》《关于贯彻落实国务院〈三定规定〉和中央编办有关解释，进一步加强网络游戏前置和进口网络游戏审批管理的通知》。这两个文件完善了总署作为网络游戏唯一的潜质审批和进口深审批的职责和相关的管理要求。

二是严厉查处违规行为。2011年到2012年，先后6次集中组织力量对未经审批擅自运营和存在低俗内容的133款网络游戏进行了处罚。取缔了手机游戏140多款，共查出违规网站256家，其中关闭网站29家。

三是切实保护未成年人的健康成长，全面实施网络游戏防沉迷系统，重点加强对网游企业实施情况的动态监督评测。

四是加大知识产权保护力度。该高峰论坛会议指出，新闻出版总署和国家版权局先后为9起外挂案件进行了鉴定，并将有关案件列为重大案件督察督办，有力打击了不法分子的嚣张气焰。

从游戏企业出版内容层面看，一些未经审批或备案的网络游戏擅自上网运营，非法出版的问题依然严重。一些网络游戏企业在运营中自行添加不健康内容，有的甚至是严令禁止的违规内容。一些企业无视网络游戏沉迷问题，严重影响了未成年人的健康成长。还有一些企业在游戏中采取不正当手段，圈钱吸金，社会反响恶劣。一些外资以不正当方式介入网络运营的问题也不容忽视。这些问题的存在扰乱并制约了网络游戏的正常发展，有的甚至激发了社会矛盾，成为影响社会和谐的不良因素。

此次峰会上，孙寿山还指出，当前和今后一个时期，中国网络游戏产业发展将进入承前启后的调整阶段。中国网游产业在经历了十年的高速发展后，提高了创造能力，积累了产业资本。但同时也面临竞争加剧和产品质量不高、精品力作匮乏的问题。重新调整发展模式和发展策略已经成为产业有志之士的共识。调整是为了思考我们发展的思路，为发展奠定更加坚实的基础。在以后的发展中要做好以下几个方面的工作：

一是落实中央要求，做好网络游戏审批管理工作。十年来，新闻出版总署先后制定出台了一系列法规制度和管理措施，为网络游戏产业监管水平的提高和产业环境的优化做了不懈的努力。

二是采取切实措施，解决网络游戏沉迷问题。在相关政府管理部门、游戏企业和社会各界人士的共同推动下，网络游戏防沉迷系统实施几年里已经取得了广大的反响。为进一步落实保护未成年人身心健康，要不间断地实施网络游戏防沉迷系统的措施。

三是保护知识产权，严厉打击侵权盗版活动。会议指出网络游戏"私服""外挂"是严重的侵权盗版行为，是制约中国网络游戏产业健康发展的毒瘤，要把侵权盗版纳入整治范围，查处一批网络侵权盗版案件，关闭一批网站，处理一批不法人员。

四是鼓励自主创新，积极实施"走出去"战略。继续进一步推动我们自主网络游戏的发展壮大，提升我们国际竞争的能力，我们将启动中国原创网络游戏海外开展计划，鼓励和扶持民族网络游戏加快"走出去"的步伐。同时，进一步扩大中国游戏市场的开放程度，欢迎并鼓励国外企业到中国从事各类游戏的研发和技术服务。

三、我国网络著作权的保护

对于我国网络著作权存在的问题及解决措施，诸多学者都进行了深入的研究，本文将诸位学者及业内人士的研究结论整理如下。

通过对我国网络著作权现状及保护措施的研究，中国法律咨询网总结得出了以下相关结论。

1. 网络侵犯传统媒体作品著作权的财产权的行为

网络侵犯传统媒体作品著作权的财产权的行为，即复制、表演、发行、翻译、注释等方式使用作品并由此获得报酬的行为，以及许可他人以上述方式使用作品，并由此获得报酬的行为。

我国《著作权法》第二十二条规定，除了有些复制（供用户浏览、学习、研究等十二项）不需要著作权人的授权外，复制作品必须取得著作权人的授权，否则视为对版权人的侵权。网络环境下的知识产权侵权是传统的知识产权侵权行为在网络媒介中的延伸。近年来网络环境下的著作权案件屡有发生，而许多著作权人由于法律意识淡薄，在自己的正当权益受到侵害时，自己还全然不知，少数有识之士则拿起了法律武器为自己讨回公道。

2. 非著作权人侵犯网络作品人的著作权中的人身权之一——署名权

在网上发表的作品与在报纸上发表的作品相比，只不过是传播的载体不同，前者是以报纸这种传统的纸质媒体传播，后者则是以网络这种新型媒体传播，二者在本质上是一致的。从网上"下载"网络作品，与摘登其他报纸的作品一样，应视为"转载"，应依照《著作权法》第三十二条规定，对著作权人的合法权利予以保护。据了解，不少报纸都在无偿使用网上作品，而且经常不署原作者的姓名。例如1999年9月17日，南京地区的一家报纸就在文化娱乐版上，以"老谋子缅怀黑泽明"为题，登载了一篇电影导演张艺谋纪念日本电影大师黑泽明的一篇文章。该文章的作者是张艺谋，其最初发表的纸质媒体是美国《时代》周刊。但该报登载时却署名"辛浪"。且不论该报是否给张艺谋寄了稿费，单从署名来看，就已经侵犯了作者的署名权。

3. 侵犯网页著作权的行为是网络对网络的侵权行为

这类侵权行为更多地表现为对其他网站的信息资源著作权的侵犯，这种侵权行为因为技术上的便利而十分常见，成为侵犯网络作品著作权行为的主要部分。特别是有些商业站点，缺乏信息资源，未经授权大量摘抄新闻媒体的网络版信息，这种行为已引起了许多网络媒体的关注。1999年4月中旬，由新华社、人民日报社、中央电视台、中国青年报社牵头，国内23家有影响的网上媒体首次相聚北京,通过了《中国新闻界网络媒体公约》,呼吁网上媒体应充分尊重相互之间的信息产权和知识产权;呼吁全社会尊重网上的信息产权和知识产权,坚决反对和抵制任何相关的侵权行为;各公约单位郑重约定,凡不属于此公约的其他网站,如须引用公约单位的信息,应经过授权,并支付相应费用,使用时,或注明出处,或建立链接;各网络媒体无论规格高低、实力大小,实行产权面前人人平等。

4. 非著作权人擅自对网络作品进行下载、转载

网络作为一种大众传媒手段,有资源共享的权利,但是这种权利是有前提条件的。如在网站上发表的署真名实姓的政论、时评、理论文章等作品,是作者本人的劳动创造,其发表、转载的权利应该归作者所有,但是实际情况是一旦作品发表,一些网站、媒体就会不顾原发作品网站的公告、告诫,无视作者的著作权随意转载,造成侵权。其主要表现为:一是未经授权便转载、使用作品;有的作品在一个网站发表后,随后就会被几家或多家网站、报纸等媒体转载、发表,不通知原作者,使原作者没有知情权,更谈不上对作品拥有财产权;二是不支付相应的稿酬。对不付稿酬的网站,作者给其投稿是自愿的一种约定。但是一些支付稿酬的网站,只付给往其网站投稿的作者的稿酬,对其转载的作品不支付稿酬,使作者的劳动创造得不到应有的回报;三是有的作品时常被乱转乱用,甚至剽窃,一般网站都有一个约定俗成的规定,就是转载作品时必须注明原文出处,但是往往一篇作品在一家网站发表后,随后就会被多家网站转载,出处乱注,有的还不注明出处;有的人还急功近利,公然剽窃作者作品,甚至有的连题目都不改便换掉作者的名字,公然发表在网站上(不是各网站的论坛)或发表在报纸等媒体上,这严重侵犯了作者的著作权。

北京大器律师事务所律师刘玥在谷歌数字图书馆案件发生之后表示,目前数字版权保护在我国并无专门的立法,主要还是依据《著作权法》《信息网络传播权保护条例》等法律法规对著作权进行保护。但客观来说,目前对于网络著作权的保护,只是传统著作权保护的一个延伸而已。随着网络技术的发展,著作权的传播方式也出现了新的途径。网络传播的便利性、快捷性、广泛性、交互性和传统的传播方式相比几乎是颠覆性的一种革新。网络既是一种传播平台,也是一种传播技术和手段。传播介质的不同,注定网络著作权和传统的著作权法会发生冲突。对于对造成的冲突,刘玥认为其根本原因是上述的新技术和传播方式的出现,且发展过于迅猛,摧毁了原有利益者的价值基础,同时新的维权机制又没有构建成。因此在短时间内,市场还将处于一个混乱时期。

同时，北京印刷学院的张文红教授认为，在谷歌侵权案背后，不光暴露出中国对于数字版权保护的政策缺失，更凸显了全球数字版权保护方面的不协调与隔阂。"目前，全世界各国对数字版权保护方面制定的相关法律大不相同，而此次的案件也就凸显美国和中国在数字版权保护方面的不协调。谷歌打着美国通过的数字版权保护法旗帜在对全球的图书进行数字化收集、整理。而这无疑是侵犯了其他国家的图书数字版权。"张文红表示，在国内，近两年不仅仅是谷歌案暴露出我国数字版权保护的不规范，可以说，我国在保护数字版权方面的力度还是不够，每次出现侵权案时仅依靠现有的政策法规被动地去应对，这显然不能从根本上解决问题，数字出版版权保护，需要政府考虑到产业整体的发展，进行有效论证，关键是我国的数字出版保护要具有前瞻性，更要站到世界的前面去考虑数字版权保护，才能有效保护我国国内的数字出版物。此外，在法律的完善过程中应当考虑到每个人对数字版权的不同需求。谷歌数字图书馆有传播人类文明的初衷，也有些作家为了传播文化，期望谷歌能传播他的作品，而有些又是希望付费的。因此，在今后的法律、法规制定过程中，政府应当充分考虑到双方的需求。

四、我国知识产权保护治理建议

网络知识产权保护相对于传统的知识产权保护有更大的难度，在制定保护措施时也应从互联网的大环境中来考虑。首先，互联网的发展将整个世界越来越紧密地连接在一起，知识产权保护策略的制定也应该从全球知识产权保护的角度进行考虑，在关注中国相关问题现状的同时也要借鉴国外的成功经验；其次，构筑网络知识产权保护体系，法律、技术和道德手段是相互配合、相互联系、相互作用、不可分割的。只有协调发挥法律的绝对权威和根本作用，技术手段的有力保证作用，并辅助道德手段的预防和自律作用，才能构建一个功能完善的网络产权保护体系。需要指出的是，保护网络知识产权，最根本的手段是法律。要做到有法可依，必须完善相关法律法规。要扩大知识产权法保护范围，制定网络保护法规，尽快建立有关信息上网的审核制度、保密审查措施，尤其是对侵权行为的确认、取证等都要做出详细可操作性的规定。网络知识产权的保护是一项系统工程，涉及知识产权立法、行政处理、司法保护、社会保护等方面，需要应用法律、技术和道德等多种手段加以保护。同时在知识产权方面我们可以采取知识产权合作的方式，将运营商与内容提供商结合起来。最后，要保证在制定和实施具体治理方略的同时，不影响广大人民的创作积极性，同时也要保证网络信息的流畅与易获得性，使广大网民能够更便利地获得更丰富的知识财富。

第十章　网络营销

网络营销是指基于互联网或者移动互联网平台，利用信息技术与软件工程满足商家与用户之间传递信息、交换产品、提供服务的过程，通过网络活动宣传和创造客户价值，并对客户与营销关系进行管理，以达到某种营销目的的新型营销活动。网络营销是以传统营销理论为基础，借助网络、通信或数字媒体技术实现营销目标的商务活动，是传统商业在信息化社会中的必然产物。

总的来说，网络营销的问题主要是不实信息对消费者带来的困扰。即在商家和消费者之间，网络营销存在两难问题。一方面，营销是商家让消费者了解和认识自己的过程，成功的交易会给商家和消费者带来双赢。另一方面，不精确的营销给消费者带来诸多的烦扰，降低了顾客的满意度。因此，如何通过信息技术和管理手段提高营销的精准度和用户友好是未来网络营销的发展方向。

网络营销的方式多种多样，主要包括搜索引擎营销、电子邮件营销、即时通信营销、病毒式营销、BBS营销、微博营销、微信营销等。不同的营销方式可能会带来不同的问题。本章以搜索引擎营销中的竞价排名和微博营销为例进行详细介绍。

第一节　竞价排名

一、竞价排名的概念

竞价排名是搜索引擎关键词广告的一种形式，按照付费最高者排名靠前的原则，对购买了同一关键词的网站或站点进行排名的一种方式。当前广泛应用于具有搜索引擎功能的互联网企业，如百度、淘宝等知名网站。

在搜索引擎营销中，竞价排名的特点和主要作用有：①按效果付费，费用相对较低；②出现在搜索结果页面，与用户检索内容高度相关，增加了推广的定位程度；③竞价结果出现在搜索结果靠前的位置，容易引起用户的关注和点击，因而效果比较显著；④搜索引擎自然搜索结果排名的推广效果是有限的，尤其对于自然排名效果不好的网站，采用竞价排名可以很好地弥补这种劣势；⑤企业可以自己控制点击价格和推广费用；⑥企业可以对用户点击情况进行统计分析。竞价排名，是一种按效果付费的网络推广方式，用少量的投入就可以给企业带来大量潜在客户，有效提升企业销售额和品牌知名度。

二、竞价排名的问题

近几年，百度的竞价排名问题受到了社会的广泛关注。媒体多次曝光了百度搜索引擎竞价排名引起的问题。例如，央视报道过一则令人震惊的新闻，百度竟成为假药售卖链上最大的受益方。一个在大众眼中具有公信力的中文搜索第一网站居然主动对制假行业伸出"扶植"之手。作为竞价排名被人诟病，其主要原因是让原先凭借网站影响力，按照某种规则或算法进行自动排名的相对公平的系统面临了挑战。金钱成为衡量事物的杠杆，忽略了社会影响及道德标准。

央视曝百度竞价排名所得利润中假药就占了七成。2010年武汉警方查抄了3个制售假药的窝点。其中，一家名为北京国际风湿骨病研究院网站上销售的"奥瑞希纳胶囊"（Orencia），被宣传成能彻底根除风湿骨病的"神药"，而且网站制作精美，有众多国际头衔的专家们参与了药品推介，并对许多成功病例进行了佐证。

2010年7月11日，央视《每周质量报告》曝光了犯罪嫌疑人制售假药的全过程：首先，犯罪嫌疑人购买假药配方，然后生产假药，再制作内容虚假的网站包装宣传假药，诱骗患者上当后明确购买意向；最后通过快递公司寄递假药到受害患者手里，并由快递公司回收假药销售款。

央视记者随后深入调查，发现搜索引擎服务商成为这些假药网站的"帮手"。武汉警方在破获假药网站后，据犯罪嫌疑人甘某交代，一个自称百度竞价排名业务员的人曾主动联系他们，在他们购买竞价排名后，可以预设若干个关键词，当网民通过关键词上百度搜索时，参加竞价排名的网站会出现在靠前的位置。甘某称，互联网用户每点击一次假药网站，网站须向百度公司支付12元左右的费用，费用越多，排名越靠前。甘某称，他们卖假药的总销售额为40多万元，其中竞价排名就花了约30万元。

据央视披露，在假药利益链中，百度竞价费用占到75%，销售人员分成13%，快递公司占7%，而制假方仅得到5%的利润。2008年11月15日和16日，中央电视台午间新闻栏目《新闻30分》连续播出百度竞价排名黑幕；2011年8月，中央电视台经济频道《经济与法》再次对百度竞价排名黑幕进行曝光。

同样的，关于竞价排名的问题不止于假药链接等，还有侵权方面的问题。下面是"百度案"和"Google案"案例问题分析。

百度案：即上海大众搬场公司诉百度商标侵权案。大众搬场公司对"大众"商标拥有专有权，但是网民在使用百度搜索其公司名称时，在搜索结果中百度所提供的其他搬场服务的链接包含不少冠以该公司名义或包含该公司商标的关键词。该公司遂向法院起诉，要求百度停止侵权、赔礼道歉、赔偿损失。2008年6月25日，上海大众交通、大众搬场公司诉百度一案一审结束。上海市第二中级人民法院正式裁定，百度提供的竞价排名和火爆地带等网络营销推广业务作为一项新的互联网技术，与传统的广告业务不同，因此百度不承担发布虚假和侵权广告的责任。同时法院还认为百度竞价排名并非广告，被告不构成直接侵权。但对于其他网站明显的侵权行为，百度未尽到合理的注意义务，主观上存在过错，客观上给原告造成了一定损失，法院最终裁定百度赔偿两原告5万元人民币。

谷歌案：谷歌案中原告对"绿岛风"享有商标权，由于Google在通过"绿岛风"这一关键词检索时，为存在市场竞争关系的企业——第三电器厂提供链接而引发诉讼。广州市白云区人民法院在2008年5月24日判定第三电器厂承担赔偿责任，但同时认为，谷歌搜索引擎商对第三电器厂的网络信息不具备编辑控制能力，对该网络信息的合法性没有监控义务，且在诉讼过程中已及时停止了对第三电器厂提供关键词广告服务，因此，谷歌不构成共同侵权。

根据骆以云、苏星星（2010）的分析，这两个案例有许多可研究的地方。例如，两个案例的相同点有：①搜索引擎商提供竞价排名服务；②被告将竞争对手商标作为关键词；③原告都将侵权第三方和搜索引擎同时作为被告，认为他们共同侵权；④没有明确共同适用的法律依据。不同之处在于判决结果在搜索引擎商是否构成共同侵权的问题上存在严重的分歧。

而引发争议的问题有：①商标作为关键词使用的合法性，竞价排名构成商标侵权的法律依据何在；②搜索引擎商是否对第三方网页内容的合法性具有监控义务；③竞价排名是否是一种广告行为；④搜索引擎商是否构成共同侵权。

有学者认为，在认定网络搜索引擎服务商主观过错方面应当适用"红旗标准"，即当网络系统中存有侵权材料，或被链接的材料侵权的事实已经像一面鲜艳的红旗在网络服务商面前公然飘扬，以至于处于相同情况下的"理性人"能够发现时，如果网络搜索引擎服务商采取"鸵鸟政策"，即像一头鸵鸟那样将头深深地埋入沙子之中，装作看不见侵权事实，则同样能够认定网络搜索引擎服务商至少"应当知晓"侵权材料的存在。"红旗标准"中采用的是"理性人"（reasonable person）标准。就是说，把行为人的行为与一个虚拟的标准的"理性人"的行为进行比较，进而认定行为人有无过失。

依据"红旗标准"，就上文提到的谷歌案而言，谷歌公司在"明知"链接内容侵权时，仍提供和保留链接构成"帮助侵权"，且谷歌公司在"应知"被链接内容侵权时继续提供链接也构成"帮助侵权"。这就意味着权利人向网络搜索引擎服务商发出通知并指明第三方网站中侵权文件的ULR地址，是证明网络搜索引擎服务商主观过错的途径之一，同时也可以根据"红旗标准"推定其"应知"被链接的内容侵权。

网络竞价排名问题不仅严重干扰了普通人浏览互联网的安全性、便捷性，从长远来看也不利于网络商业的良好发展，因此对该项业务的改革应该着手进行。

互联网分析师洪波指出，只要竞价排名仍然是百度的核心商业模式，它就永远摆脱不了层出不穷的质疑和曝光。2010年5月，《南方都市报》有文章指出，百度对未参与竞价排名的企业实施封锁策略，违反了最基本的媒体伦理和道德，这种人为的选择搜索结果，删除对竞价企业的有害信息，完全扭曲了信息世界的真实影像，向网民灌输的是百度设定的信息，切断了网民获取真实信息的可能性，是一种洗脑式的经营手法。相比较而言，谷歌是以全自动的搜索方法排除了人为因素对搜索结果的影响，不接受付费的竞价排名，亦不出售搜索结果中的排序位置，而是依照点击人气、质量等因素进行综合排列。投放在谷歌的广告只会出现在搜索页面的右边或者顶部的独立区域，并且用竖线、底色与其他的自然搜索结果明显地区别开来和加上"赞助商链接"的标识。另外，这些"广告"也不是纯粹根据广告主出价来排序，还会考虑到该广告对用户搜索词的相关度，不是出价最高就一定排在第一。

孙佳慧（2010）在《搜索引擎竞价排名间接侵害商标权问题认定》中指出竞价排名在信息服务中存在商标侵权的问题。但更多关于搜索引擎竞价排名的问题并没有被国内学者广泛关注和研究，其治理办法也模糊不清。

从一度成为社会关注焦点的百度毒奶粉和百度推广假药这两个案件来看，百度的竞价排名虽然没被法院判为广告也没有被判罪，但百度竞价排名的问题却是实实在在存在的。

刘佳（2008）认为百度竞价排名的关键问题在于：没有区分好基础业务和增

值业务的关系。搜索功能本应是一种基础服务,且不论搜索引擎服务方式是否付费,它本身都不应偏离用户快速、准确、方便查找信息的轨道,而不是让虚假、有害信息肆无忌惮地破坏网络检索信息的公正性、有序性。在搜索引擎初期,两者首先要区别开来,不能混为一谈。其实,如果想要盈利,搜索引擎完全可以换个方式,另辟蹊径。基础业务代表开放的搜索平台,增值业务可以是广告位,但一定要以特殊的记号标注上,给用户以明确的知情权。这就跟报纸和杂志一样,刊登的广告和新闻的内容在版面上有明显的区别,或标明广告或有不同的排版方式,以帮助读者在阅读时保持明辨。另外,谷歌的 adWords 也很有借鉴意义,它只会显示在搜索页面的右边或者顶部的独立区域,并且用竖线或底色与其他的自然搜索结果明显地区别开来,除此之外任何其他地方都不会出现广告,方便用户识别。

在经过百度毒奶粉和推广假药事件后,百度公司创始人、董事长兼首席执行官李彦宏接受了《中国企业家》的采访,他说:"有无数的人在质疑'竞价排名'的商业模式,其实客观来讲,'竞价排名'这个商业模式拯救了整个互联网产业。2000年,网络泡沫破灭,一大批的互联网公司倒闭了,后来互联网为什么又起来了?主要还是因为'竞价排名'这个商业模式的发现。Google 也好,雅虎也好,微软也好,美国前三大搜索引擎用的全都是类似的模式。然而这个模式在中国最近受到这么大的批评和质疑,我只能承认说,我们在运营上有疏漏,'竞价排名'这个商业模式也有很大的提升空间,但是商业模式本身不仅没有得到理解,而且简直跟毒奶粉画上了等号。"

与竞价排名相对立的是竞价除名问题。

受"竞价排名"启发,2008年百度与数家公关公司合作,删除搜索结果上一些广告合作伙伴的负面消息,陷入竞价除名丑闻。在网民披露的北京涛澜通略国际广告有限公司三鹿服务小组《三鹿集团公关解决方案建议》中被曝光三鹿集团曾打算用 300 万元广告投放换取删除该公司奶粉污染事件的负面新闻的丑闻。这封建议书在三鹿毒奶粉事件曝光后,广泛流传于网上。《21世纪经济报道》报道,该报曾对批评中国一家奶制品企业的一篇博客文章进行搜索,百度仅显示出了 11 条搜索结果,而谷歌的中文网站 Google.cn 显示出了 11 400 条。事发后百度公司发表声明,表示从未接受这种要求。

《南方都市报》于 2008 年 9 月 23 日报道:包括百度在内的多家国内主流网站也因对此次奶粉事件所牵涉一些企业的关键词不同寻常的处理,遭到很多网友的强烈质疑。2008 年 11 月 8 日,首次有文件证实,百度内部确实存在"公关保护"和"负面信息删除"服务。文件显示,"提高品牌信誉度正面舆论引导",以及危机公关中"在网页搜索中屏蔽链接"都被百度作为"增值服务"向客户推荐。该消息传出后引发业界一片哗然。

相对竞价排名问题,竞价除名问题更具隐蔽性,但其潜在的对信息公平和市场规则破坏力不可小觑,未来应该得到更多关注和治理。

三、治理建议

笔者认为搜索引擎最基本的功能还是应该呈现出最原始的未经加工过的信息,要本着公平、公正的原则对网站进行排名。竞价排名或竞价除名等企业经济行为的治理一是需要企业自我规范,二是需要政府主导的市场竞争和开放。

利用搜索引擎进行营销是一种新的商业模式,在中国还有很多人用网址大全去寻找商业平台网站的时候,搜索引擎营销的方式就慢慢地兴起了,越来越多的买家或卖家通过搜索引擎来寻找自己的需要。然而,互联网分析师吕伯望指出,冠以"推广"字样的竞价排名,其本质是搜索引擎关键词广告,属于网络广告的一种形式,应尽快纳入《广告法》的统一监管。以竞价排名作为核心盈利模式的搜索引擎公司需要自律,并尽快寻找和开发新的盈利渠道,以维护核心的用户价值。综观国内外各大搜索引擎,Google仍然是以其优秀的搜索算法、不被竞价排名所笼罩的口碑成为全世界最为出名的搜索引擎。Alexa公司靠流量监测为网站提供了一个客观的点击率排名,得到互联网行业的普遍认可。

由于网络的正反馈效应,再加上市场的管制,在搜索引擎领域存在明显的垄断现象。因此,靠有限的市场竞争和行业规范已经无法完全激励该行业的创新。如果企业不能够自律,该领域的发展将受到一定程度的阻碍。笔者希望国内具有搜索引擎的公司在追求利润和品牌长效的权衡下,不应仅仅学习国外网站的业务模式,更应学习其服务理念,提高为用户创造核心价值的竞争力,并支持市场开放,为长远发展不断创新,开发更多增值服务,为企业创造利润。

为治理搜索引擎营销上带来的问题,除了官方媒体的介入和报道,国家还应针对核心问题进行立法讨论,从市场开放、打破垄断的角度激励企业之间的竞争和创新能力。落实宪法赋予公民的基本权利,减少对企业合法经营的不正常干涉,真正推进市场经济改革和法制建设,利用互联网经济带动传统产业升级。另外,也要明确企业在竞价排名中的非法操控并推进司法进程,规范企业行为,减少社会危害。

第二节 微博营销

一、微博营销的概念

微博营销是指通过微博平台为商家、个人等创造价值而执行的一种营销方式，也是指商家或个人通过微博平台发现并满足用户的各类需求的商业行为方式。

微博营销是以传播学理论为基础，营销学经典理论与案例为指导，集成以往网络媒介营销手段的一种营销途径。但是微博营销依然表现出个性的特征，具有以下特点。

（1）注册简单，操作便捷，运营成本较低，方便实现"自营销"。微博具有媒体属性，是将信息广而告之的媒介，但是与其他媒体相比，微博既注册免费、操作界面简洁、操作方法简易（所有操作基于信息发布、转发、评论），又有多媒体技术使信息呈现形式多样，而运营一个微博账号，不必花大价钱架构一个网站，不必有多么专业的计算机网络技术，也不需要专门拍一个广告，或向报纸、电视等媒体支付高额的时段广告费用等。充分利用微博的"自媒体"属性，做好"内容营销"即是微博营销的王道。

（2）微博营销的"品牌拟人化"特征更易受到用户的关注。社交媒体时代，传播强调人性化与个性化，"官方话"和"新闻稿"除了在严肃事件中扮演信用角色，在这样一个社交与娱乐至上的场所就显得格格不入。企业用一个很人性化的方式去塑造一个自身的形象，不仅可以拉近和受众的距离，达到良好的营销效果，而且品牌的美誉度和忠诚度会大大提高。

品牌拟人化，是指通过饱含个性、风趣、人情的语言，使品牌账号富有"人"的态度、性格与情感，真正与消费者互动，从而获得消费者的认可，这种认可不是传统的单纯的买卖关系，也不是粉丝的追捧，而更像是建立并维系一种"友情"关系。这样品牌的忠诚度和美誉度就很强，用户就会支持这个企业的产品，还会主动地参与到这个品牌的塑造过程中，也是实现口碑营销的绝佳途径。在SICAS的消费行为模式时代，品牌拟人化更能够在每一个消费环节中发挥作用。

（3）多账号组成的微博矩阵。多账号组成的微博矩阵，在保持整体协作的企业文化的同时，便于针对不同的产品受众进行精准营销。

微博矩阵是指在一个大的企业品牌之下，开设多个不同功能定位的微博，与各个层次的网友进行沟通,达到全面塑造企业品牌的目的。换句话说,矩阵营销是利用内部资源在微博上的最优化排布以达到最大效果。

(4)微博造星,可以借助知名微博主的影响力进行营销。

微博的传播机制建立在六度分格、二级传播等人际传播理论的基础之上,换句话说,微博中的社交关系是现实社交关系链的扩张性虚拟迁徙。微博的影响力同时也代表了一种关系的信用值,按照新浪微博的计算方法,微博影响力由活跃度(原创微博、转发次数、评论次数、私信数)、传播力(原创被转发数与被评论数)和覆盖度(即粉丝数)共同决定。借助拥有大量粉丝人气和较高影响力的微博主的平台,一则可以和更多的潜在用户接触,达到广而告之的效果;二则扮演意见领袖的人往往也具有消费引导的功能,或是具有某些专业领域的特征,或是一些生活趣味的汇集,或是提供娱乐信息,或是对社会热点有明晰的评论与态度,或是仅仅靠语言个性魅力打动人。微博是无可争议的自媒体,借具有大量粉丝受众的微博账号做推广,也是一种打广告的方法。值得一提的是,这种方法和渠道多为营销公关公司利用,开展专业的微博营销有偿服务业务,且根据粉丝量的多少不同微博账户有收价等级。

罗永浩,网友也亲切地称他老罗,本来只是新东方的老师,因为各种传奇语录被网友熟知。罗永浩于2012年4月8号宣布做智能手机,成为锤子科技的创始人,他的手机也叫作"锤子手机"。

值得一提的是,罗永浩通过新浪微博的营销,到目前已发布了24 000余条的微博,吸引800万多的粉丝,而大部分微博都是为了宣传他的锤子手机。从一个英语老师到一个科技集团的创始人,老罗是将他的"情怀"通过微博展示给大家,引起众多粉丝的共鸣,几乎每一条微博都有过万条回复,当然有褒有贬。锤子手机的人气也居高不下,直到2014年5月20日,锤子手机正式发布,当即就得到了巨大的订购量,先不说锤子手机本身质量如何,罗永浩的微博营销是非常成功的。

二、微博营销的问题

1. 粉丝货币化

"粉丝货币化"是最近比较火的概念,实际上,微博的传播力、影响力之所以能不断扩大,在很大程度上归功于微博粉丝的"推波助澜"。粉丝对于微博营销来说至关重要,所以相应的,粉丝也逐渐有了商业用途,而这些粉丝往往就是我们这些普通微博账号。只要你留心观察,会发现自己的微博账号经常自动关注一些商家，如果是这样，那么你就可能成为粉丝买卖中的一员了。

买卖微博粉丝其实就是在买卖受众的注意力，注意力资源的货币化是一种现象，这是新媒体发展的必然过程。这种买卖粉丝、买卖注意力的行为一旦形成趋势，将不利于微博这种新媒体的长久发展。如果长期这样，微博价值就会掺入水分，导致含金量降低；其次不管是广告主还是受众，都会对它产生反感。

2. 微博欺骗性

正是因为微博营销的低成本、低门槛，导致很多欺骗行为的产生，往往粉丝分不清好商家，商家找不到目标用户。

和其他网络沟通工具一样，网民均以虚拟身份参与其中，即使可以通过认证手段提高微博的精准指数，一样无法保证微博身份的真实性和有效性，尤其是人性的两面会在虚拟的世界中得到充分演绎，品牌信息流通中，将会被这种身份的虚拟性和人性假面具利用。加之网络技术的泛滥使用，粉丝的精准特征将更加无法保证，这与品牌的精准营销背道而驰。

3. 类微博问题

与微博营销相似的还有很多，比如Facebook、人人网、开心网等都是类似于微博的平台。值得一提的是微信营销，是伴随着微信的火热而兴起的一种网络营销方式。微信不存在距离的限制，用户注册微信后，可与周围同样注册微信的"朋友"形成一种联系，订阅自己所需的信息；商家通过提供用户需要的信息，推广自己的产品，从而实现点对点的营销。微信和微博的区别，形象的比喻可以是"客厅和广场"的区别。微信里面大多都是熟人、朋友，这种营销方式第一次传播的范围不大，传播的人数不多，但是由于关系是"朋友"，要比微博上的粉丝关系更加紧密，营销成功的可能性会更大，更可能带来二次传播及多次传播。因此，微信的信息传播可能更隐蔽，微信营销在内容上更"重质不重量"给一些非法营销甚至传销带来了更多机会。当然，对于企业，现在越来越多的商家也在想尽办法添加陌生人为好友，微信营销也有向微博营销靠拢的趋势。

三、微博营销的治理

对于微博营销的治理，微博运营商起到了决定性的作用，除了明确内容审查的相关规定之外，微博运营商应该做到以下几点。

1. 微博认证必须严格，提倡实名制

我们都知道微博中带"V"标志的就是代表经过实名认证的，这个认证过程必须严格。无论是新浪微博还是腾讯微博，都有自己的一套认证流程，如果这些认证流程能够确保微博博主的真实身份是最好的，如果不能，则可能造成严重的后果。所以对于微博认证的治理，微博开发商必须做到严格准确。作为自媒体的一种平台，用户须对其发表的言论或信息具有负责任的态度，并承担相应的法律责任。

2. 加强用户的安全意识

设置醒目的安全提醒，提醒用户不要随意相信没被认证的微博账号，在处理交易时应多方印证对方的身份信息。

3. 及时整治不良博主

一旦发现营销的博主有任何诈骗等违法行为，即使是带认证的博主，也要及时限制他的权利，以防止更多的粉丝受骗或造成损害。

第十一章　市场准入

第一节　市场准入的问题

市场准入主要是指政府对进入经营领域或在市场进行经营活动的企业进行限制或禁止的一般规范和制度的总称。企业市场准入法律制度的设立主要通过国家立法的手段，目的是维护市场正常经营秩序，阻止不合格企业的进入。在电子商务领域，企业的市场准入管制制度仍存在不少问题。例如，缺乏统一的企业市场准入制度和立法，多头管理、审批程序复杂，立法漏洞多，所立法律不完善等。问题主要集中在游戏、虚拟货币发行、视听网站、搜索引擎、即时通信等领域。下面从搜索引擎、视频网站、即时通信、网络游戏等几个领域具体介绍一下各自的市场准入问题。

一、搜索引擎的市场准入

国内主要有 Google 中文搜索（http：// www.google.com.hk）、百度搜索（http：//www.baidu.com）、雅虎中国（http：// www.yahoo.com.cn/）、搜狗搜索（http：//www.sogou.com/）等一些为人们所熟知并经常使用的搜索引擎。

艾瑞咨询的报告显示，2009 年中国搜索引擎市场规模达 69.5 亿元，相比 2008 年的 50.3 亿元，同比增长 38.2%。其中百度占有 63.1% 市场份额，而谷歌的份额为 33.2%。

Google 创始人布林（Sergey Brin）和佩奇（Larry Page）在 1998 年合伙创办公司时都还只是 20 多岁的小伙子。他们的目标是集合世界上所有的信息让公众分享，在这一过程中，要"对所有的不可能保持一种健康的怀疑态度"。颠覆与创新是 Google 的核心竞争力，公司为员工提供了最自由的创新环境。在进入中国市场 4 年后的 2010 年，谷歌企业发展高级副总裁兼首席法律顾问 David Drummond 在谷歌官方博客发表文章，声称：由于面临来自中国对 Google 电子邮箱的网络攻击，以及不愿意继续接受中国官方要求审查搜索结果，谷歌将重新评估中国业务运营的可行性，将在未来几周探讨在法律范围内运行一个不必经过过滤的搜索引擎，如果不能达成协议，Google 将可能关闭"谷歌中国"（Google.cn）以及中国办事处。据数据统计，2010 年在中国互联网搜索市场，百度占据的市场份额为62.2%，谷歌（中国）为14.1%。自2003年百度和谷歌市场份额持平以来，在双方的多次较量中，谷歌节节败退。

从谷歌宣布考虑关闭"谷歌中国"网站的一刻起，百度即已成为此事的最大受益者。2010年2月13日，百度股价在美国股市飙涨，并跻身纳斯达克当天的十大涨幅排行榜。除百度外，包括搜狐在内的中国互联网上市公司的搜索业务也从中受益。

谷歌退出中国后，给中国网络营销带来的影响可以总结为以下两点。

（1）一家独大的搜索引擎格局势必增加中小企业的网络营销成本。

随着互联网的发展，越来越多的企业意识到利用搜索引擎营销和提高网络品牌知名度的重要性，并付诸行动，在百度和Google每天都有大量的商家投放广告，百度的竞价排名和Google右侧的赞助商广告都是人们所熟知的，如国内海外IDC第一品牌"网络时代"在百度和Google上的投放广告份额比例为7∶3，两大搜索引擎每日都能带来一定流量。

尽管百度在广告、竞价排名方面在国内一家独大，但是Google或多或少还是会有些制衡，至少给商家另外一个选择，毕竟Google搜索也拥有一定的市场份额。而Google退出对中国的电子商务来说无疑是弊大于利，会更加加剧百度的垄断行为，直接造成的结果是电子商务企业推广成本的增加。搜索引擎是电子商务的一个重要推广渠道，搜索平台的竞争越激烈，商家可以选择的搜索平台越多，对于商家来说，推广成本越低。而一旦被垄断，也就意味着电子商务企业没有第二选择，商家广告和竞价排名的议价能力就会变弱，而企业的网络推广成本也会随之增长。

（2）各路搜索引擎争抢Google退出留下的市场空白。

Google退出中国市场引发了各路搜索引擎争抢中国市场空白的竞争。百度和Google本质上都是外资公司，在其决策层看来，在中国这个偌大的市场上，没有强大的搜索引擎将会给中国互联网行业的良好发展形成阻碍。随着网络的发展，各式的搜索引擎也相继出现，相互竞争。因此，中国很多中小企业产品的前景还是很可观的，随着中小企业联盟平台的增加，其市场份额会进一步扩大。而像搜搜这样拥有良好的搜索体验，并且公司具有强劲的研发力度的产品，在中国的市场前途也将十分乐观，搜搜拥有先天的用户群优势，且搜索内容丰富，与搜狗和有道相比，更具有竞争力。当然，各类搜索引擎在竞争中机会均等，是否能够做大做强，要看各个公司的战略与经营策略。

Google作为世界上最大和最先进的搜索引擎公司被迫退出中国市场，的确为国内自有搜索引擎公司的品牌知名度和市场范围提供了更大的空间，也为国内小的搜索引擎公司增加了市场份额。但同时不可小觑的是，这种"闭关锁国"式的市场准入阻挠将不利于中国搜索引擎行业的创新和服务质量的提高。

二、视频网站的市场准入

2007年12月29日《互联网视听节目服务管理规定》颁布，规定自2008年1月31日起，所有在网上提供视频服务的公司，都必须取得许可证，同时必须是国有独资或国资控股单位。该规定的颁布，对视频网络的市场准入与进一步发展都有举足轻重的影响。首先，它有利于保护国内网络视频业务的正常发展，该规定强调了政府对互联网严格管理以及保护国内网络视频业务的态度。中国视频服务市场发展处于起步阶段，建立符合中国国情的网络视频市场无疑是政府的当务之急；其次，有利于市场操作的规范化。由于很多视频网站投融资的时候并未公开化和透明化，因此在审核和控制上造成了一定的监管难度。该规定第十四条指出"要求市场操作进一步透明化以及操作规范化"。最后，该规定进一步严格了对视频网站的管理与监督。

2008年3月31日，《信息网络传播视听节目许可证》（俗称视频网站牌照）由国家广电总局颁发出台。该许可证指出网上传播视听节目若想获得许可应符合以下几点规定。

（1）经批准设立的广播电台、电视台或依法享有互联网新闻发布资格的网站可以申请开办信息网络传播新闻类视听节目业务。

（2）经批准设立的省、自治区、直辖市及省会市、计划单列市级以上广播电台、电视台、广播影视集团（总台），可以申请自行或设立机构从事以电视机构作为接收终端的信息网络传播视听节目集成运营服务。

（3）符合广电总局确定的信息网络传播视听节目的总体规划和布局。

（4）符合国家规定的行业和技术标准。

（5）有与业务规模相适应的自有资金、设备、场所及必要的专业人员。

（6）拥有与业务规模相适应并符合国家规定的视听节目资源。

（7）拥有与业务规模适应的服务信誉、技术能力和网络资源。

（8）有健全的节目内容审查制度、播出管理制度。

（9）有可行的节目监控方案。

（10）其他法律、行政法规规定的条件。

（11）用于通过信息网络向公众传播的新闻类视听节目，限于境内广播电台、电视台以及经批准的新闻网站制作、播放的节目。

(12) 用于通过信息网络向公众传播的影视剧类视听节目，必须取得《电视剧发行许可证》《电影公映许可证》。

(13) 通过信息网络传输视听节目，应符合《著作权法》的规定。

满足以上规定并向所在地县级以上广播电视行政部门提出申请，经逐级审核同意后，报广电总局审批。

我国对视频等内容审查制度的严苛和边界的不确定，导致视频网站经营风险较大。同时，国内不同行业间的市场准入政策，使得传统的电信企业长期难以进入视频业务，这对企业和市场均是一种损失。

三、即时通信的市场准入

即时通信市场也存在市场准入问题。虽然中国的即时通信行业是一个高度竞争的市场，但当即时通信要开展移动增值服务时，却不得不通过和移动通信运营商的合作才能实施。目前电信行业在我国仍然是一个政府管制的行业，没有政府许可，经营者无法进入。因此，即时通信企业如果想要进入移动增值服务市场，必须得到现有通信商的支持。而对于各类苦于寻找生存之道的 IM 服务商来说，移动增值服务市场是利润来源的重要途径。移动通信市场如果不能确保对其的接入，网络运营商开发的 IM 软件终归无法和传统通信运营商的 IM 产品在一个平台上竞争，并可能在竞争中面临被淘汰的巨大威胁。

2006 年年底，在飞信推出之后，中国移动做出了与所有从事无线 IM 业务的 SP 终止合作的决定，这迫使腾讯宣布与中国移动合作开发"飞信 QQ"，腾讯多年积累的数量高达 700 万的移动 QQ 用户将成为飞信的"短信版客户端"用户。笔者认为，对于占据移动通信垄断地位的中国移动，这种拒绝交易行为明显违反了《反垄断法》第十七条的相关规定："没有正当理由，拒绝与交易相对人进行交易。"拒绝交易，在欧共体竞争法里被称为拒绝供货，是市场优势地位企业妨碍下一阶段企业市场竞争的重要方式。拒绝交易的目的不是要从交易者处获取利润，而是要将其排挤出市场。它属于对纵向交易者的阻碍行为。虽然合同自由是市场经济的一项基本法律原则，但对于处于优势地位的企业而言，具有向其产品购买者供货的义务。因为优势地位企业拒绝交易，会使购买者的交易自由受到很大限制，甚至失去交易机会，中小企业的生存会遇到困难。拒绝交易会造成两方面的后果：一是减少了市场上的经营者数量，降低了市场上的竞争程度；二是优势地位企业通过拒绝交易很可能将其优势地位由原始设备市场扩张到附属设备市场，在附属市场收取超过竞争水平的价格，从而获得垄断利润。这个问题的实质是，优势地位企业是否应当有权利决定下一个经济阶段市场上的竞争关系？答案显然是否定的，因为这是优势地位企业滥用其优势地位的一种策略，理应受到法律的禁止。

美国的法院和竞争法实施机构最先引用的"必须设备"理论也为我们分析这个问题提供了理论依据。"必须设备"的构成要件包括四个方面：垄断者对必须设备的控制，竞争者不能可行地或合理地复制必须设备，拒绝竞争者使用必须设备，向竞争者提供设备的可能性。中国移动拒绝与所有从事无线IM业务的SP终止合作的决定，其实是对中国移动控制下的通信必须设备的拒绝接入，其反竞争的意图和效果是非常明显的。

我国的传统通信行业自20世纪90年代开始由政府主导引入竞争机制，对"必须设备"的接触问题已经产生。2004年商务部起草的《反垄断法（草稿）》中曾有一条"拒绝"进入网络的条文："如果经营者不进入具有市场支配地位的经营者拥有的网络或者其他基础设施，就不可能与其开展竞争，具有市场支配地位的经营者不得拒绝其他经营者以合理的价格条件进入其拥有的网络或者其他基础设施。但是，具有市场支配地位的经营者能够证明，由于技术、安全或者其他合理原因，进入该网络或者其他基础设施是不可能或者不合理的情形除外。"但是，最终反垄断法没有采纳这一条，而是通过兜底条款规制。笔者认为，在今后的反垄断法实施过程中出台的司法解释中，有必要对兜底条款加以细化，对电信行业占据市场支配地位企业拒绝接入的行为予以有效规制。

四、网络游戏的市场准入

2009年6月，政府相继出台了一系列规范网游市场、保护消费者虚拟财产安全的政策，以达到保护网游市场健康发展的目的。其中包括：中华人民共和国新闻出版总署印发的《关于加强对进口网络游戏审批管理的通知》。在2009年7月23日中国国际数码互动娱乐产业高峰论坛上，新闻出版总署再次申明了禁止国外企业以独资或者合资的方式从事网络游戏的运营工作。

《关于加强对进口网络游戏审批管理的通知》中强调了四个需要重视的方面：①规定任何企业在中国境内从事网络游戏出版运营服务，必须经新闻出版总署进行前置审批，取得具有网络游戏出版服务范围的互联网出版服务许可证。未经审批许可，擅自从事网络游戏出版运营服务的，一经发现，立即依法取缔。②对《通知》中提出的违规行为，要求有关报刊和网络媒体进行报道和宣传，同时要发挥舆论监督作用。③申明新闻出版总署是唯一经国务院授权负责境外著作权人授权的进口网络游戏的审批部门，如发现有其他部门越权进行前置审查审批，违法行政，有关企业可以依法向国务院监督部门举报或提起行政诉讼。④要求各地新闻出版部门加强管理和监督，对违反国家相关法律法规的行为，要坚决查处纠正，确保网络游戏出版服务业健康有序发展。

《关于加强对进口网络游戏审批管理的通知》明确指出：未经境外著作权人合法授权从事进口网络游戏运营的，属于侵权盗版行为，将由国家版权局依法立案查处。对未经新闻出版总署审批，擅自在中国境内提供进口网络游戏运营服务，或为境外网络游戏在中国境内提供运营推广服务的，将依法予以取缔，停止其运营，取消接入服务，关闭网站。针对目前网络游戏运营中常见的变更运营单位或增加新版本、新资料片以及更新内容等情况，该通知也做出了明确规定：已经新闻出版总署前置审批或进口审批过的网络游戏有变更运营单位或增加新版本、新资料片以及更新内容等情况的，必须重新履行前置审批或进口审批手续。否则将取消原批准文件，停止运营，甚至取消接入服务，关闭网站。

在网络游戏内容管理方面，文化部下发了《关于改进和加强网络游戏内容管理工作的通知》，在三个方面提出了要求：建立网络游戏经营单位自我约束机制，完善网络游戏内容监管制度，强化网络游戏社会监督和行业自律。

第二节 市场准入的治理

由上述所知，电子商务的市场准入问题不仅关乎国外互联网企业（如Google、Facebook、Twitter、Youtube等）的国内市场的准入，也关乎国内不同行业（如电信、影视、金融等）之间的相互准入，甚至不同地区之间的市场准入。市场准入制度如果设立不当或任意而为将成为市场保护和垄断的手段，阻碍市场竞争和长期持续发展。如何让市场准入制度发挥它应有的作用，平衡政府管制和市场经济之间的关系，最大限度地繁荣电子商务新兴市场是当前市场准入治理的主要方向。

一、国外治理经验

针对国内市场准入现状，我们可以参考或借鉴国外比较先进的治理办法，比如新加坡是世界上推广互联网最早和网络普及率最高的国家之一，其在网络监管方面的政策也十分先进。《光明日报》记者王传军2010年在深入分析新加坡的市场准入现状及其治理方案以后，对新加坡的治理策略做出如下总结。

首先，新加坡政府高度重视互联网的立法及执法工作，将国家安全及公共利益置于首位。政府将《国内安全法》《煽动法》《广播法》及《互联网实务法则》等相关法律有机结合起来，严厉打击和制止任何个人、团体或国家利用网络来危害新国家安全的行为。新加坡《国内安全法》规定，政府有权逮捕任何涉嫌危害国家安全的人。《煽动法》规定，任何行为、言论、出版或表达，只要含有对政府或司法不满，或在国民中煽动仇恨或种族之间制造对立等内容，均定为煽动罪。媒体发展管理局是政府机构，负责对互联网使用的管理，《广播法》授权媒体发展管理局审查任何传播媒体、互联网站以及电影、录像、电脑游戏和音乐等。

其次，严格控制网站的创立及网络服务内容。新加坡《互联网实务法则》规定，所有互联网服务供应商都为政府所有或有政府背景，并遵守媒体发展管理局制定的互联网操作准则。管理局有权命令供应商关闭被认为危害公共安全、国家防务、宗教和谐及社会公德的网站。互联网禁止出现以下内容：危及公共安全和国家防务；动摇公众对执法部门的信心；煽动或误导部分或全体公众；引起人们痛恨和蔑视政府、激发对政府不满；影响种族和宗教和谐；对种族或宗教团体进行抹黑和讥讽；在种族和宗教之间制造仇恨；提倡异端宗教或邪教仪式的内容；色情及猥亵内容；大肆渲染暴力、低俗色情和恐怖手法等。新政府规定，互联网内容提供商有义务协助政府删除或屏蔽任何被认为是危害公共道德、公共秩序、公共安全和国家和谐等内容及网站，如不履行义务，供应商将被处以罚款，或者暂停营业执照。政府还鼓励服务供应商开发推广网络管理软件，协助用户过滤掉不适宜看到的内容。

为维护国家团结和稳定，新加坡媒体发展管理局已屏蔽了 100 多个包含色情等内容的网站。此外，该局还要求互联网内容供应商在以下情况必须注册：①在新加坡注册的政治团体通过互联网以 www 方式提供网页者；②在 www 上参与有关新加坡的政治和宗教讨论的用户团体或新闻组；③为政治目的或宗教目的而提供网页的个人，以及由广管局通知其注册者；④通过互联网络在新加坡销售的联机报纸，由广管局通知其注册者。

此外，加强公共教育，提高公民自觉过滤意识。新加坡政府认为，有效管理互联网的长远之计在于加强公共教育，政府鼓励供应商开发推广"家庭上网系统"，帮助用户过滤掉不合适的内容。新加坡政府 1999 年成立"互联网家长顾问组"，由政府出资举办培训班，帮助家长指导孩子安全上网。从 2003 年 1 月起，媒体发展局还设立了 500 万美元的互联网公共教育基金，用于研制开发有效的内容管理工具、开展公共教育活动和鼓励安装绿色上网软件。

二、梳理立法与法律

已有的不同层次的立法由不同立法机构在不同的时间公布，如在全国人大及其常委所立的法律一级的,既有按所有制划分的《企业法》《私营企业暂行条例》和《外资企业法》,也有按组织形式划分的《公司法》《个人独资企业法》《合伙企业法》。而在国务院及其各部委所立的行政法规和部门规章一级的,既有针对一般企业登记的《企业法人登记管理条例》,也有针对特殊企业的《公司登记管理条例》《合伙企业登记条例》。在登记这一制度上,除一般性规定外,还有从某个环节着眼进行规制的,如《企业名称登记管理规定》。在各级地方立法机关和行政机关所立的地方性法规上,则差异更大,有些甚至没有公开或透明度不够,导致市场主体无所适从。因此,未来需要及时地针对电子商务的市场准入和管制进行立法,梳理已有的立法和法律条文之间的关系,使之相互协调,在内容上不至于重叠矛盾,以及遗漏和空白。

三、简化准入手续和程序

政府审批制仍然是现阶段我国市场准入制度控制的主要手段。审批制度的实行方法主要在于审查与许可,侧重对实体条件的把握,不可避免地具有烦琐、耗时的特性。由于长期计划经济的影响,很多政府部门还保持着落后的行政服务观念,热衷于具体事务的审批,导致政府在市场准入方面监管过于严格,市场准入范围宽泛。因此,我们提出应该精简准入程序,减少烦琐的手续。将审批为主的登记制度改革为以核准为主的登记制度,并将过程简化,建立统一的市场主体登记制度。具体来说,如实现"三证合一"登记制度,即企业登记时依次分别由工商行政管理部门核发工商营业执照、组织机构代码,管理部门核发组织机构代码证、税务部门核发税务登记证,改为一次申请、合并核发一个营业执照的登记制度。实行"一照一号"模式,通过"一口受理、并联审批、信息共享、结果互认",将由三个部门分别核发不同证照,改为由一个部门核发加载法人和其他组织统一社会信用代码的营业执照。

另外,应充分加强行业自律。用行业准入来替代政府审批,通过加强行业协会的作用,规范行业的发展,并避免政府的过度介入。目前中关村互联网金融行业协会和互联网金融千人会等,都是有益的尝试。

四、提倡市场竞争和创新

坚持社会主义市场经济制度不动摇,规范国家职能部门的职权,将市场的还给市场。中国改革开放30多年的经验一再表明,计划经济的模式束缚了经济的发展潜力,改革开放的过程就是政府管制权力的释放过程。市场经济会靠着个体和企业的逐利行为达到市场配置的优化,它不一定是最完美的,但的确是最经济的。只有从内到外打破垄断,鼓励外来竞争和内部创新才能快速追赶国际先进国家和企业的发展脚步。

基于互联网的电子商务是一个相对新兴的服务产业，它是对传统产业的一次升级和改造。正是由于政府的大力扶植和宽容，才有了互联网经济在中国的大力发展，才涌现出一批国际上领先的互联网企业，如阿里巴巴、淘宝、百度、腾讯、微信等互联网企业和品牌，使得中国的电子商务在全球范围内并不落后。尤其是物流配送方面的例子充分说明打破垄断、鼓励市场机制的重要性。互联网金融方面，政府和监管部门对"支付宝"等第三方支付工具的宽容也是电子商务兴起的关键，而未来互联网金融的进一步创新仍然需要政府的保护和扶植，保持开放和宽容的市场环境，鼓励民营企业和个体的创新，做好如知识产权等市场秩序的维护和管理工作。

第十二章　互联网金融

第一节　互联网金融的发展

一、互联网金融的概念

互联网金融是指以依托于支付、云计算、社交网络以及搜索引擎等互联网工具，实现资金融通、支付和信息中介等业务的一种新兴金融。互联网金融不是互联网和金融业的简单结合，而是在实现安全、移动等网络技术水平上，被用户熟悉接受后（尤其是对电子商务的接受），自然而然地为适应新的需求而产生的新模式及新业务。它是传统金融行业与互联网精神相结合的新兴领域。互联网金融与传统金融的区别不仅在于金融业务所采用的媒介不同，更重要的是金融参与者深谙互联网"开放、平等、协作、分享"的精髓，通过互联网、移动互联网等工具，使得传统金融业务具备透明度更强、参与度更高、协作性更好、中间成本更低、操作上更便捷等一系列特征。理论上任何涉及广义金融的互联网应用，都应该是互联网金融。当前互联网金融格局，由传统金融机构和非金融机构组成。传统金融机构主要为传统金融业务的互联网创新及电商化创新等，非金融机构则主要是指利用互联网技术进行金融运作的电商企业、P2P模式的网络借贷平台，众筹模式的网络投资平台，挖财类的手机理财APP，以及第三方支付平台等。

互联网金融发展的时间不长，但是发展速度如同火箭般迅速。笔者认为互联网金融的发展有两个极其重要的节点。

1. 支付功能的普及

2004年，阿里巴巴公司推出了支付宝。支付宝可以说是里程碑式的产品，作为第三方支付，购买方在购买时可以放心地支付，此时钱并不直接打到卖家账户，而是放到支付宝里，只有当双方交易完成之后，钱才能到卖家账户，这种模式有效解决了双方的信任问题，目前大部分的在线支付网站都已经选择支付宝支付。在线支付功能已经广泛应用到各个领域，比如淘宝网、卓越网、当当网等在线商城，又比如研究生考试报名、公务员考试报名等在线报名网站，再比如官方火车订票网站、去哪儿网等在线票务网站都能进行在线支付，大大降低了人们的时间成本。

2. 融资产品的出现

2013年被称为互联网金融元年，这一年从阿里巴巴推出"余额宝"开始，微信的"理财通"、百度的"百赚"一系列的货币基金产品依托互联网这个平台出现，让很多普通人都有了理财的想法。无论是"余额宝"还是其他的货币基金，在我们把钱投入之后就能获得一定的收益，而这些收益往往比银行的活期收益高得多，所以这些产品一经问世就得到大众的青睐。目前，余额宝规模已超过5000亿元，客户超过4900万户，天弘基金靠此一举成为国内最大的基金管理公司。而且2013年被称为互联网金融元年的原因还不止这些，P2P借贷平台（陆金所、拍拍贷）、保险、基金理财等领域的投融资模式也在不断创新。下面介绍"余额宝"上线初期引发的风暴。

2013年6月13日，余额宝上线，谁都没想到这款产品会卷起这么巨大的风暴。余额宝上线短短18天，累计用户已经突破250万，存量转入资金规模已达57亿元。直到2014年7月1日，余额宝规模已经达到5741.60亿元，相比一季度，规模稳中有升，仍旧稳居国内最大、全球第4大货币基金的位置。将近6000亿的规模实属货币基金罕见。

究其原因，就是通过"余额宝"，用户存留在支付宝的资金不仅能拿到"利息"，而且和银行活期存款利息相比收益更高。余额宝上线之后，不少媒体及业内人士都对其产生了质疑，不过这依然未能阻止其疯狂吸纳用户的能力。余额宝的巨大成功对银行造成了巨大的冲击，央视证券资讯频道执行总编辑兼首席新闻评论员钮文新在博客中抛出"余额宝正在冲击中国经济安全，应取缔"的观点，他认为，余额宝冲击的不只是银行，它所冲击的是中国社会的融资成本和中国经济的安全。他表示，"我的主张是取缔余额宝，还中国以正常的金融秩序"。

不管如何，余额宝目前为止的成功是不可否认的，当然互联网金融的健康发展也需要各方一同进行维护。

本书将常见的几个互联网金融基金产品列举出来，如表12-1所示（2014年9月）。

表 12-1 目前常见的互联网基金产品

名称	当前年收益率（2014.9.22）	平台企业	基金企业
余额宝	4.166％	阿里巴巴	天弘增利宝货币
百赚	4.497％	百度	嘉实活期宝货币
理财通	4.569％	腾讯	华夏财富宝
微财富	4.302％	新浪	汇添富现金宝
京东小金库	4.364％	京东	嘉实活钱宝
网易现金宝	4.302％	网易	汇添富现金宝
苏宁零钱宝	5.186％	苏宁	广发天天红货币

二、互联网金融的特点

依托大数据和电子商务的发展，互联网金融得到了快速增长。以余额宝为例，余额宝上线18天，累计用户数达到250多万，累计转入资金达到57亿元。据余额宝——天弘增利宝货币基金2014年年报显示，余额宝用户已达1.85亿人，资金规模达5789亿元，较2013年年底的1853亿元，增长了2倍多，成为规模最大的公募基金。互联网金融对传统金融造成了极大的冲击和挑战，其特点鲜明，主要是覆盖面广、运营成本低、效率高。

网络业务的最大优势在于省去了实体网点的各项费用，能够以极低的成本获得客户的信息，投资门槛被拉低，从而有效削减了理财业务的人力成本和店面成本。互联网金融模式下，资金供求双方可以通过网络平台自行完成信息甄别、匹配、定价和交易，无传统中介、无交易成本、无垄断利润。一方面，金融机构可以省去开设营业网点的资金投入和运营成本；另一方面，消费者可以在开放透明的平台上快速找到适合自己的金融产品，削弱了信息不对称程度，更省时省力。以余额宝业务为例，通过便捷的"一键开户"流程，用户可能随时将支付备用金转入或转出。相比之下，银行的基金销售一般起点比较高，申购与赎回时间也有限制，现金与理财之间的转换成本较高。信息是影响金融投资的重要因素，其质量的好坏、传递速度的快慢以及投资者信息甄别能力的高低直接影响金融投资的成败，而互联网金融可以充分利用互联网开放共享透明度高的优势，依托大数据和云计算技术，深度挖掘并分析用户的信用状况、行为模式、投资偏好等信息，进而对用户提供个性化服务，这是传统金融业很难做到的。

互联网金融业务主要由计算机处理，操作流程完全标准化，客户不需要排队等候，业务处理速度更快，用户体验更好。如阿里小贷依托电商积累的信用数据库，经过数据挖掘和分析，引入风险分析和资信调查模型，商户从申请贷款到发放只需要几秒钟，日均可以完成贷款1万笔，成为真正的"信贷工厂"。

互联网金融模式下，客户能够突破时间和地域的约束，在互联网上寻找需要的金融资源，金融服务更直接，客户基础更广泛。只要是网络能够到达的地方，就可以开展互联网金融服务，而且是24小时不间断服务。此外，互联网金融的客户以小微企业为主，覆盖了部分传统金融业的金融服务盲区，有利于提升资源配置效率，促进实体经济的发展。

当然，互联网金融也存在管控弱、风险大的特点。

三、互联网金融的主要模式

根据金融业务类型和参与主体的不同，于建宁（2014）将互联网金融模式分为以下四种。

1. 互联网信贷模式

互联网信贷模式将传统金融活动和民间借贷活动转移到网上，但与传统金融信贷不同的是，其对象往往是个人或小微企业，单笔借贷额度较小，信用审查更加灵活，参与门槛较低，借贷和还款都可以通过线上完成，不仅提升了资金流转的效率，还节约了交易成本。根据参与主体的不同，可进一步分为机构网贷和P2P网贷。机构网贷参与主体主要是信贷服务提供方和借款方，服务提供方既有传统的金融机构，如国有银行，也有新兴的第三方支付平台和电商平台，如阿里巴巴的小微金融、京东供应链融资等。与传统金融机构相比，后者的合法性来自其互联网领域的公信力，同时兼具自身独特的业务优势：海量的客户资源和借款方的行为痕迹累计数据。两者的有机结合不仅可以迅速扩展市场份额，而且可以方便地对借款方进行信用评级。P2P网贷与机构网贷区别较大，这种模式的参与主体主要由三方构成，即借款方、贷款方和网贷中介平台。在整个借贷过程中，借款方（往往是个人）在网贷中介平台发布借款申请，网贷中介平台负责借款方信用资格的审查，最后通过网上竞价或招标等方式，吸引贷款方（既可以是个人，也可以是小型贷款公司）完成贷款。

目前P2P网贷主流的运营模式包括传统P2P模式和债权转让模式。在传统P2P模式中，借款方和贷款方往往是"一对一"或"一对多"，即一个或多个贷款方将资金借给一个借款方，借贷过程中只存在资金的流转，双方借贷关系明确，比如"有利网"；而在债券转让模式中，借款方和贷款方往往是"多对多"，即在网贷中介平台的运作下,将单一借款方的请求分割成若干债权出售给贷款方,同时允许贷款方对债权进行转让,这种机制虽然可以提高资产配置效率,并提供良好的资产流动性,但实质上掩盖了真正的借贷关系,并引入非法集资的风险。P2P网贷合同到期后,贷款方可以获取较高的利息收益,但同时也要承担相当的风险;网贷中介平台收取中介费用,往往要负责借款方债务的催收工作。综合来看,P2P网贷本质上还脱离不了民间借贷的范畴。

2. 互联网理财模式

互联网理财模式主要是通过互联网向用户销售金融服务和互联网理财产品,如基金、保险、期货及其他种类的理财产品等。与传统理财模式的区别在于,互联网理财模式由金融机构和电商平台进行深度合作,金融机构负责理财产品的运营,电商平台提供技术支撑、潜在的客户群和企业品牌的声誉作为信用担保,通过较高的收益率,吸引用户购买。该模式的优势在于,既可以方便地在互联网上进行购买和赎回,又可以通过互联网及时了解产品的收益情况。以支付宝推出的余额宝产品为例,用户可以在支付宝网站内方便地购买余额宝基金产品,在随时可以赎回的同时,还保证了较高收益,同时余额宝内的资金能随时用于消费支付,因此受到用户的广泛欢迎。

3. 第三方支付模式

第三方支付是互联网金融最早崭露头角的金融业务模式,最初用于电子商务网站的商品支付。在传统的支付业务中,线下用户资金的转移往往都是通过银行间特殊的支付网络来完成的,如中国银联的转接网络,而第三方支付则将这一过程转移到了互联网上,而支付网络的提供方则转变为拥有国家合法支付牌照的互联网支付企业。目前,第三方支付的应用领域已从最初网上交易的支付、转账,拓展为线上线下全方位的用户生活服务支付,包括日常生活中的转账付款、缴费、充值、代付等。目前我国第三方支付企业已经突破百家,比较有代表性的有支付宝、财付通、银联在线支付等。

4. 创意众筹模式

创意众筹模式指创意的发起方在众筹网站上发布自身的创意项目或产品,并以公众捐助方式募集实现创意项目或产品资金的模式。该模式中,公众对于资金的捐助完全是出于对创意的认可和喜爱,公开募集资金一般数额较小,而创意方无须转让自身股权,也不存在资金借贷关系,只是最终产品须交给捐款的公众作为回报。在国外,该模式公众的接受度较高,但国内认可度较低。从国内实践来看，这种模式从最初的互联网金融融资模式逐渐演变成了一种全新的创意预购消费模式，比较有代表性的有淘梦网。

第二节　互联网金融的问题

互联网金融在中国处于起步阶段，还没有监管和法律约束，缺乏准入门槛和行业规范，整个行业面临诸多政策和法律风险。而且由于互联网金融还没有接入人民银行征信系统，也不存在信用信息共享机制，不具备类似银行的风控、合规和清收机制，容易发生各类风险问题，已有众贷网、网赢天下等P2P网贷平台宣布破产或停止服务。互联网金融违约成本较低，容易诱发恶意骗贷、卷款跑路等风险问题。特别是P2P网贷平台由于准入门槛低和缺乏监管，成为不法分子从事非法集资和诈骗等犯罪活动的温床。淘金贷、优易网、安泰卓越等P2P网贷平台先后爆出"跑路"事件。而且，网络安全也存在较大风险，一旦遭遇黑客攻击，互联网金融的正常运作会受到影响，最终会危及消费者的资金安全和个人信息安全。

由于与传统的金融体系既存在依存关系又有创新颠覆，因此，互联网金融的未来发展将存在很多博弈和机遇。本文参考不同学者的文献研究结果，将互联网金融的问题归纳为两个方面。

一、监管和制度的不规范

互联网金融多样化的业务模式和产品种类导致其对法规和监管的规避性较强，商业银行、互联网公司、第三方支付平台等多元化的业务主体也给传统的监管方式和监管政策带来了挑战。其中，尤以互联网信贷监管缺失问题最为严重。由于目前我国对互联网信贷业务尚未出台明确的法规，因此目前该业务实质上处于法律的灰色地带，而借贷运作模式中让人眼花缭乱的债权运作行为，让法律对其借贷行为的界定极为困难。更加严重的是，由于没有监管机构明确对其的监管职责，既无法对从业公司的资格进行审查，也没法对其资金安全进行监督，而该行业中行业自律规范也远远未成形，短短一年时间，已经发生了多起互联网信贷平台"非法集资"和"携款潜逃"事件，给互联网信贷的声誉带来极坏的影响。互联网金融发展缺乏外部监管，亟须完善相关的制度安排和法律法规。

二、互联网金融风险更高

与传统的金融产品相比，互联网金融产品也面临如下几个重要风险：第一，信用违约风险,即互联网理财产品能否实现其承诺的投资收益率。第二,期限错配风险,即互联网理财产品投资资产的期限是较长的,而负债的期限是很短的,一旦负债到期不能按时滚动,就可能发生流动性风险。第三,最后贷款人风险。尽管商业银行也面临期限错配风险,商业银行发行的理财产品也面临信用违约风险与期限错配风险,但与互联网金融相比,商业银行最终能够获得央行提供的最后贷款人支持。第四,法律风险,目前互联网金融行业尚处于无门槛、无标准、无监管的"三无"状态。第五,增大了央行进行货币信贷调控的难度。互联网金融创新使得央行的传统货币政策中间目标面临一系列挑战。第六,个人信用信息被滥用的风险。第七,信息不对称与信息透明度问题、技术风险等。因此,互联网金融风险更高,融资模式不规范,征信体系不完备,存在非法集资风险。尤其是互联网金融多数产品存在过度宣传和不实营销的问题,更使得部分网民承担更高的风险甚至是欺诈。

第三节 互联网金融的治理

互联网金融日渐重要,对于互联网金融的治理也迫在眉睫,结合高汉(2014)、于建宁(2014)等多名学者的观点,本文将互联网金融的治理方法归纳如下。

一、加大互联网金融相关法律问题的研究和调查

互联网金融当前的首要问题就是缺少监管方面的法律依据。银监会曾于2011年发布《关于人人贷有关风险提示的通知》,指出互联网信贷平台具有大量的潜在风险隐患,包括影响宏观调控、演变为非法金融机构、风险难以控制、不实宣传、监管困难等,但是没有进一步明确如何规范和引导互联网信贷行业的发展。如果继续放任将导致其系统性风险高发,届时监管将难上加难,因此制定相关法律法规十分必要和紧迫,需要加强以下三个方面的法律问题研究。

首先,面对已出现的互联网金融纠纷问题,通过立法明确互联网金融的监督部门及其相应职责,界定互联网金融监管范围。

其次,规范互联网金融服务提供方从业资格,划定合法业务范围,明确服务提供方对公众的义务和责任,制定互联网金融从业人员的职业行为准则。

最后,完善互联网金融消费者的权益保障法规,通过法律手段保护公众信息不被非法泄露、公民的资金安全不受侵害,明确互联网金融服务提供方对消费者

风险的连带担保责任。

二、推行互联网金融企业牌照及监管措施

互联网金融业务主体与业务类型复杂多变，须区分不同的监管部门。这就涉及两个问题：监管范围和协同监管。目前传统金融机构的互联网金融业务由银监会监管，第三方支付机构由人民银行监管，而某些互联网信贷平台依赖当地的执法部门监管。因此，国家要建立统一监管和分层分类型监管机制，具体包括以下三个方面。

第一，要明确各个部门的监管责任和监管范围，统一由主要的监管部门来进行互联网金融主体的分层和分级管理规划，明确每层对象的监管机构和监管政策，并逐步拓展跨层级跨部门的监管协调机制。

第二，要针对其层出不穷的业务模式和政策规避手段，加大技术监控手段的投入，动态捕捉行业的风险动向，尤其是经常涌现的资金安全、期限错配等问题，细化监管环节，加大监管力度，并最终建立灵活的互联网金融风险监测和预警机制。

第三，要建立互联网金融企业的资质认证，加强对互联网金融主体的从业资质审查，推行互联网金融企业牌照制度，对于"无资质、无牌照"的违规经营主体依法进行取缔和处罚。

对监管机构而言，由互联网金融发展所形成的虚拟金融服务市场是一个信息高度不对称的市场，对其进行监管需要多方协作。政府应制定监管规则，细化互联网金融发展的原则，界定互联网金融业的经营范围，设立规范的互联网金融行业准入门槛，设定网络金融行为的指引性规范和国家标准，甚至可以采用负面清单模型对违规行为进行明确警示，以实现市场的良性竞争。互联网金融企业可以成立行业协会，实行行业自律。2013年8月，多家互联网金融企业成立了"互联网金融千人会俱乐部"，发布了《互联网金融自律公约》，该公约主要针对合规经营、风险管理、客户身份识别、交易资金安全、消费者保护等方面进行约定，这有助于构筑全面的风险管理体系。党的十八届三中全会提出让市场在资源配置中发挥决定性作用，互联网金融监管也必须实行政府监管与行业自律相结合，在防范互联网金融业务风险的同时促进互联网金融产业的健康、快速发展，尽快制定监管规则及虚拟金融服务行业自律准则。

三、建立互联网金融征信和救济制度

互联网金融行业配套征信系统缺失，大量征信工作通过传统的线下审查来完

成，如通过电话、身份户口信息、工作收入证明等进行贷方审查，审查力度较差，对还款能力难以进行有效评估，直接导致互联网信贷坏账率居高不下，而线下追偿效果有限，最后只能造成消费者的资金损失。因此应尽快完善互联网金融配套征信系统建设，将互联网金融平台产生的信用信息纳入人民银行征信系统范围，向互联网金融企业开放征信系统接口，为互联网金融主体提供征信支持。

另外，互联网金融大大降低了金融服务和投资的门槛，便利了大量小额投资者参与金融业务，但互联网的虚拟性和金融行业的复杂性、专业性，导致很多投资者对互联网金融的风险和相关投资策略缺乏必要的认知，一些投资者受互联网企业的误导或虚假宣传而遭受极大损失。鉴于此，必须建立互联网金融纠纷救济制度，加大对投资者权益的保护力度。互联网金融立法应当对互联网金融业务的信息披露和风险揭示进行强制性要求，因风险揭示、信息披露方面的违规操作而造成的损失，投资者有权进行追偿。同时，立法应当畅通投资者的投诉渠道，如设立受理投诉的专业委员会、设置投诉咨询热线和网络平台等；应当强调互联网金融投资教育，提高投资者的风险意识和自我保护能力。

第三篇
地下经济类

一般认为国民经济可以分为两部分，正规经济和地下经济。地下经济是指具有创造价值的经济活动，但是它们没有被列入国民经济总决算中，即没有被包括在正式公布的国民生产总值中。经济学界尚未对网络地下经济的概念形成公认的诠释，通常情况下，网络地下经济就是逃避政府管制，未向政府部门申报的、通过非法手段谋取利益的、基于计算机网络的经济行为。

本篇将地下网络经济行为分为两类：一是不带有明显犯罪特征的地下网络经济活动（如垃圾邮件、流氓软件、网络水军等）被称为灰色经济；二是具有明显的犯罪特点的地下网络经济行为（如网络赌博、色情等），被称为网络犯罪。

总体来说，通过对地下经济活动的严令禁止、调查和惩罚来限制地下经济可能一时有效，但长久来看效果一般。政府应该更多地考虑和分析网民逃避至灰色经济的原因（比如过高的税费和过严的监管造成的合法经济的高额成本和市场空白），以激励经济网民将他们的灰色经济活动资源转回到正规领域。

第十三章　灰色经济

据大连日报社报道："2009 江苏（南京）互联网高峰论坛"宣称，网络地下经济已形成黑色产业链。随着网上交易的发展，越来越多的中国网民在网络平台上进行交易，当热钱在网络上流动时，黑客们也在网络上布下"黑洞"吞噬钱财。"2009 江苏（南京）互联网高峰论坛"透露，一个基于网络的地下黑色产业链逐渐形成，中国互联网用户每年因为网络安全损失的钱财竟高达 76 亿元！

国家计算机网络应急技术处理协调中心副主任、中国互联网协会秘书长黄澄清在《瞭望》新闻周刊上说，从制造木马病毒、传播木马病毒到盗窃账户信息、第三方平台销赃、洗钱，一条分工明确的网络地下经济产业链基本形成。互联网地下经济的日渐"繁荣"严重威胁着国家网络安全，威胁着网民个人信息和财产的安全。"熊猫烧香"病毒的贩卖者王磊初落网时感慨地称："这是个比房地产来钱还快的暴利产业！"

据美国网络安全公司 Sophos 发布的报告显示，早在 2008 年第一季度，平均 5 秒钟就会有一个网页成为黑客们的"盘中餐"。在中国，互联网的安全问题形势也非常严重。中国在成为世界上网民最多的国家的同时，也成为僵尸电脑最多的国家，还有可能成为网络安全的重灾区。如果任由网络地下经济发展而不采取任何强有力的措施，那么中国网络必将成为中国经济发展的障碍。

网络地下经济活动涉及领域较广，从表现形态看，大致可分为三类：第一类为网络营销衍生类灰色经济，表现形式主要为垃圾邮件、盗取个人联系工具（QQ、MSN等）的账号密码作为自己的宣传工具等。第二类为"基于网络形式的现实犯罪类的黑色经济"，如网络赌博、网络诈骗、网络色情经济等；第三类是网络信息犯罪类经济，通过非法的网络技术手段盗取个人、企业、政府等的机密信息来谋取利益，或在网络上公布虚假信息（非钓鱼类网站）来骗取人们的信任进行诈骗行为，如窃取银行信用卡、在网上搞假公司和假投资骗取钱财等。本章将对网络营销衍生类灰色经济做进一步的剖析，并提出相应的合理化建议。

网络地下经济具有以下特性：

（1）技术性。流氓软件、木马、病毒程序的编写及钓鱼网站的发布等各种网络不法行为无一例外地基于一定的网络技术，通过这些网络技术，或获取大量用户信息，或劫持大量计算机进行网络攻击，或隐蔽地联系客户来逃避政府监管进行违法犯罪活动，从而实现谋取利益的最终目的。

（2）非法性。网络地下经济下的违法犯罪的构成特征可以概括为：违法犯罪主体是一般主体，违法犯罪客体是复杂客体，主观方面表现为故意，在客观方面其实行的行为具有特殊性。

（3）隐蔽性。这类网络经济活动如网络赌博、网络诈骗、网络色情等，为了逃避政府的监管、处罚，均不公开进行。而网络给它们提供了更隐蔽的方式，如对信息进行多重加密的自行开发的网络通信工具，或用网络聊天室等来进行违法交易，而在这些极其隐蔽的方式下，正常的网络监管是难以达到预期效果的。

（4）规模产业化。随着网络的飞速发展，以不法牟利为动机的网络经济行为在世界范围里急速增长，相应的，网络地下经济已经趋于组织化、规模化，从木马、病毒及钓鱼类或虚假诈骗类网站、程序的开发、散播，到个人信息的窃取，个人计算机的非法控制，再到第三方平台销赃、洗钱，分工明确，形成了一个非常完善的流水性作业程序。

网络营销衍生出的地下经济的表现形式主要为流氓软件、木马、垃圾邮件、盗取个人联系工具（QQ、MSN等）的账号密码从而作为自己的宣传性工具、用户信息贩卖等。下面分别给予重点介绍。

第一节 流氓软件

一、流氓软件概述

梁丹（2009）认为，流氓软件从技术上讲包括恶意的广告软件（Adware）、间谍软件（Spyware）、共享软件（Malicious Shareware）等，这些都处在合法商业软件和电脑病毒之间的灰色地带。它们既不属于正规商业软件，也不属于真正的病毒；既有一定的实用价值，也会给用户带来种种干扰，因此称这种软件为流氓软件。

流氓软件的特点有：

（1）强制性。指流氓软件在未明确提示用户或未经用户许可的情况下，在用户计算机或其他终端上强制安装软件，通过劫持浏览器、弹出广告等手段强制用户访问特定网站或观看广告，剥夺了用户对软件操作的自主权、控制权。

（2）难以卸载。指流氓软件未提供标准的卸载方式，或者提供的卸载程序无法有效完成任务，导致普通用户无法正常卸载，或者不能完全卸载。

（3）隐蔽性。指流氓软件通过捆绑到共享软件或者嵌入网页，自动安装到用户计算机或者其他终端设备上，安装、运行过程非常隐蔽，普通用户难以察觉。

（4）利益驱动性。指流氓软件以推广网站，或者获得收益为目的，在用户计算机上弹出广告、收集用户行为信息来进行商业活动或盗取用户账户密码等。

（5）自运行性（自动性）。指流氓软件未明确提示用户，或未经用户许可，在用户不知情的情况下，在后台自动运行、下载程序、上传信息或自动升级等。

根据不同的特征，困扰计算机用户的流氓软件主要有如下 5 类，其主要危害如表 13-1 所示。

表 13-1 流氓软件的主要类型

类型	定义	危害
广告软件（Adware）	指未经用户允许，下载并安装在用户电脑上；或与其他软件捆绑，通过弹出式广告等形式牟取商业利益的程序	强制安装并无法卸载；在后台收集用户信息牟利，危及用户隐私；频繁弹出广告，消耗系统资源，使其运行变慢等

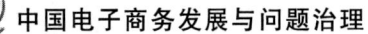

续表

类型	定 义	危 害
间谍软件（Spyware）	一种能够在用户不知情的情况下，在其电脑上安装后门、收集用户信息的软件	用户的隐私数据和重要信息会被"后门程序"捕获，并被发送给黑客、商业公司等，这些"后门程序"甚至能使用户的电脑被远程操纵
浏览器劫持（Brouyer hijacking）	一种恶意程序，通过浏览器插件、BHO（浏览器辅助对象）、Winsock LSP等形式对用户的浏览器进行篡改，使用户的浏览器配置不正常，被强行引导到商业网站	浏览网站时会被强行安装此类插件。普通用户根本无法卸载，用户只要上网就会被强行引导到其指定的网站，严重影响正常上网浏览
行为记录软件（Track Ware）	指未经用户许可，窃取并分析用户隐私数据，记录用户电脑使用习惯、网络浏览习惯等个人行为的软件	软件会在后台记录用户访问过的网站并加以分析，然后发送给专门的商业公司或机构，此类机构会据此窥测用户的爱好，并进行相应的广告推广或商业活动危及用户隐私
恶意共享软件（Malicious Shareware）	某些共享软件为了获取利益，采用诱骗手段、试用陷阱等方式强迫用户注册，或在软件体内捆绑各类恶意插件，未经允许即将其安装到用户机器里	使用"试用陷阱"强迫用户进行注册，否则可能会丢失个人资料等数据。软件集成的插件可能会造成用户浏览器被劫持、隐私被窃取等

2007年4月，浦东新区法院一审受理了何先生诉"很棒公司"一案，何先生诉称，自己在下载QQ密码防盗专家特别版共享软件时，不知不觉地被强制下载安装了很棒富媒体广告软件，然后电脑就开始不断弹出广告窗口。

据何先生的代理律师介绍，自从整合富媒体的"很棒小秘书"软件被强制安装后，每当何先生上网时，"小秘书"就会占用电脑CPU的使用率和内存空间，导致电脑运行速度缓慢，电脑都无法操作。为了修复这个"顽症"，何先生不得已请了电脑公司的人来"赶走小秘书"，并为此支付了150元。何先生起诉要求很棒公司立即停止制造和通过网络或其他途径传播"很棒小秘书"软件，公开登报赔礼道歉，赔偿他的修复损失。

由于插件间的恶性竞争，在"互杀"的过程中往往造成用户计算机频繁死机、蓝屏。2005年年初，越来越多的国内互联网厂商从"中文上网"厂商间的竞争中认识到插件推广的绝佳效果，于是纷纷推出自己的插件。这使得用户在浏览一些网站时，常常被安装了无数个插件、工具条软件。

随着这种情况愈演愈烈，用户开始控诉此类插件，并将这类软件称为"流氓软件"。2005年上半年，国内一些信息安全厂商开始发布反流氓软件工具，这些工具具有"反浏览器劫持""反恶意插件""广告过滤"等特点，如2005年6月28日瑞星发布的卡卡上网助手1.0版等，给通过网页安装插件的流氓软件提供者带来了沉重的压力。于是他们开始尝试用共享软件捆绑的方式，向用户的电脑中安插流氓软件。这些厂商网罗了多种知名共享软件的作者，将自身的产品与共享软件捆绑，并支付一定费用。当用户安装这些共享软件时，会同时被强制安装"流氓软件"，且无法卸载。

中国的共享软件体制尚不完善，盗版问题比较严重，共享软件作者很难从软件注册费中获取收益，因此纷纷通过推广流氓软件来牟利。2005年至今曾经出现过一个共享软件捆绑安装十余个流氓软件的情况。另外，有的消费类厂商因为流氓软件弹出广告覆盖面广、营销对象确定、利润来源稳定，也开始给流氓软件发布者投放广告，这使得整个流氓软件产业形成了完整的链条。

2006年下半年开始，迫于技术和舆论的压力，制作流氓软件的厂商开始两极分化。一些大牌互联网厂商逐渐"洗白"，将软件的"流氓"程度降低，还有一些厂商干脆放弃推广"流氓软件"。流氓软件中小提供者，由于"流氓软件"广告推广已经成为其公司的主要甚至是唯一的收入来源。2006年下半年开始，为了生存不惜铤而走险，使用更加卑劣的手段进行流氓推广，并且采用更加恶毒的技术公然向反病毒软件、反流氓软件工具提出挑战。

二、治理现状与建议

流氓软件出现以来，通过媒体的曝光、主管部门监督等社会各家的努力，有效地打击了流氓软件的猖狂影响，但还是难以从根本上治理流氓软件，其中最根本的原因是法律上对"流氓软件"缺乏明确的定义，打击流氓软件缺乏法律依据。

我国涉及计算机信息安全管理的相关法律法规有《刑法》《计算机信息系统安全保护条例》《计算机病毒防治管理办法》等。很多流氓软件对计算机信息系统的功能进行删除修改或者增加，与破坏计算机信息系统罪比较吻合，但是，《刑法》上规定，破坏计算机信息系统罪的主体为年满16周岁，并具有刑事责任能力的自然人。而互联网上流氓软件发布者大多为法人，所以，刑法对此不适用。

《计算机病毒防治管理办法》第二条对计算机病毒进行了定义：本办法所称的计算机病毒，是指编制或者在计算机程序中插入的破坏计算机功能或者毁坏数据，影响计算机使用，并能自我复制的一组计算机指令或者程序代码。调查显示大多数流氓软件更多表现为干扰用户的正常使用，只有很小部分流氓软件具有破坏性，但是尚不具有自我复制的特征，不符合计算机病毒的定义，因此《计算机病毒防治管理办法》中的规定对流氓软件缺乏约束力。

流氓软件一般在网民进行浏览网页、下载、注册等过程中，在未经用户许可或用户毫不知情的情况下强制下载并安装在用户机器上。网民普遍认为，其行为违反了《消费者权益保护法》。可是，在审视主体资格时，消费者应该是为个人的目的购买，或使用商品和接受服务的社会成员。而流氓软件的发布者与被强制安装该软件的机器的主人之间是否构成消费关系还有待商榷，主体关系尚不能确定，据此来维权显然有些无力。由于流氓软件具有强制安装特性，即非法占用了内存空间、系统资源，可认定为侵犯了网民的虚拟财产。根据《民法通则》规定，公民的合法财产受法律保护，禁止任何组织或者个人破坏。然而，虚拟财产是一个新兴名词，法律上对该词还未有一个正式的、明确的解释。

对流氓软件治理可参考以下法律条款：根据《中华人民共和国反不正当竞争法》第九条规定，经营者不得利用广告或者其他方法对商品的质量、制作成分、性能、用途、生产的有效期限、产地等进行有误解的虚假宣传。而许多流氓软件要么没有将其功能告诉用户，要么做虚假宣传。《中华人民共和国合同法》第三条规定，合同当事人的法律地位平等，一方不得将自己的意志强加给另一方。网络用户在平等自愿的基础上充分了解某款软件，这是一种资助缔约的行为，而流氓软件发布者显然在有意识地规避用户的资助缔约，强行让对方缔约，这违反了诚信与公平原则。

政府必须采取相关措施对流氓软件予以治理，以净化网络环境、保障计算机网络用户的合法权益。当然流氓软件的治理应该是一个综合的、系统的工程，但笔者认为在这一系统工程中最为关键的一个环节就是相关立法的完善，就其具体的治理措施来看，主要应当包括以下几个方面。

第一，填补空白，完善立法。流氓软件引发的问题已经不是个案，理论界的争论、实务界的困惑最终都要靠完善相关立法的途径予以解决。

第二，加强监管，严厉处罚。在完善以上相关立法的前提下，赋予国家网络安全监管机构（国家计算机病毒应急处理中心）相应的行政监管与处罚权，由该机构对网络安全进行全面监控，并且公布流氓软件"黑名单"，免费提供广大网民卸载及屏蔽流氓软件的方法步骤；同时由该机构对流氓软件的编写者、发布者、使用者、传播者以及相关的网络运营商依法予以严厉的处罚。

第三，严格自律，净化环境。我国已经成立了全国性和地方性的互联网行业协会，并且有的协会已经制定了相关的自律性公约，规范软件厂商和网络运营商的行为。但笔者认为，由于巨大经济利益的驱使，自律性公约的作用是非常有限的。因此，笔者建议应当在各种自律性公约中建立与完善对公约破坏者的行业孤立规范，甚至是行业驱逐与禁入规范，从而对流氓软件形成"过街老鼠，人人喊打"的网络环境。当然，这一点还有待我国整个商业环境中诚信观念的深入人心，以及价值观念的转变，有待网络行业的进一步发展。

第四，科学引导，提高素质。我国网络行业正处于蓬勃发展的阶段，计算机日益普及，网民数量与日俱增，但是由于我国人口总体素质还有待提高，由计算机网络引发的新型法律、社会问题层出不穷。浏览不健康网页、对来路不明网页和邮件的防范意识淡薄、对计算机病毒以及流氓软件的"集体无意识"，这些都是我国广大网民整体素质不高的表现，尤其是在网络环境下，广大网民的法律维权意识更为淡薄，因而导致流氓软件肆意猖獗。因此，流氓软件的治理还必须加强国民科学文化教育，引导广大网民形成健康、良性的网络浏览习惯，提高全民的法制观念和法律维权意识。

第二节 用户信息贩卖

一、网民信息泄露

电子商务中消费者隐私权是指在电子商务交易中涉及对个人数据的收集、传递、存储和加工利用等各个环节依法受到法律保护的人格权。个人数据主要指自然人的姓名、性别、出生年月、身份证统一编号、特征、指纹、婚姻、家庭、教育、职业、健康、病历、财务情况、社会活动、E-mail 信息、IP 地址、Username 与 Password 等资料的收集、传递、存储和加工利用等各个环节依法受到法律保护的人格权。

世界知名信息安全厂商赛门铁克 2014 年 5 月发布的第 19 期《互联网安全威胁报告》称，2013 年为"大规模数据泄露之年"，全球有超过 5.52 亿条身份信息被泄露，泄露数据的数量是 2012 年的 4 倍。赛门铁克中国区安全产品总监卜宪录介绍，2012年至2013年间，全球大规模数据泄露事件从1起增至8起，每次泄露的身份信息都超过千万。"这也许只是冰山一角，真实泄露的数据次数和规模应该比这个还大"。信息安全专家、国际关系学院信息科技系副主任王标说，如此庞大的数据泄露意味着，黑客不仅知道他们的邮箱地址，还可能知道他们的家庭住址、电话号码、身份证号，甚至是信用卡号和银行账号，公民个人面临的风险将大大增加。

电子商务中消费者隐私权从权利形态来分，有隐私不被窥视的权利、不被侵入的权利、不被干扰的权利、不被非法收集利用的权利；从权利的内容分，可以有个人特质的隐私权，个人行为的隐私权、通信内容的隐私权和匿名的隐私权等。

具体而言，电子商务中消费者的隐私权包括如下几个方面的内容：

（1）资料信息搜集的知悉权。知悉权是电子商务中消费者的基本权利，是指任何单位和个人在搜集使用消费者的个人数据资料时，必须对资料的所有者进行及时准确的告知，电子商务中消费者有权知道数据的使用者搜集了哪些信息，信息的具体内容是什么，这些信息将被用作何用途以及数据拥有人的相关权利等。

（2）信息资料的控制权。这是电子商务中消费者隐私权的核心，这一权利包括电子商务中消费者通过合理的途径访问、查阅被搜集和整理的电子商务中消费者信息资料，并对错误的个人信息资料进行修改、补充、删除，以保证网络个人信息资料的完整、准确。

（3）信息资料的安全请求权。不论网站所搜集的是何种个人信息，只要涉及电子商务中消费者的隐私权，就必然与信息资料的安全问题有密切关系，不论是人为的信息泄露或被窃取，还是技术上的缺陷、操作上的失误致使信息资料或数据丢失，都将严重地影响个人信息资料的正常使用和电子商务中消费者隐私权的保护。所以应当赋予权利人安全请求权：一方面权利人有权要求网络个人信息资料的持有人采取必要的合理措施，保护用户的个人信息资料的安全；另一方面，当电子商务中消费者信息资料的持有人拒绝采取必要措施和技术手段保护网络个人信息资料的安全时，电子商务中的消费者有权提起诉讼或根据协议申请仲裁或向有关行政职能机构申述获得行政强制力的支持。

二、治理现状与建议

2009年2月28日第十一届全国人民代表大会常务委员会第七次会议通过的《中华人民共和国刑法修正案（七）》（简称《修正案（七）》），首次增设了侵犯个人信息安全犯罪的条文，将侵犯个人信息严重的行为归为犯罪行为。2011年，珠海市香洲区法院宣判了全国首例侵犯公民信息安全犯罪案，被告人周建平成为国内以侵犯个人信息安全的罪名被追究刑事责任的第一人，被判刑1年6个月，处罚金2000元。

侵犯个人信息罪的构成主要是指在主观上，犯罪嫌疑人必须是故意所为。依据《修正案（七）》第七条规定，侵犯个人信息罪是包括两个罪名的：一是"非法提供公民个人信息罪"。该罪的主体要件是国家机关或金融、电信、交通、教育、医疗等单位及其工作人员；对单位犯罪的是直接负责的主管人员和其他直接责任人员。这些单位或其工作人员，在履行工作职责和提供服务时合法知悉他人个人信息内容，但他们无权以此进行非法活动或商业活动。这一规定，加大了对国家机关及公共服务部门工作人员的约束。二是"非法获取公民个人信息罪"。该罪的主体要件除国家机关或金融、电信、交通、教育、医疗等单位及其工作人员外，一般公民也属于该罪的构成要件。

虽然全国人大常委会通过了《中华人民共和国刑法修正案》，并将侵犯个人信息严重的行为确定为犯罪行为，但是，真正依法起到的作用还远远不够。分析其中的原因，除了立法还不够完善外，主要还在于宣传不够，绝大多数公民不是不知当前国家法律有侵犯个人信息犯罪的法律规定。即使知道有法，但也不知如何来保护和预防。

要加强保护网络隐私权不受侵犯的立法工作。在立法方向上应该重点着手以下工作：第一，在未来的民法典中明确隐私权的法律地位。第二，制定专门的网络隐私权法律制度。另外需要完善其他与隐私权保护相关的法律法规，使之与一般性规定和专门法律规定相配套，能够更好地起到保护作用。对于这些法律规定，我们应根据当前的实际情况对其中不适时的规定加以修正，使它们符合实际需要。因此必须采取立法方式来对电子商务予以规范。

（1）在保护模式的选择上，应该采取技术中立的原则，采取把立法模式和行业自律模式结合起来的"安全港"模式。即由行业自律组织制定出保护消费者隐私权的行业规范，把该标准作为最低的法定标准。如果经营者遵守该标准，就认为是合乎法律规定可以免除责任。

（2）必须在立法上明确隐私权的法律地位，并且严格执法，违法必究。在法律细节上对网络经营者和消费者在保护隐私权方面的权利和义务做出详细规定。

（3）教育消费者自我保护。我国有公民隐私不受侵犯的传统，所以应当通过宣传树立公民的隐私权观念，使公民认识到自己的权利，懂得保护自己权利的方法。

(4) 鼓励保护消费者隐私技术手段的发展。技术手段也是保护隐私的重要一环。提倡网络经营者和消费者使用隐私权选择平台、匿名技术、加密技术等保护消费者隐私。

(5) 设立保护消费者隐私权的专门机构，统一标准规范消费者隐私的管理。

(6) 加大立法宣传，采用各种方法对公民进行信息化时代的法制教育，将侵犯个人信息犯罪的教育讲深讲透，宣传到家，让每个公民不但懂得保护个人信息的重要性，而且要使每个公民懂得如何预防侵犯个人信息犯罪的手段。

第三节　垃圾邮件

全球互联网上垃圾邮件泛滥成灾，垃圾信息日益增加，让网民头昏眼花，无所适从。国际电信联盟指出，全世界约 80% 的电子邮件是垃圾邮件，垃圾邮件每年给世界经济造成的损失高达 250 亿美元。据 MessageLabs（全球著名的信息安全软件供应商）所做的调查，1998—2006 年，全球垃圾邮件的数量日益增长，让数亿网民苦不堪言，网络运营商也损失严重。每千人左右的公司每年因垃圾邮件造成的损失要超过 1300 万美元，中国是世界上垃圾邮件的最大受害国。

中国互联网协会的调查统计说明，中国互联网的垃圾邮件以年均 50% 以上的速度激增，而且垃圾邮件中夹杂了大量病毒。有些新病毒攻击计算机后便会产生垃圾邮件，然后大肆蔓延，危害越来越普遍，越来越严重。2003 年，国内的邮件服务器共收到 1500 亿封垃圾邮件，尽管其中 60%—80% 被服务器过滤掉，但至少还有 470 亿封最终流入用户的信箱，造成经济损失近 200 亿元。2004 年，垃圾邮件又增长 73%，网民平均每周收到正常电子邮件 5.8 封，垃圾邮件 7.9 封。其中，淫秽和色情电子邮件占所有垃圾邮件的 15%，赌博电子邮件占 11%，欺诈电子邮件占 18%，迷信、伪科学、邪教等电子邮件占 10%，产品广告占 30%。2005 年，我国网民共收到 1000 多亿封垃圾邮件，造成经济损失超过 360 亿元。虽然党和政府及有关部门、行业、企业采取许多措施反垃圾邮件，但垃圾邮件的泛滥势头仍很强劲，不仅造成极大经济损失，而且给信息安全造成极大威胁。

一、垃圾邮件概述

关于垃圾邮件（spam），现在还没有一个严格的定义。一般来说，凡是未经用户许可就强行发送到用户邮箱中的任何电子邮件都可能是垃圾邮件。中国互联网协会在《中国互联网协会反垃圾邮件规范》中是这样定义垃圾邮件的："本规范所称垃圾邮件,包括下述属性的电子邮件:(一)收件人事先没有提出要求或者同意接收的广告、电子刊物、各种形式的宣传品等宣传性的电子邮件;(二)收件人无法拒收的电子邮件;(三)隐藏发件人身份、地址、标题等信息的电子邮件;(四)含有虚假的信息源、发件人、路由等信息的电子邮件。"下面介绍全国首例垃圾邮件侵权案。

原告王女士,长期使用私人电子邮箱与客户联系业务。自2005年起,原告的邮箱一直收到上海某咨询公司通过广州某科技公司发送的垃圾邮件,其内容是咨询公司举办的有关培训业务的广告。原告花费了大量的时间、精力接收和删除这些垃圾邮件,其正常工作和生活受到严重影响。而且,为避免用手机上网接收和删除垃圾邮件的额外费用,原告不再使用手机上网,耽误了不少业务。在屡次致电及传真通知对方停发垃圾邮件无效后,原告以上海某咨询公司和广州某科技公司为共同被告向北京市东城区法院提起侵权诉讼。

原告认为,上海某咨询公司未经许可擅自向其电子邮箱中发送垃圾邮件,侵犯了原告的合法权益,应承担民事赔偿责任。而广州某科技公司在网上收集有效电子邮件地址并出售获利,提供垃圾邮件群发软件为咨询公司发送垃圾邮件,侵害了原告的合法权益,应承担连带赔偿责任。原告据此提出了要求二被告停止侵害、赔礼道歉赔偿经济损失和精神损失共计人民币1100元的诉讼请求。但就在法院立案后不久,原告却向法院撤诉,全国首例垃圾邮件侵权案以此结案。

原告表示其撤诉的真正原因在于电子诉讼的高科技性,其缺乏证据确定垃圾邮件的制造者和发送者。事实上,此案撤诉的原因是我国垃圾邮件治理的技术难题在司法诉讼中的直接体现。反垃圾邮件实践遇到的一个突出问题就是垃圾邮件取证技术的研发成本过高,垃圾邮件发送容易而查处却非常困难,垃圾邮件发送者的责任风险很低。当互联网用户对垃圾邮件发送者提起司法诉讼的时候,这个问题在法律上首先就反映为诉讼的被告难以确定,不符合《民事诉讼法》第108条诉讼条件之一"有明确的被告"的规定。本案的原告就因无法举证被告的确切身份,只能以撤诉的方式承担了举证不能的后果。

因此,垃圾邮件发送者的确定即相关证据的取证问题是本案的第一个关键问题。本案的另一个关键问题是原告的起诉有无法律依据,即垃圾邮件发送者发送垃圾邮件的行为是否构成民事侵权。这两个问题是全国首例垃圾邮件侵权诉讼的核心问题，也是本书展开法律思考的出发点。

二、治理现状与建议

我国宪法赋予公民通信自由，而对隐私权的保护则没有直接规定。无论是《广告法》《合同法》《消费者权益保护法》，还是《中国互联网协会反垃圾邮件规范》《关于制止垃圾邮件的管理规定》《中国电信对垃圾邮件处理暂行办法》，以及《全国人大常委会关于维护互联网安全的决定》，都缺少专门限制未经同意即向收件人发送电子邮件的条款，只有当垃圾邮件的内容直接违反了相关法律法规中的禁止性规定的时候，相关的法律法规才可能适用。直到2013年，全国人大常委会通过了《关于加强网络信息保护的决定》，其中明确规定，未经同意或者请求不得向个人邮箱发送商业性电子信息；工信部《互联网电子邮件服务管理办法》规定，发送垃圾邮件最高可处以3万元罚款。尽管如此，现实中泛滥成灾的垃圾邮件，却无视这些法规的存在。与治理垃圾邮件类似，数年前工信部就依法开展过一次垃圾短信专项行动，移动、联通、电信三大运营商都签署过治理协议。然而，这些运营商均卷入垃圾短信产业链不能自拔，有的甚至还给群发企业返利。

针对上述现状，我们应该借鉴美国的反垃圾邮件立法，尽快制定我国的《反垃圾邮件法》，可以着重从以下五个方面对用户的网络隐私权加以保护。

（1）依法界定垃圾邮件，赋予用户网络隐私权。垃圾邮件应定义为：在互联网上，所有未经收件人请求而反复大量发送的电子邮件。反垃圾邮件法应禁止发件人发送未经请求的电子邮件，并赋予网络用户隐私权，以保护广大用户的利益，保障其个人隐私不受侵犯。

（2）确定责任主体。垃圾邮件存在的前提是愿意为垃圾邮件发送者提供服务的ISP和愿意为垃圾邮件广告支付费用的广告主，因此ISP和广告主应该被赋予制约垃圾邮件传播的义务。而当它们违反各自义务时，也应承担相应的法律责任。

（3）收件人的诉权。由于垃圾邮件的数量众多，政府监管部门的工作往往会事倍功半。因此，有必要赋予收件人诉讼主体的地位，允许数量众多的收件人进行集团诉讼，这样既可以及时有效地保护互联网用户的权益，又可以降低行政和司法成本。

（4）原告方的举证责任以及损害赔偿的金额。由于垃圾邮件的特点，发件人的真实身份难以确定，给用户造成的经济损失也经常是间接的，因此，要求原告人证明损失在技术上存在很大困难。所以，不应该对原告的举证责任设置过于严格的要求。如果反垃圾邮件立法中明确相关诉讼可以将 ISP 和广告主作为被告，那么这个问题就比较容易解决，一方面，原告的举证责任可以仅限于证明原告接到了利用 ISP 而发送的垃圾邮件或包含该广告主的垃圾邮件，而相关的 ISP 和广告主则有义务证明它们不存在过错；另一方面，如果用户不能证明其损失额度，则应规定适用一个法定的计算方法。

（5）对恶意发送垃圾邮件的行为加大惩罚力度。对恶意发送垃圾邮件的行为的惩罚，不仅包括民事责任，还应包括刑事责任。例如，美国《电子邮件用户保护法》同时规定了上述两类处罚。在民事处罚方面，该法规定：对于任何故意违反上述规定的人都应按每发送一条邮件消息处以 50 美元以下的罚款或者违法行为每持续一天处以 10 000 美元以下的罚款的标准处罚。对于情节严重的违法行为（如"故意以盗用他人的姓名或者电子邮件回复地址的方式批量发送未经请求的商业电子邮件"或者"故意向已特别声明不愿意再收到发件人的未经请求的电子邮件的人发送同类的电子邮件"等行为），受理的法院有权处以一年以下的刑事处罚。

当然，要想从根源上解决垃圾邮件的问题，还应加强对电子邮箱用户的教育，主要在于两个方面：第一，不要随便暴露自己的邮箱，也许是无心之举，但很有可能被有意之人利用，使自己的邮箱成垃圾邮件的侵犯对象。第二，对待垃圾邮件不要有"多一事不如少一事"的想法，碰上垃圾邮件立即举报，这将会大大减少相关部门的工作量，使得垃圾邮件的发出者无处遁形。

第四节　网络水军

一、网络水军概述

互联网为普通网民的言论表达提供了一个重要的渠道，然而，某些网民为某种利益或迫于压力会发表并非自身真实感知的言论。这种有组织的言论表达在利益的裹挟下产生了巨大的社会影响而被普遍关注。

"网络水军"是指通过雇用大批人手在互联网上集体炒作某个话题或人物，以达到宣传、推销或攻击某些人或产品的目的。这些受雇人员在"网络推手"的带领下，以各种手法和名目在各大互联网论坛发帖子制造假舆论，并向有利于自己的目的汇聚。因为这种造势常常需要成百上千人共同完成，因此，那些在网上征集来的发帖人被叫作"网络水军"。

"网络水军"有专、兼职之分,以兼职居多,组成人员以大学生、白领及一些无业人员居多,这类人群自由上网时间多,有利于完成"任务"。"网络水军"的主要工作任务是利用网络的信息不对称,伪装成普通网民,在网上发帖回帖,为雇主造势,最终从雇主那里领取经济报酬。

根据杨枝煌(2011)的分析和总结,网络水军可以分为以下几类。

(1)零分党——正义召唤的自由水军。人们总是相信正可压邪,因此正义在任何时代、任何社会总是以一定形式存在着。2009年2月,云南在押人员李乔明死在看守所,警方称其"躲猫猫"时撞墙而死。这一事件经媒体报道后,在网络上迅速传播。在该事件成为网络热点后,云南省委宣传部迅速组织事件真相调查委员会,并邀请网友和社会人士参与调查。在网络舆论的推动下,"躲猫猫"事件的真相很快被查清,施暴者受到法律制裁,有关责任人受到行政处罚。在此前后,包括杭州"70码"、温州"购房门"、陕西"华南虎照"、山西"黑砖窑"、上海"钓鱼执法"等一系列网络公共事件中,网民监督公权力,推动着事件真相的调查。

还有,当网友们拜读了华侨发表的《你们究竟要我们怎样生存》的文章以后,纷纷自发起来挞伐西方的双重标准,中华民族爱国主义情结空前凝聚起来,国家认同感空前升华。当然,还有更多的关于网络征求政策出台和法律发布的意见,这时的水军更是一种自发的政治参与,极大地提高了法律制度的公正合理性。而2011年年初于建嵘教授发起的微博打拐热潮更是正义的水军的一种自觉行动。网友们零碎的、非专业的行动,与公安部门、媒体、人大代表及政协委员等力量结合在一起,迅速形成舆论焦点。这种义务的网络行动,这种自觉的集体参与,没有任何商业利益的自发行为,使得这种水军成为另一种存在,成为最后的"麦田守望者",姑且以正义水军或"零分党"命名之。

(2)五毛党——权力组织的御用水军。出于控制舆论、加强"正面"宣传引导的善愿,政府或者有政府背景的单位(包括金融机构、央企、国企、商会、协会、学会等企事业单位)便组织进行网络舆情引导、监督和控制,名曰"网络评论员",行内普遍称之为"五毛党"。政府官员和官方媒体认为,网络评论员在维护社会稳定、封杀不利于政府的网络言论、维护政府形象、促进政府与民众沟通方面起到一定作用。但是绝大多数互联网用户认为,无论出于什么理由,网络评论员都不应当为金钱利益而发表自己原本支持或者反对的观点。《南都周刊》评论指出,政府某些领导和网评员之间的这种关系,非简单的拍马,而更像是互利的"合作性互骗"。有网友认为,在每次重大社会事件背后,很多网络讨论中都会存在互相猜疑，甚至暴力言论的现象。而这正是某些政府部门雇用与放任网络评论员所造成的恶果，并认为这种相互猜忌妨害正常讨论所造成的社会破坏，已经远远超过了网络舆论引导策略并潜在歪曲事实可能带来的威胁，网评员不正当的讨论方式给普通网民树立了很坏的模仿榜样。新加坡学者郑永年也警告，中国基层社会的基本社会信任将有解体危机。也有网友指出，五毛党在各种论坛删除或禁止回复敏感议题，无法达到审查机构的初衷。北京大学的胡泳认为，这种网评员成不了气候，只会成为笑柄，他们的弱点是无法积累名誉，获得信任。网络写手温云超也称 Twitter 上的一些中文用户不会轻信网评员的话。我国网络企业家及大众媒体专家毛向辉认为，这也算一种审查制度，既监督公众，又削弱了网络上其他声音，增大了噪声。我国官方媒体人民网也曾刊文指出，组织网络评论员制造舆论压制对方与职业道德不符，不应利用公权力来制造虚假的舆论。

（3）阉党——企业豢养的商业水军。网络水军最初只不过是在论坛大量灌水个体的总称，没有严整的结构，属于网络集体无意识作为。自从注意力经济成为大家的共识以后，加上中国人如鲁迅批判的那种喜好围观的劣根性，无意中推动了水军的横空出世、无处不在和无孔不入。随着网络民意愈来愈深地影响现实舆论，水军开始受雇于网络公关公司，成为在网络发帖、回帖、转帖借势造势的群体。而其中负责发帖打压对手的水军，则是水军中的先锋——网络打手。因此，这些被雇用的网络水军成为被阉割了自身主见的党徒，而且成为幕后策动其他网民掉进按照商业利益编织的陷阱中的帮凶。虽然没有接受雇用赚取发帖费，其他一些不够成熟的普通网民由于不了解真相，也在不知不觉间"被水军"，从而陷入了幕后操纵的舆论陷阱。

本书主要讨论的是第三种，为他人发帖回帖造势的网络人员及以注水发帖来获取报酬的网民。

"网络水军"作为网络营销的衍生问题，主要危害有以下几个方面。

（1）不实信息误导大众。信息传播的目的本应满足受众了解周围环境的需要，为此，传播者提供的信息必须真实准确。但"网络水军"在互联网上传播信息的目的却是通过操控和制造民意、左右舆论，误导受众，他们传播的信息常常是黑白颠倒、是非不分，不实的信息不仅无助于受众认清周围的环境，反而将受众置于无知和愚昧之中，与信息传播的本来目的背道而驰。

（2）损害商业信用，造成不正当竞争。虽然商家通过购买水军能宣传自己的产品，从一定程度上提高自己的销量，但是一旦被发现是水军，商业信誉便会受损，这会得不偿失。更有甚者，会通过网络水军来诋毁竞争对手的产品，导致整个互联网的混乱，互联网信誉也会因此受到严重损害。

二、治理现状与建议

针对网络水军的治理，主要可以分为以下几个方面。

（1）从法律方面，完善相关法律法规，对网络水军加强监管。针对网络水军，我国并没有完善的立法，这才使得网络水军有机可乘。我们在制定法律时应尽可能详细并具有前瞻性，对网络水军的何种行为构成何种级别的违规或犯罪，应受到何种程度的惩处作具体的规定。相关部门要统筹策划、联合行动，制定长效机制，建立互联网监管体系。在充足的证据下和严重后果时采取司法行动。但要特别注意区分和包括网民正常的言论自由，如对转发 500 条即为诽谤罪的入罪条件等法律条款的制定需要谨慎。

（2）从技术层面，限制网络水军。尽管网络水军看起来人数众多，但实际上很多情况下都是同一个人用同一台机器扮演很多人，从这个层面上，我们可以通过"验证码"或者"IP 限制"等方式限制水军的大肆行动，比如在发言上用验证码限制发言速度，在在线投票上通过同一个 IP 的票数限制可以有效限制刷票行为，将技术侦察作为证据的重要来源。

（3）从教育方面，提高公民的网络素质。所谓网络素质，不是道德素质，还有一些网络专业素质，教育普通网民理性看待网络言论，做出自己的判断，实际上，很多网络水军的言论是很容易识别的，他们往往带着同样风格的话语，目的性极强。只要稍加判断，便可看出其中端倪。

因为网络水军通常伪装成普通网民进行发言，所以在治理网络水军时必须特别谨慎，不能在没分清是正常网民还是网络水军之前就进行治理，这样反而会造成更加糟糕的局面。网络的净化还需要我们长时间共同的努力。

第五节 网络营销产生的地下经济治理总结

网络营销衍生下的地下产业经济，如以宣传商家产品、提高企业的销售量、获取更多的利润为最终目的的流氓软件及网页广告弹窗性的木马、垃圾邮件及用户信息的贩卖等，都归于一个"利"。网络地下经济迅猛发展是对利益更激烈追逐的结果，正是出于对利益的追逐，商家企业才会想尽各种方法推销自己的产品，不法之徒才会铤而走险，为了高昂的利润而置法律于无视。

对于网络营销衍生的地下经济的净化与治理，不仅是政府的责任，更是广大企业商家及计算机使用者的责任。

一、政府法律法规的完善

首先，对政府来说，应不断填补法律的空白，进一步完善网络法律制度。例如，《计算机信息网络国际联网安全保护管理办法》中规定制造和传播病毒是违法的，但是对于木马、流氓软件、黑客程序等并没有清晰的界定，这也是木马等程序制造者敢于利用网络公开叫卖的根本原因。此外，在打击新形式网络犯罪中还存在立案难、取证难、定罪难等问题。比如，网络虚拟资产在现实中难以认定价值，定盗窃罪没有依据。虽然受害者有权提起民事诉讼请求，但操作上还是有些困难，包括搜集证据、赔偿的标准和计算方法，我国立法上缺少统一的规定。

其次，对于商家基于网络的广告、宣传、营销手段方式，法律也没有一个明确的规定。这就使得商家敢于和网络信息贩卖者、木马、流氓软件、黑客程序开发者勾结，通过不正当的方式如垃圾邮件、木马、流氓软件等进行网络营销。针对这些情况，政府应通过详尽的法律规定使其走规范化的法律路径，不得采取任何未经计算机使用者允许的强迫性的广告植入，如安装流氓软件后不断地弹窗广告或未经计算机使用者允许更换浏览器图标，篡改广告性质的浏览器首页，以及垃圾邮件等方式。

最后，政府需要建立一个完善的强有力的监察机制。这个监察机制不仅需要专业技术人员的介入，而且需要广大网民的参与，使得网络监察成为一个群治群防的监察网络。同时，建立一个相应的网络地下经济数据库，通过广大网民在日常生活中不断接触的网络营销衍生下的地下经济，以及网络监察专业人员收集到的信息的添加，来不断完善这个数据库，使我们对网络地下经济有一个更加全面、更加系统的认识，还可以以此来指导我们清除网络地下经济的工作。在这种群治群防的网络监察下，即使网络地下经济不断地改变它谋取利益的方式的"外衣"，也使它无处遁形。只有这样才能更加全面、更强有力地打击网络地下经济。

二、企业行业自治和规范

对于企业来说，更多的是依靠企业、行业内部自治、规范。通常情况下，企业对利润的追逐是网络地下经济产业链形成的源头。正是企业在网络营销模式下向中国广大网民宣传自身产品的迫切需求，才使得用户信息贩卖者，流氓软件、木马、病毒、钓鱼网站等软件、网站开发者找到市场。企业对自身产品进行宣传时，通过用户信息的贩卖者和木马、病毒、流氓软件等程序的开发者在网络上通过不法手段宣传自身产品所需的成本，要远远低于企业通过正常渠道宣传自身产品的成本，而用户信息的贩卖者和木马、病毒、流氓软件等程序的编写者通过不法手段替企业宣传时又可以在短时间内获得大量的金钱，从而使他们从中尝到了甜头，进而更加猖獗地贩卖用户信息、编写木马、病毒、流氓软件程序等。企业与通过不法手段的宣传者两方面的利益需求使得网络营销衍生下的网络地下经济产业链迅速发展壮大。因此网络地下经济治理的责任对于企业自身来说，更多地需要自治。企业所处的行业协会应制定相应的行业标准、规范，使得行业内的竞争正当化、公平化，严禁利用网络地下营销手段进行各种不正当的宣传竞争。

三、网民积极参与自律

对广大网民来说，要积极地参与到打击网络地下经济的活动中。一方面，作为计算机用户在网络中遇到垃圾邮件、流氓软件、木马、钓鱼网站、网络色情、网络赌博、网络贩毒等信息时要自觉地抵制，并主动向相关部门汇报。另一方面，网民要严格要求自己，自觉遵守《计算机信息网络国际联网安全保护管理办法》等互联网法律法规，绝不从事木马、病毒、流氓软件的开发工作，维护互联网纯净，打击网络地下经济的发展。

网络地下经济的治理不只是政府的责任，还是企业、行业协会、网民共同的责任，只有各方面共同努力才能有效地打击网络地下经济，维护网络经济的健康发展，更好地维护网民的权益。

第十四章　网络犯罪

网络犯罪，是指行为人运用计算机技术，借助于网络进行的犯罪活动。综观现有的关于网络犯罪的描述，大体可归纳为三种类型：第一，通过网络以其为工具进行各种犯罪活动；第二，攻击网络以其为标进行的犯罪活动；第三，使用网络以其为获利来源的犯罪活动。第一种以网络为犯罪手段，视其为工具，可以称之为网络工具犯。由于网络已渗透到人们生活的方方面面，其被犯罪分子利用进行犯罪活动的表现形形色色，可以说刑法分则中除了杀人、抢劫、强奸等需要两相面对的罪行以外，绝大多数都可以通过网络进行。后两种类型均以网络为行为对象，称其为网络对象犯。它包含以网络为获利来源的犯罪行为和以网络为侵害对象的犯罪行为，分别称之为网络用益犯和网络侵害犯。本章主要介绍利用网络作为工具进行的犯罪行为，如网络色情、网络赌博和网络欺诈。

第一节　网络色情

一、网络色情概述

网络色情是指在网上以具体描绘性行为、介绍性服务信息或者露骨宣扬色情的侮淫性为主要内容的淫秽物品信息，不具备或基本不具备人体卫生、医学知识和艺术等价值。目的在于挑逗浏览者的性欲或满足人的性猎奇心理。

我国现行法规将色情按照程度分为三个层次，淫秽出版物、色情出版物和夹杂淫秽内容的出版物。最早明确处理色情问题的规定是国务院于1985年发布的《关于严禁淫秽物品的规定》，其中规定"查禁淫秽物品的范围是：具体描写性行为或露骨宣扬色情淫荡形象的录像带、录音带、影片、电视片、幻灯片、照片、图画、书籍、报刊、抄本，印有这类图照的玩具、用品，以及淫药、淫具"，同时规定"夹杂淫秽内容的有艺术价值的文艺作品，表现人体美的美术作品，有关人体的生理、医学知识和其他自然科学作品，不属于淫秽物品的范围，不在查禁之列"。

1989年1月19日，新闻出版总署发布了根据《关于严禁淫秽物品的规定》和《关于重申严禁淫秽出版物的规定》制定的《关于认定淫秽及色情出版物的规定》，明确区分了"淫秽"与"色情"两种概念，淫秽出版物基本坚持了国务院 1985 年的定义，色情出版物指在整体上不是淫秽的，但其中一部分内容对普通人特别是未成年人的身心健康有毒害，而缺乏艺术价值或者科学价值的出版物。此处"色情"的定义显然也旨在或者足以挑动人的性欲，但采取的表达形式应当较"淫秽"温和，造成的影响仅仅是"有毒害"，而非足以"导致普通人腐化堕落"。根据笔者的理解，这里的色情在某种程度上已经具有了一定的艺术性，评价的标准诸如"对普通人特别是未成年人的身心健康有毒害"虽仍以普通人不能容忍为限度，但开始表现出向特定人群转化的倾向。随后，新闻出版署又规定了有关色情的第三种概念："夹杂淫秽色情内容、低级庸俗、有害于青少年身心健康的"出版物（简称"夹杂淫秽内容的出版物"），尚不能被定性为淫秽、色情出版物，但低级庸俗，妨害社会公德，缺乏艺术价值或者科学价值，公开展示或阅读会对普通人特别是青少年身心健康产生危害，甚至诱发青少年犯罪的出版物，具体来说，具有下列内容之一的可被列为色情出版物：①描写性行为、性心理，着力表现生殖器官，会使青少年产生不健康意识的；②宣传性开放、性自由观念的；③具体描写腐化堕落行为，足以导致青少年仿效的；④具体描写诱奸、通奸、淫乱、卖淫的细节的；⑤具体描写与性行为有关的疾病，如梅毒、淋病、艾滋病等，令普通人厌恶的；⑥其他刊载的猥亵情节，令普通人厌恶或难以容忍的。

1. 网络色情的界定

20 世纪 90 年代末，随着互联网的兴起和普及，色情信息借助网络的开放性和共享性得到了更广泛的传播，色情内容和形式也因网络带来了显著变化。下面详细介绍网络色情有哪些类型。

（1）利用互联网制作、贩卖、传播淫秽色情图片、色情影像、色情文学或游戏等。

色情图片是网络上人们接触最多的色情内容，包括性暴力、性虐待、性攻击、性交内容、性变态的色情，真实的照片和卡通色情图案。

色情文学则是以大量直接的性描写为主要内容的站点或网页，也称黄色网站。例如，2014 年 4 月，全国"扫黄打非"工作小组办公室通报，新浪网涉嫌在其读书频道和视频节目中传播淫秽色情信息，决定拟吊销其《互联网出版许可证》和《信息网络传播视听节目许可证》，依法停止其从事互联网出版和网络传播视听节目业务，并处以 5 倍至 10 倍于违法金额的罚款。

色情影像通常以数字化压缩的方式将动态画面和声音以数百倍的效率压缩到

很小，在网络上储存、传播，让网民在线观看或下载后播放，是当前网络色情的重要形式之一。如在网络上传播的大量日本 AV 成人电影等视频。

色情游戏通常指以色情为主题的游戏，或者夹杂色情内容的网络游戏，比如《尾行 3》《电车之狼》等。

（2）利用网络作为工具提供色情服务和交流。

主要以性为目的的聊天室、BBS 和论坛等，该类社区网站是网友寻求性伴侣、尝试意淫心理和进行性交易的场所。网民在色情网站上发布关于卖淫嫖娼的信息，对卖淫场所、卖淫女相貌、"服务"态度、项目、水平、价格等信息详细表述。有时还会有反馈信息，诸如网民通过亲身体验评价线上或线下的色情服务，分享感受和交流经验。色情网站管理员或版主（一般为老鸨，通过网站对其经营进行宣传）对该类信息和会员进行管理。随着移动商务的发展，基于位置的社交网站也兴起了一些如陌陌、米聊、微信等移动社交软件，其基于位置的搜索功能为卖淫或一夜情等色情服务提供了极大的便利，因此又被戏谑为"约炮软件"。

（3）利用不雅图片链接广告，进行色情营销。

当前，不雅图片在一些商业网站上大行其道，究其原因，主要是由于这些网站要利用其进行"色情营销"。不雅图文通常附着在重要新闻事件页面的边栏，其周边位置链接着各类广告。网站利用半裸、透视的美女图片和视频，吸引网民眼球，从而进行产品的商业推广。一些新闻门户网站有的依傍新闻报道，尤其社会、法制、时政新闻报道，大量使用与性有关的文字，醒目制作"偷拍、走光、怀孕、幽会"等字眼的标题；有的借用所谓的"选美、时尚"等名义，却打起五花八门的色情擦边球。

（4）利用互联网组织聚众淫乱、淫秽表演等色情交易活动。

近年来有些大型色情网站、论坛、聊天室不仅在网上上传色情图片、视频影片、色情聊天，还成立"俱乐部"专门开展聚众淫乱活动，如网上成立了"换妻俱乐部""白领俱乐部"等。有的甚至跨区域将不同地方的网友聚集起来，开展"换妻"或"一夜情"等聚众淫乱活动或组织进行淫秽表演。这些组织者一般会定期举行活动，要想参加活动，必须经过相当复杂的身份验证和积分筛选，还要缴纳一定的活动费用。当前知名的中文网络色情综合论坛或站点有草榴社区、情色五月天、爱唯侦察、心灵社区、SM 论坛等。

2. 网络色情的现状

据统计，全球的网站中有 12% 是色情网站。在所有的搜索请求中，1/4 与色情相关，所有下载中，超过 1/3 是色情作品。在美国，习惯性上色情网站的人数达 4000 万，其中 1/3 是女性。每 39 分钟就有一部色情视频诞生。从 20 世纪开始，色情网站一直是互联网技术的领头羊之一。

2004 年，美国色情业在碟片、录像带、网站和有线电视等分发渠道创造的产值达 100 亿美元，这个数字恰好与好莱坞当年的国内票房收入相当。网络色情的出现，正在改变色情产业的格局。互联网具有隐藏性强、沟通方便、信息传递快等特点，在互联网技术出现后，"黄色经济"便迅速发展到了一个新阶段。事实上，当正派的网站正在苦心投资经营的时候，第一批色情网站就已宣告开始盈利。老牌成人杂志《阁楼》因为经不起网络色情的冲击而破产。网络色情在完善的付费体制、现代传播体系下飞速发展。

据研究机构的统计，互联网网页 1998—2003 年增长了 1800%，通常表现为互联网产业的迅速发展，但仔细分析，色情相关网页却占据了相当的比例。美国一家公司 N2H2 发现，与色情相关的网页收入已经从 1998 年的 1400 万美元增至 2003 年的近 26 000 万美元。

据 2004 年互联网过滤评估机构估计，全球大概有 420 万个色情网站，占所有网站总数的 12%。平均每年全球色情网站的访问量是 7200 万，在每天全部的网络搜索条数中，有 1/4 与色情网站有关，即每天共计 6800 万次色情搜索，其中 4000 万美国人属于经常性访问者。研究报告还指出，由于网络色情行业的利润巨大，色情网站数量的快速增长还会继续。

2009 年 4—8 月，湖北省荆州市公安局网监支队的民警在网络上相继发现了 280 多个色情网站，这些色情网站的浏览量非常高。其中一个叫"丁香成人社区"的网站浏览量最为惊人。该网监支队民警魏松通过搜索引擎"百度""搜狗""谷歌"直接搜索，发现了"丁香"这个点击量巨大的淫秽色情网站，点击量有 7.3 亿多人次。与以前打掉的色情网站相比，这是一个天文数字。具体的营业额更是无法估计。放眼整个行业，此种网站数量、发展速度、浏览量更是难以估计。

网络色情的现状，只能用"泛滥"一词来形容。面对其如此迅猛的发展，我们治理所产生的效果显得微乎其微。2004 年 6 月，随着"违法和不良信息举报中心"网站开通，开始了全民与网络色情的斗争，截至 2004 年年底，该网站已接到各类公众举报 95 000 多次，依法关闭淫秽色情网站 1129 个。但相对于色情网站的庞大数量与迅猛发展，这些成效只是杯水车薪。面对网络色情对全社会造成的恶劣影响，需要政府监管、媒体监督、企业自律以及全社会的共同努力。

3. 网络色情的盈利模式

色情网站的性信息传播的目的必然是吸引有特定需求，即对性欲有需求，希望通过接触性信息从而在一定程度上得到满足的受众，因为实质上的性需要（包括性行为的需要和性信息的需要）的满足存在一定程度上的困难，而且受法律法规的限制，色情网站和色情信息的获取代价较高，受众为了实现对性信息的需要，须付出代价，以经济利益、时间、有效劳动等方式进行交换，色情网站便通过间接或直接方式获取利益。李新辅（2010）认为网络色情业的盈利模式主要如下几种。

（1）通过广告进行盈利。色情网站通过广告主或者网络广告联盟在网站中投放广告收取费用。一般网站的广告投放如果过于繁杂，会影响到浏览者的正常浏览，使其产生厌烦的心情，在完全竞争的前提下，会使浏览者用脚投票，转投他处。而色情网站因为其特殊性，浏览者对其广告的忍受程度较其他网站而言为高，这就让色情网站在选择广告方式和广告内容上有了很大的余地。由于浏览者需要获取的信息带有非常强的目的性，广告主和广告联盟在色情网站的页面上所投放的广告主要有三种：一是性用品及情趣用品广告；二是收费增值服务及其他色情信息广告；三是一些通常不在主流媒介投放的擦边球广告乃至非法广告。

（2）通过注册收费进行盈利。运营色情网站一般有两种方式，一种是收费运营，一种是免费运营。通常收费运营的色情网站通过收取注册费用进行盈利，浏览者进入网站浏览受到权限的限制，有时级别不同的权限还能观看到不同的内容，享受不同的服务，在网站内能够使用不同的功能，而权限的取得与权限级别的提升都需要支付相应的费用，收费可以通过电信增值业务和网上支付进行。

（3）通过传播木马、后门和病毒程序进行牟利。事实上，相当多的色情网站在网页中加载不安全的插件程序，浏览者不管主动安装或者是被动地被不良程序入侵，都会使本地计算机的数据安全和网络安全受到威胁。一些浏览者为了进入色情网站进行浏览而忽略了这些造成安全隐患的因素，使不良程序能够通过色情网站进入本地计算机，对诸如网络游戏账号、网上银行、网上证券等产生威胁，盗取账号或资金，造成实际的财产和精神损失。

我国法律法规明文禁止在国内设立色情网站，传播色情淫秽信息，一些色情网站为了逃避监管，将服务器设立在国外，另一些设立在国内的色情网站往往会移花接木，将色情信息包含在外观合法的表面内容中，如博客上半公开的色情小说。色情网站的设立者、经营者除了通过网络广告联盟获取分成外，还可以通过对手机增值服务的分成和网上支付进行价值转移获利，有的色情网站还"跨界运营"发展实业,销售性用品和情趣用品获得高额利润。

4. 网络色情的危害

互联网络技术的发展,一方面极大地丰富了普通网络用户对资讯的需求,另一方面也为色情制造者、传播者提供了更为先进的传播手段与渠道。网络色情往往宣扬一些扭曲的性观念,这是不符合社会道德和伦理的,尤其是对于那些道德观和伦理观都不成熟的未成年人来说,网络色情对他们的危害尤为巨大。网络色情对未成年人的危害具体表现在以下几个方面。

(1) 影响未成年人的学业或工作。迷恋网络色情对青少年最直接、最明显的影响是荒废学业或工作。根据中国互联网信息中心的调查,网络用户平均每周上网时间达到 8.5 小时。个人的精力、时间是有限的,把大量的精力、时间浪费在网络猎奇上必然会影响青少年的学业或工作。

(2) 扭曲未成年人的身心,甚至诱使他们走向犯罪。网络色情提供大量的色情图片与文字,而其中的很多图片与文字宣扬的是各种畸形的性和性行为。不论是青少年主动寻求还是被动接受这类信息,对他们形成正确的性观念、性行为都会产生冲击。更为严重的是,一些打着"健康"旗号的网站传授的所谓"性知识"错误百出,根本就不具有科学性与严谨性。长期接受这些畸形的、错误的信息对青少年身心健康的塑造、发展会产生破坏性影响。

(3) 危及青少年的人身安全甚至生命。一些有组织的色情制造者、传播者利用网络聊天室诱骗青少年提供各种有偿的性服务,对青少年的人身安全甚至生命构成了直接的威胁。在南方某省就发生一起犯罪团伙利用网络聊天室诱骗女性青少年卖淫的恶性事件。而一些个人犯罪分子则利用聊天室与青少年网友进行"网恋""网婚",时机成熟时约请见面,再伺机行骗敲诈。近年来,媒体报道了多起青少年女性被网友强暴并残杀的案例。

二、治理现状与建议

国内针对网络色情的治理除了通过常规的信息过滤和屏蔽等手段之外,还有阶段性地组织"扫黄打非"专项治理。

国家"扫黄打非"行动已经不再局限于传统的实体色情场所。2014 年 4 月 13 日,全国"扫黄打非"办、国家互联网信息办、工业和信息化部、公安部四部门联合发布公告,在全国范围内开展打击网上淫秽色情信息"扫黄打非·净网 2014"专项行动。

自 2014 年 1 月到 2014 年 6 月,国家网信办已依法查处淫秽色情网站 422 家,关闭相关频道、栏目 360 个,关闭微博、博客、微信、论坛等各类账号 4800

多个，关停广告链接 9000 多个，删除涉黄信息 30 余万条，专项行动取得初步成效。尽管如此，但打击网上淫秽色情的工作任务仍然艰巨，一些涉黄网站经常死灰复燃，部分网站抱有侥幸心态，内容管理时严时松。

虽然专项治理当时效果显著，然而，"扫黄打非"专项行动对于互联网色情来说还是治标不治本，仍然需要探讨长效和合理的治理方法。

孔子曰"饮食男女，人之大欲存焉"，其中男女即指"性"，这是人类生活中客观存在的欲望，如吃饭一样自然和必须，即所谓"食色，性也"。然而，由于阶段性的历史原因，性在中国文化生活中曾被当作一个话题禁区。历史和社会在性泛滥和性禁忌之间徘徊，寻找一个合理的平衡点。相对正确和人性化的性观念和性教育仍然是今天的中国人追求和探讨的问题。

在西方宗教文化中，性不单单是肉体的动作，《圣经》中描述"性"更包括了灵魂里的一种亲密关系，然而在婚姻之外的性被看作十诫中的淫乱罪。《圣经》告诫人们，"你们要逃避淫行。人所犯的无论什么罪，都在身子以外；唯有行淫的是得罪自己的身子"。

因此，我们需要正确看待和处理"性"的问题，首先它不是洪水猛兽，不应谈性色变甚或一律禁止，在成年人的世界里它是婚姻美满、家庭幸福、世代繁衍的基础。其次，性话题和性行为应该是有节制和边界的，需要符合社会的基本伦理道德。例如，不应对还未接受基本性教育、形成正确性观念的未成年人传播淫秽和色情信息。

既然网络色情对于成年人是一种需要，对未成年人是一个毒瘤，综合各方面的管理建议，专家们提出了网络分级制，即针对不同年龄段、不同文化层次的网民建立一种对网站内容进行分类的制度。网络分级制度可有效地监控和遏制网络色情，从而有效地把色情信息排除于青少年的视野之外。

这种网络分级制与美国的电影分级制有异曲同工之妙，MPAA（美国电影联合会）分级协会主席杰克·沃伦蒂对电影分级有一句名言："电影不是香烟。"在"世界电影工厂"好莱坞，电影分级制度由来已久。1968 年美国电影协会提议分级制度并获通过。好莱坞电影有五个级别：G 级——老少皆宜，如《音乐之声》；PG 级——孩子由家长陪同，如《廊桥遗梦》；PG-13 级——13 岁以上由父母陪同，13 岁以下不许观看；R 级——17 岁以下由家长或监护人指导；NC-17 级——17 岁以下一律不许观看，如《人民面对拉里·弗林特》《脱衣舞娘》等。近几年国内影院上映的一些美国片多数在二三级之列，如《真实的谎言》《拯救大兵瑞恩》等。

网络分级制具体如何管理，笔者也提出了一些设想：首先，如果允许网络开发商经营色情网站，那么必须对这个行业严格管理，只有成人才能进入此区。可以用身份证号为账号，验证其年龄，并要求设定输入密码，以保证进入色情网站的网民都是成年人。一旦有将账号和密码泄露给未成年人的行为，严厉追究责任，这里的泄露者可能是无意间泄露的父母，也有可能是故意泄露或销售的某些居心叵测之徒。

色情网站的内容必须经过审查，所有违背人本精神的、会对社会产生不良影响的内容，必须删除。对于有权利自由浏览的成年人来说，也不能放任自流，要在网页上进行温馨提示，规劝其沉溺行为，倡导正确的性观念，树立对待性的平常心。

要想从根本上解决网络色情的问题，最重要的一点就是必须针对青少年的、包含人本精神的、开放的性教育予以配套实施，并针对性犯罪和性传播之间的关系等问题开展社会学研究。

第二节　网络赌博

一、网络赌博概述

网络赌博通常指利用互联网进行的博彩行为。因为这种博彩方式属于新兴事物，所以现在还很难对它做出准确定义。网络博彩类型繁多，现实生活中主要的赌博方式基本上在网络中都可以进行。但由于受时间、地点等不确定因素影响，一般还是以"结果"型的赌法为主（如赌马、赌球、百家乐等）。网络赌博通过虚拟空间进行赌博，相对于传统赌博来说隐蔽性更强、犯罪风险更小、犯罪成本低、监控难度大。根据我国刑法对赌博犯罪构成的定义，网络赌博犯罪是指以盈利为目的，利用网络和现代金融交易手段聚众赌博、开设赌场或者以赌博为业的行为。

现阶段，我国出现的网络赌博形式呈现出多样化、普及化、娱乐化的特点。根据公安机关侦破的网络赌博案件看，主要分为网络赌球、网络赌马、网络私彩等类型。传统的"六合彩"等赌博也以网络化的形式不断出现，因此给公安机关打击网络赌博犯罪不断提出新的挑战。根据郝文江（2008）的总结，网络赌博主要分为以下三类。

1. 网络赌球

随着我国国民经济的不断发展，国内足球开始了产业化、市场化运作，使得足球体育产业蓬勃发展起来,但随之而来的网络赌球现象也日益增多。中国政法大学杨东明教授指出:赌博是指以钱和物下注获取输赢的行为,赌球则是以足球比赛的结果作为输赢的评判手段。因此赌博的构成要件已经符合赌博的要求,可以认定赌球是一种新型的赌博方式。网络赌球虽然是新兴的赌博方式,但其造成的危害却非常严重。2006年世界杯足球赛期间,北京警方就破获了以魏某、孙某为首的赌球团伙,其利用台湾赌博公司提供的多个网络赌球系统最高级别代理权,在北京大肆发展下线庄家和参赌会员,进行网络赌球活动。仅孙某所使用的一个三级代理账号在6月30日至7月27日期间接受参赌会员投注3328笔,共计金额10 800余万元。同时,网络赌球的庄家为了获取最大利益,不惜采取威胁、恐吓等手段对比赛双方运动员和裁判员进行骚扰,干扰比赛正常进行,严重影响了公正、公平的比赛原则,造成许多比赛结果直接操纵在庄家手中。比赛还未进行,但结果却已经确定了。

2. 网络赌马

据调查,目前大陆游客在香港特别行政区旅游时,花费在赌博上的支出是购物金额的2倍,而整个中国大陆每年有将近6000亿元资金流向国外及港澳地区的赌场和赛马场。所谓网络赌马,并非真的有马可赌,而是由"马庄"(庄家)提出一句类似谜面的话,由参赌者猜测谜底,猜中者按1∶38获得"马庄"的赔付款项,每周3期。由于有很高的赔付比例,加之全国各地"马庄"众多,造成了各地赌马成风。近几年。这些"马庄"为逃避公安机关的打击,开始利用互联网作为聚赌、下注的平台。一些文化层次较低的城镇下岗职工、个体商贩和农民经不住诱惑,一次便赔掉了全年的劳动收入,使得本不宽裕的家庭经济更是雪上加霜,有的甚至走上了违法犯罪的道路。

网络赌马的庄家诱骗群众参赌的手法归纳起来有四种情况:一是编造某某中数百万大彩的谎言诱引,调动他人的好奇心、侥幸心;二是给初次少量参赌者发送电子邮件或短信息,故意提供谜底让其中彩,使其放松警惕,吸引其放大赌注;三是通过互联网邮件或以即时通信的方式发送所谓"马报",对其高额中奖率进行夸大宣传;四是利用互联网社交平台(如博客、微博、微信等)吸收赌资,派送彩金,诱骗他人参赌。由于这些网络赌马具有跨地域性和网络性等特点,欺骗性、危害性极大,给社会治安造成极大影响。

3. 网络私彩

国外彩票发行权的审批分为中央统管、地方自管和两级管理三种体制。美国等国的彩票法是由各州议会分别制定的。所以发行彩票的审批权归属各州议会。

日本等国则实行中央与地方两级管理的体制。地方政府发行彩票的提案必须同时经过地方议会的讨论和中央政府的批准。在我国，彩票发行的审批权集中在国务院，任何地方和部门均无权批准发行彩票。我国在彩票发行权的审批上之所以采用中央统一管理的体制是有其历史背景的。我国彩票发行初期，一些地方、部门、企事业单位甚至个人看到发行彩票有利可图，自行发行了多种彩票，致使彩票市场秩序严重混乱，这不仅给正常的彩票发行带来困难，也侵害了人民群众的利益，败坏了政府的形象，造成了不良的社会影响。一些地方还出现了因发行彩票而引发的群体性事件，影响社会稳定的情况也时有发生。国务院将彩票发行的审批权集中起来，有利于避免这些情况的发生，有相当的积极作用。但是，由于彩票具有巨大的经济利益，许多地方又出现了私下印刷彩票的行为。尤其是近年来许多私彩庄家为了逃避政府的监管，利用网络进行私彩的犯罪活动，严重干扰彩票正常的市场秩序，给国家金融监管、税收管理都带来了冲击。

　　网络赌博的特点可以总结如下：网游赌博平台国际化；操作便利（网络赌博与现实中的赌博有所不同，它相对更加便利。在网上进行赌博，既不需要现金，又不需要到赌场。随时随地，只需一台能上网的电脑或智能手机即可完成所有程序）；涉赌人员数量大、分散性强；涉赌人群年轻化、高收入化；专业化网络赌博公司越来越多，组织结构更加严密；网络便捷使赌资支付渠道网络化，电子化程度更高、赌资数额巨大，赌资运转速度加快。

　　俗话说"长赌必输"，沉迷赌博给个人和家庭以及社会带来的危害是不言而喻的。

二、治理现状与建议

　　网络赌博是利用虚拟空间的赌博，犯罪成本比较低，手段比较隐秘，公安机关查证起来难度比较大；此外，网络赌博通过信用卡和银行转账来交接，对于赌资的控制较难。以上因素给打击网络赌博带来了一定的难度。面对越发严重的态势，政府部门也做了很多努力。2010年2—8月，公安部、中宣部、中央综治办、最高人民法院、最高人民检察院、工业和信息化部、中国人民银行、银监会八部委在全国范围内组织开展整治网络赌博专项行动。全国公安机关和各有关部门密切配合，共侦破网络赌博刑事案件1364起，刑拘、批捕7360余人，查扣和冻结人民币近10亿元。再如，2014年1月，上海警方破获一起近年来最大的网络赌博案，逮捕63名犯罪嫌疑人，查封58个银行账户。该网络赌博的投注额超过1400多亿港元。

　　《刑法修正案（六）》将"开设赌场"从原来的赌博犯罪行为中分立出来，作为一种特别的犯罪行为规定,并将刑罚从原来的 3 年有期徒刑提高到 10 年。开设赌场的行为,除了指现实中实体聚赌的赌场外,建赌博网站,担任赌博网站代理,接受电话投注等行为也属于开设赌场。

针对网络赌博的现状,本书提出如下治理建议。

1. 加强网络监管,重视计算机物证技术的应用

犯罪分子的反侦查能力很高,许多犯罪分子都是电脑高手,加之许多反侦查软件具有低价易购性,导致网络犯罪案件不断增多。在对犯罪证据进行取证研究和对反侦查软件进行研究的同时,还应采取"主动型"的侦查方式,研究如何快速找出这些犯罪证据,利用计算机"远程取证"等多种物证技术取证侦查。

2. 加强反赌宣传,认识网络赌博的危害

民众对赌博是有不同看法的,认为"小赌怡情,大赌伤身"。那么如何界定小赌还是大赌,需要社会讨论和法律法规的界定。针对赌博成瘾和造成社会危害的赌博要坚决遏制,在没有新的立法和法律修订下,取缔赌具制造工厂和涉赌网站、场所,收缴涉赌影像、书籍、电子产品,删除、屏蔽涉赌互联网有害信息,学校、单位和媒体加大对赌博危害性的宣传。尤其是对公务人员利用不法钱财进行的赌博行为要给予重视和严厉处罚。除了公安机关之外,还应该由互联网信息办、工业和信息化部等各部门紧密配合,协调工作。

3. 正视赌博者的游戏心理,"堵"之外还要考虑"疏"

赌博古已有之,即拿有价值的东西做注码来赌输赢,被当作一种游戏,是人类的一种娱乐方式。目前,在西方社会中,它有一个经济的定义,是指"对一个事件与不确定的结果,下注钱或具物质价值的东西,其主要目的为,赢取更多的金钱或物质价值"。赌场在不同历史阶段、不同国家和地区可以合法经营,也是经济学家常去观察和研究人的决策心理和行为的重要场景。当然,不加节制地赌博是人贪欲的放纵和体现,会滋生出多种社会问题。研究如何合理地控制和疏导,使之成为游戏而不是犯罪,是学者和政府法规制定者共同的任务。

第三节　网络欺诈

一、网络欺诈概述

李思思(2009)认为网络欺诈作为我国刑法中规定的诈骗罪的一种特殊形式,一般是指利用网络媒介实施的、骗取网络用户财物的行为。有学者将其定义为设计使用网络进行的任何形式的欺诈,如聊天室、电子邮件、留言板或网络站点对于受害者呈现欺诈性诱惑，诱导欺诈性交易，或对金融机构进行诈骗，以及其他相关的方法，并概括其包括网络钓鱼、网上交易诈骗、利用网络通信工具（如MSN、QQ等）进行欺诈和利用网络上泄露的个人隐私进行诈骗。除上述欺诈形式，网络交易中还有长途电话欺诈、交友欺诈、捐赠欺诈等形式。网络欺诈的主要类型有：

1. 网络钓鱼

网络钓鱼是最为常见、也较为隐蔽的网络诈骗形式。所谓"网络钓鱼"，是指犯罪分子通过使用"盗号木马""网络监听"以及伪造的假网站或网页等手法，盗取用户的银行账号、证券账号、密码信息和其他个人资料，然后以转账盗款、网上购物或制作假卡等方式获取利益。欺诈方式主要通过邮件或虚假网站。

2. 网上交易中的欺诈

虽然中国电子商务基础设施和网络购物环境相比以前有了很大改善，但是网上购物仍然存在一定的风险，尤其是在网络零售和网络拍卖领域里还存在很多欺诈消费者的现象。犯罪分子往往利用消费者"贪便宜、图方便"的心理，通过虚假的网站、仿真的页面、较低的价格、伪造的信用来骗取钱财。有些骗子网站或网店以很低的价格出售手机、MP3、数码相机、游戏点卡以吸引消费者，并用各种虚假的安全保障措施打消消费者的疑虑。还有很多人在收到的电子邮件中发现自己中得某购物网站的免费奖券或折扣券，等在对方网站消费时被要求先支付一定的邮递费、快件费或保证金，结果造成部分人受骗。

而在网络拍卖中，卖家或网站经常制造的骗局有：一是不发货诈骗，有的买家付款后卖家不发货；二是资料欺骗，拍卖者提供的拍卖品资料跟实际的拍卖品资料不符；三是隐藏附加费用，如要求很高的邮寄费用等；四是通过托儿和系统后门，监控和恶意拱价，使拍卖失去其真正的效用，尤其在买家设定了自动代理和最高出价时。

3. 利用网络通信工具进行欺诈

互联网络不仅是广大用户学习、休闲、娱乐的好场所，还是相互通信的主要渠道。Internet上有很多方式可以让网友相互交流和通信，比如MSN、腾讯QQ、电子邮箱业务、校友录和网络论坛等。网络通信中由于双方信息不对等，也很难验证另一方的身份，容易被不法分子钻空子。很多用户在网上聊天、信息交流时由于轻信对方的身份或留言，结果上当受骗。

4. 利用网络上泄露的个人隐私进行诈骗

随着网龄的增长和上网足迹的延伸，很多网民的个人信息广泛存在于个人网络空间、个人博客、网上校友录，以及购物网站的用户目录中、即时通信软件和电子邮箱服务器中、在线求职网站的数据库中，甚至存在于某些不知名网站的注册用户数据库中。个人隐私的泄露给网络欺诈带来了很大的便利。骗子通过各种方法盗窃 QQ 账号或邮箱账号后，向用户的好友、联系人发布信息，声称遇到紧急情况，请对方汇款到其指定账户。最近网络上又出现了一种以 QQ 视频聊天为手段实施诈骗的新手段，嫌疑人在与网民视频聊天时录下其影像，然后盗取其 QQ 密码，再用录下的影像冒充该网民向其 QQ 群里的好友"借钱"。

二、治理现状与建议

为解决互联网领域频繁出现的网络欺诈问题，中国反钓鱼网站联盟（Anti-Phishing Alliance of China，APAC）于 2008 年 7 月 18 日成立。它是一个公益性的行业组织。APAC 由国内 83 家知名银行证券机构（如中国银行、中国工商银行、中国农业银行、中国建设银行、华夏银行、光大银行、民生银行、银河证券等）、12 家国内知名电子商务网站（腾讯、新浪、淘宝、支付宝、百度有啊、Google、盛大等）、网络安全类［如瑞星、绿盟、Net craft、LTD（英国）、Mark monitor（美国）、趋势科技、华为等］域名注册管理机构、域名注册服务机构、专家学者等共同组成。我国域名注册管理机构中国互联网络信息中心（CNNIC）承担联盟秘书处的职责。

电子商务网站依然是网络钓鱼的重点仿冒对象，在处理结果中，仿冒淘宝网的钓鱼网站投诉高达 52.52%，其他依次为腾讯 19.3%、工行 10.25%。

根据 CNNIC 报告，针对钓鱼网站的处理方式有三种：①CN 域名，通知域名注册服务机构于 2 小时内暂停域名解析。②境内注册的非 CN 域名，协调境内域名注册服务机构暂停域名解析。③境外非 CN 域名，将钓鱼网站 URL 推送给合作伙伴，在浏览器、杀毒软件及搜索引擎中进行隔离或页面提示。

截至 2010 年 9 月，联盟累计处理钓鱼网站 25 605 个。通过两年多以来各方的协调处理，钓鱼网站处理流程凸显快速、高效的特点，对打击钓鱼网站起到了积极的作用。

针对可能的欺诈，网络运营商也在通过自治的方法进行预防和处理。例如，当在社交工具上提到付款等关键词信息时，系统会自动提示谨防欺诈的温馨警示。

针对当前的网络欺诈问题，本书提出以下几个治理建议。

首先，针对普通网民应该提高警惕，"天下没有免费的午餐"，不要贪图小便宜或所谓的快捷，不要贪图速度而点击有陷阱的网页。毕竟骗子是利用了人们的占便宜心理，各种新的骗术层出不穷，因此最好为电脑安装强有力的杀毒软件和防火墙，定时更新，提防黑客侵入，借用技术手段降低风险。尤其在处理钱财交易过程中，要采取多种方式进行身份确认。不要在网上随意填写个人资料，开通银行等财务业务前应前往正规银行索要资料，登录正确的网页办理业务，避免上当受骗。尽量选择具有第三方支付手段的平台进行交易，选择具有消费者保障制度的交易平台（指具有7天包退换、正品保证、30天免费维修、假一赔三等消费者保障制度的电子商务交易平台）。成交后索取网购销售凭证，防范霸王条款（向经营者索要购票凭证或者服务单据，为解决网上购物的纠纷提供凭证和依据）等。

其次，网络运营商应该通过自组织或行业协会的方式，制定基本的行业规范，继续为用户提高服务质量和安全满意度。例如，通过多种通信方式给予认证。另外，如果发生监守自盗应严格执法。在企业无法实现自律和监管时，司法程序应及时跟进，保障行业的声誉，促进整个产业的健康发展。

最后，政府为保障电子商务的快速发展应塑造和规范一个良好的交易和信用环境。因部分网络欺诈而使得交易主体之间的不信任将大大增加网络交易的成本，最终将阻碍网络经济的健康发展。例如，如果网民因网络欺诈和信息泄露都普遍采用货到付款模式，这对电子商务的开展是不利的。因此，法律作为一种最专门化、最具效力和强制力的社会控制工具，仍是化解和解决网络社会问题的一种最重要的手段。虽然我国现在还没有专门治理网络欺诈的立法，但我国的许多规范性文件都包含了规制网络欺诈的内容，比如中国人民银行曾经颁布的《电子支付指引（第一号）》，对打击假冒银行、信用卡短信欺诈等起到了其他规制方式所无法起到的作用。未来应进一步明确消费者和商家以及银行等交易主体的责任和义务，使得有法可依，执法必严。另外，在制定规制网络欺诈的法律时，还要充分考虑参照世界各国的立法和司法实践。

参考文献

[1] 中国电子商务研究中心. 1997－2009：中国电子商务十二年大事记盘点 [EB/OL]. http://b2b.toocle.com/detail—4792745.html

[2] 张紫. 第33次中国互联网络发展状况统计报告 [J]. 计算机与网络，2014，40（2）：5－5.

[3] 周耿. 淘宝网与易趣网成败的案例分析——兼论我国C2C网站发展的问题 [J]. 现代管理科学，2008（3）：62－63.

[4] 新闻互联. "十二五"《信息化发展规划》发布 我国信息化发展指数2015年将达0.79 [EB/OL]. http://www.chinadns.com/news/rd/222.html

[5] 蓝伯雄，郑晓娜，徐心. 电子商务时代的供应链管理 [J]. 中国管理科学，2000，8（3）：1－7.

[6] 胡岗岚，卢向华，黄丽华. 电子商务生态系统及其演化路径 [J]. 经济管理，2009（6）：110－116.

[7] 李庆艳，金铎，张文安，等. 移动电子商务发展趋势探讨 [J]. 电信科学，2011，27（6）：6－13.

[8] 马莉，孙延明，田志军，等. 企业信息化评价指标体系及其评价方法的研究 [J]. 现代制造工程，2005（3）：41－44.

[9] 中国信息产业网. 我国大型集团企业信息化现状—51.5%的企业信息程度超80% [EB/OL]. http://www.cnii.com.cn/wlkb/rmydb/content/2012－05/04/content_974274.htm

[10] 书村网. 2013年中国中小企业信息化建设调查报告 [EB/OL]. http://www.mcqyy.com/wenku/diaochabaogao/19888.html

[11] 史秋庆. 企业信息化的难题及解决路径 [J]. 求实，2013（A01）：128－129.

[12] 汪淼军，张维迎，周黎安. 信息技术，组织变革与生产绩效——关于企业信息化阶段性互补机制的实证研究 [J]. 经济研究，2006，41（1）：65－77.

[13] 马莉，孙延明，田志军，等. 企业信息化评价指标体系及其评价方法的研究 [J]. 现代制造工程，2005（3）：41－44.

[14] 曲炜. 企业信息化对竞争力的影响机制研究 [D]. 中国优秀硕士毕业论文数据库，2005.

[15] 唐志荣，谌素华. 企业信息化水平评价指标体系研究 [J]. 科学学与科学技术管理，2002，23（3）：51－54.

[16] 中国电子商务研究中心. 电子商务诚信调查 网络售后满意度最低 [EB/OL]. http://b2b.toocle.com/detail—6082309.html

[17] 肖端. 浅议B2C及C2C电子商务支付方式的问题及对策 [J]. 科技创业月刊，

2009（10）：50—52．

［18］黄牧，罗维，何跃．中国特色 B2C 及 C2C 电子商务支付方式研究［J］．商场现代化，2006（05S）：94—95．

［19］Bloom H．Shakespeare：The invention of the human［M］．New York：Riverhead Books，1998．

［20］姜守旭，李建中．一种 P2P 电子商务系统中基于声誉的信任机制［J］．软件学报，2007（10）．

［21］唐礼勇，陈钟．电子商务技术及其安全问题［J］．计算机工程与应用，2000，36（7）：18—22．

［22］洪琼，何刚．C2C 电子商务网站信用评价模型的分析与研究［J］．中国管理信息化，2008（11）：96—98．

［23］石必胜．电子商务交易平台知识产权审查义务的标准［J］．法律适用，2013（2）：103—107．

［24］邱冬阳，刘凯刈．发展中国电子商务物流的思考［J］．经济师，2001（6）：10—11．

［25］樊瑶．电子商务环境下我国物流配送研究［D］．武汉：武汉科技大学，2010．

［26］王道平，何海燕．我国电子商务物流的发展对策研究［J］．工业工程，2003，6（2）：29—32．

［27］曹日升．中国物流发展现状的研究［J］．中国市场，2013（45）：7—8．

［28］齐瑞安，瑞恩．美国物流业发展历程对促进中国物流发展的启示［J］．经济研究参考，2012（19）：63—66．

［29］樊瑶．电子商务环境下我国物流配送研究［D］．武汉：武汉科技大学，2010．

［30］李娇阳．我国电子商务物流的现状及发展对策［J］．商业经济，2013（8）：53—55．

［31］孙开钊．"十二五"时期我国电子商务物流服务业发展与展望［J］．中国经贸导刊，2012（24）：13—15．

［32］董林飞．电子商务物流概念及模型研究［J］．重庆科技学院学报：（社会科学版），2012（20）：74—75．

［33］周雪梅．电子商务物流模式研究［D］．上海：上海海事大学，2005．

［34］邵晓峰，季建华．面向网络经济 发展电子商务物流［J］．管理现代化，2000（3）：24—27．

［35］邵晓峰，季建华．电子商务与电子商务物流［J］．商业经济与管理，2000，5（103）．

［36］孙瑞者，黄辉，杨立春．C2C 电子商务物流发展的新模式探讨［J］．物流科技，2009，32（12）：16—18．

［37］房殿军．中国电子商务物流发展综述［J］．射频世界，2013（6）：39—43．

［38］郝春燕．电子商务对税收的影响及对策分析［D］．济南：山东大学，2005．

［39］中国电子商务研究中心．电商"十二五"或破 18 万亿减税赋成为方向［EB/OL］．http：//b2b.toocle.com/detail—6142898.html

［40］王晶．我国电子商务税收问题探讨［J］．经济问题探索，2013（10）：164—169．

［41］王凤飞．论电子商务税收征管路径的优化——基于信息不对称视角［J］．河北学刊，

2013,33(2):141-144.

[42] 胡巍. 电子商务税收立法的新趋势[J]. 河南社会科学,2009,16(6):76-78.

[43] 甘翠平. 电子商务环境下我国税收法律制度的战略选择[J]. 兰州学刊,2011(4):219-221.

[44] 李芳. 电子商务中的税收法律问题探讨[J]. 经济问题探索,2004(4):57-59.

[45] 黄博深. 论电子商务中的税收问题[J]. 商业会计,2012(10):57-59.

[46] 李海芹. C2C模式电子商务税收问题探析[J]. 企业经济,2012(4):032.

[47] 邢丘丹,史国丽. 电子商务对传统税收制度的冲击与对策研究[J]. 华东经济管理,2010(5):75-77.

[48] 李海芹. C2C模式电子商务税收问题探析[J]. 企业经济,2012(4):032.

[49] 曹海生. 电子商务税收征管体系研究[D]. 上海:东华大学,2012.

[50] 朱婷玉,刘莉. 电子商务税收政策比较及对我国的启示[J]. 当代经济,2008(10):62-64.

[51] 吕西萍. 电子商务税收法律制度的国际比较及其对我国的启示[J]. 中国管理信息化:综合版,2007,10(5):76-79.

[52] 蔡秉坤. 关于完善我国电子商务税收法律制度的若干思考[J]. 兰州交通大学学报(社会科学版),2007(5):92-94.

[53] 司法业务文选. 文化部解读我国首部《网络游戏管理暂行办法》[EB/OL]. http://www.gov.cn/zwhd/2010-06/22/content_1633984.htm 2010/28

[54] 尹腊梅. 我国数字内容产业市场准入的缺陷与完善建议——从《魔兽世界》审批权争议说起[J]. 学术论坛,2011,34(5):144-148.

[55] 网易游戏. 专访陶宏开:网游色情元素会教坏青少年[EB/OL]. http://game.163.com/09/1208/00/5PVJVIIS00313MMO.html

[56] 中国法院网.《恶魔的幻影》网络游戏外挂案主犯终审被判6年[EB/OL]. http://old.chinacourt.org/html/article/200708/17/260595.shtml

[57] 马超,崔江. 电子竞技与网络游戏的概念界定[J]. 四川教育学院学报,2009,25(3):110-111.

[58] 中国经济网. 2013中国网络游戏市场达891亿 移动游戏成主力[EB/OL]. http://www.ce.cn/culture/gd/201401/11/t20140111_2100400.shtml

[59] 李升哲,崔基哲,韩勇. 我国网络游戏产业盈利模式的探讨[J]. 才智,2012(13):023.

[60] 傅建球,张瑜. 基于消费者行为分析的网络游戏营销策略研究[J]. 商场现代化,2009(1):115-116.

[61] 张爱华,李珩. 浅谈中国游戏现状和未来发展[J]. 科技传播,2014(2):071.

[62] 杨立新,王中合. 论网络虚拟财产的物权属性及其基本规则[J]. 国家检察官学院学报,2005,12(6):3-13.

[63] 奚声慧. 网络游戏产业之经济学分析[D]. 上海:上海社会科学院,2007.

[64] 房秋实. 浅析网络虚拟财产 [J]. 法学评论, 2006, 24 (2): 73-77.

[65] 王成栋. 网络虚拟财产的刑法保护 [D]. 烟台: 烟台大学, 2008.

[66] 林旭霞. 论虚拟财产权 [D]. 福州: 福建师范大学, 2007.

[67] 于志刚. 论网络游戏中虚拟财产的法律性质及其刑法保护 [J]. 政法论坛: 中国政法大学学报, 2005, 21 (6): 121-131.

[68] 苏宁. 虚拟货币的理论分析 [M]. 北京: 社会科学文献出版社, 2008.

[69] 张福军. 虚拟货币的理论框架及其命题扩展 [J]. 教学与研究, 2008 (6): 58-65.

[70] 秦聪. 论狭义虚拟货币 [J]. 中国软科学, 2010 (2): 187-192.

[71] 樊玲. 虚拟货币法律规制研究 [D]. 太原: 山西财经大学, 2012.

[72] 贾丽平. 网络虚拟货币存在的风险及防范对策 [J]. 生产力研究, 2010 (3): 165-167.

[73] 张福军. 虚拟货币的理论框架及其命题扩展 [J]. 教学与研究, 2008 (6): 58-65.

[74] 杜志刚. 忠诚计划的作用机制研究: 前因与后果 [D]. 武汉: 华中科技大学, 2011.

[75] 吴怀琴. 网络虚拟货币的电子商务分析 [J]. 商业时代, 2007 (10): 78-79.

[76] 钟无涯, 沈靓. 浅析虚拟货币的产生及特征在流通领域影响 [J]. 中国商贸, 2011, 8: 121.

[77] 张涛. 虚拟货币运行的系统动力学研究 [D]. 北京: 北京邮电大学, 2011.

[78] 李胜. 网络虚拟货币特征及其对金融系统的潜在风险冲击 [J]. 现代管理科学, 2013 (5): 028.

[79] 李剑. 虚拟货币的危害分析与对策研究 [J]. 市场研究, 2013 (4): 30-32.

[80] 李翀. 虚拟货币的发展与货币理论和政策的重构 [J]. 世界经济, 2003, 26 (8): 75-79.

[81] 尚文敬, 吴洪, 姬智敏. 中国网络虚拟货币发展现状分析 [J]. 北京邮电大学学报 (社会科学版), 2008 (2): 18-23.

[82] 孙广志. 虚拟货币问题研究 [J]. 企业技术开发, 2006 (11): 109.

[83] 张磊. 网络虚拟货币本质及其监管 [J]. 商业时代, 2007 (4): 56-57.

[84] 田海山, 张宽海. 支付环境与网上虚拟货币产生原因分析 [J]. 电子商务, 2007 (6): 38-42.

[85] 吴洪, 方引青, 张莹. 疯狂的数字化货币——比特币的性质与启示 [J]. 北京邮电大学学报 (社会科学版), 2013 (3): 46-50.

[86] 汪海俊. 比特币的货币学分析 [J]. 商情, 2013 (30): 19-19.

[87] 高卫民. 对新型货币比特币的观察与瞻望 [J]. 金融管理与研究: 杭州金融研修学院学报, 2013 (7): 32-35.

[88] 于江. 新型货币"比特币": 产生, 原理与发展 [J]. 吉林金融研究, 2013 (5): 17-23.

[89] 洪蜀宁. 比特币: 一种新型货币对金融体系的挑战 [J]. 中国信用卡, 2011 (10): 61-63.

[90] 贾丽平. 比特币的理论, 实践与影响 [J]. 国际金融研究, 2013 (12): 14-25.

[91] 崔屹东, 郑晓彤. 对新型货币比特币的经济学分析 [J]. 现代经济信息, 2012, 16 (8).

[92] 中华人民共和国中央人民政府网站. 信息网络传播权保护条例

[EB/OL]. http://www.gov.cn/zwgk/2006-05/29/content_294000.hmt.

[93] 中研行业信息网. 2009年中国网络音乐市场分析及发展前景预测报告[EB/OL]. http://www.zyhyxx.com/ReportDetail.Aspx?reportId=111.

[94] 金红莲. 新媒体引起的音乐版权问题[J]. 中国西部科技, 2006 (1): 50-51.

[95] 蔡景华. 论网络对高校思想政治工作的影响[J]. 湖南大众传媒职业技术学院学报, 2002, 2 (1): 26-29.

[96] 丁树歧. 试论网络对高校思想政治工作的影响[J]. 甘肃农业, 2006 (12): 194-194.

[97] 张城源. 博客著作权问题与知识共享协议[J]. 中国出版, 2006 (6): 54-55.

[98] 王寅. 中国网络游戏市场法律监管的必要性[J]. 山西高等学校社会科学学报, 2010, 22 (6): 54-57.

[99] 袁克. 中国知识产权保护的经济学分析[J]. 南开经济研究, 2003 (2): 52-55.

[100] 许春明, 陈敏. 中国知识产权保护强度的测定及验证[J]. 知识产权, 2008, 1 (8).

[101] 宋河发, 穆荣平. 知识产权保护强度与我国自主创新能力建设研究[J]. 科学学与科学技术管理, 2006, 27 (3): 97-103.

[102] 郑成思. 国际知识产权保护和我国面临的挑战[J]. 法制与社会发展, 2006, 12 (6): 3-13.

[103] 韩玉雄, 李怀祖. 关于中国知识产权保护水平的定量分析[J]. 科学学研究, 2005, 23 (3): 377-382.

[104] 骆以云, 苏星星. "竞价排名"案件的相关知识产权法理分析[J]. 商场现代化, 2010 (22): 115-117.

[105] 孙佳慧. 搜索引擎竞价排名间接侵害商标权问题认定[J]. 黑龙江省政法管理干部学院学报, 2010 (8): 017.

[106] 刘佳. 竞价排名还能走多远?[J]. 互联网周刊, 2009 (23): 23-23.

[107] 新浪游戏. 05年台湾虚拟物品交易市场总值1.82亿人民币[EB/OL]. http://games.sina.com.cn/y/n/2006-06-15/1324155336.shtml.

[108] 新浪游戏. 网络游戏虚拟世界:改变历史的新经济[EB/OL]. http://games.sina.com.cn/n/2005-09-21/1015126207.shtml.

[109] 白岩, 高杰. 浅析我国网络游戏分级制度的建立[J]. 青年记者, 2010 (11): 045.

[110] 刘满凤, 黎志成. 网络营销绩效评价指标体系研究[J]. 科技进步与对策, 2001, 18 (8): 19-20.

[111] 王岩. 我国企业网络营销模式及绩效评价研究[D]. 哈尔滨:哈尔滨工程大学, 2006.

[112] 邓宏光, 易健雄. 竞价排名的关键词何以侵害商标权——兼评我国竞价排名商标侵权案[J]. 电子知识产权, 2008 (8): 55-57.

[113] 陈晓俊. 竞价排名商标侵权认定的新思路——商标间接侵权原则的应用[J]. 电子知识产权, 2009 (4): 57-60.

[114] 文炯. 搜索引擎之竞价排名研究[J]. 江西图书馆学刊, 2006, 36 (1): 117-119.

[115] 戴霞. 市场准入的法学分析[J]. 广东社会科学, 2006 (3): 196-200.

[116] 刘丹,侯茜. 中国市场准入制度的现状及完善 [J]. 商业研究,2005 (12):10-15.

[117] 戴霞. 市场准入法律制度研究 [EB/OL]. http://dicey.fyfz.cn/blog/dicey/index.aspx,2006.

[118] 于健宁. 我国互联网金融发展中的问题与对策 [J]. 人民论坛,2014 (8).

[119] 高汉. 互联网金融的发展及其法制监管 [J]. 中州学刊,2014 (2):57-61.

[120] 宫晓林. 互联网金融模式及对传统银行业的影响 [J]. 南方金融,2013 (5):86-88.

[121] 谢平,邹传伟. 互联网金融模式研究 [J]. 金融研究,2012,12:11-22.

[122] 梁丹. 流氓软件的特点、发展现状和相关法律探讨 [J]. 中国公共安全(学术版),2009 (3):118-123.

[123] 凤建军. 流氓软件法律问题研究 [J]. 河北法学,2008,26 (6):24-29.

[124] 张坤晶. 电子商务中消费者隐私权保护研究 [D]. 武汉:武汉理工大学,2009.

[125] 罗娅丽. 电子商务与隐私权保护 [J]. 黑龙江科技信息,2009 (36):128-128.

[126] 王臻. 电子邮箱垃圾邮件泛滥的成因探析 [J]. 东南传播,2009 (1):87-88.

[127] 温晓芸. 对垃圾邮件侵犯网络隐私权的法律规制 [J]. 西部法学评论,2008 (5):108-110.

[128] 楼旭东,刘萍. "网络水军"的传播学分析 [J]. 当代传播,2011 (4):76-77.

[129] 杨枝煌. 网络水军类型、多重信用及其治理 [J]. 广东行政学院学报,2011 (4):16-22.

[130] 张香萍. "网络水军"的传播学分析及其治理 [J]. 宜宾学院学报,2012 (10):116-121.

[131] 范秀珍. "网络水军"的传播机制与治理对策 [J]. 新闻爱好者(下半月),2011 (7):56-57.

[132] 李领臣. "流氓软件"的法律规制——基于立法论和解释论的视角 [J]. 上海政法学院学报:法治论丛,2008,22 (2):30-35.

[133] 胡冰. 网络隐私与保护策略 [J]. 现代情报,2003,23 (7):69-71.

[134] 中关村在线. 外滩画报:色情网内线自曝生意经 [EB/OL]. http://game.zol.com.cn/2004/0805/111892.shtml.

[135] 速途网. 网络色情裸聊疯狂,央视新闻揭秘背后产业链 [EB/OL]. http://www.sootoo.com/content/30936.shtml.

[136] 李新辅. 从色情网站的盈利方式谈如何打击网络色情信息的传播 [J]. 网络财富,2010,(2) 043.

[137] 蔡艺生. 网络赌博犯罪的定义及其解构要素 [J]. 北京人民警察学院学报,2008 (2):92-94.

[138] 郝文江. 网络赌博犯罪分析与对策研究 [J]. 山西省政法管理干部学院学报,2008,21 (2):1-4.

[139] 卢新德. 简论垃圾邮件造成的经济损失及相关对策 [J]. 理论学刊,2007 (5):47-50.

[140] 李思思. 网络欺诈案法律刍议 [J]. 信息网络安全,2009 (11):007.

[141] 梁静. 网络经济中网络欺诈防范探悉 [J]. 商场现代化, 2005 (6): 75-76.
[142] 钟瑛, 李茂娟. 网络色情信息危害现状与管理控制 [J]. 信息网络安全, 2007 (5): 42-44.
[143] 张向英. 《传播净化法案》: 美国对色情网站的控制模式 [J]. 社会科学, 2006 (8): 136-143.
[144] 陈显友. 网络购物中欺诈行为分析及防范策略 [J]. 黑龙江科技信息, 2009 (30): 102-102.
[145] 张晓丽. 论我国企业信息化和电子商务的发展 [J]. 大观周刊, 2013 (3): 29-30.
[146] 吴洪, 方引青, 张莹. 疯狂的数字化货币——比特币的性质与启示 [J]. 北京邮电大学学报 (社会科学版), 2013, 15 (3): 3.
[147] 崔屹东, 郑晓彤. 对新型货币比特币的经济学分析 [J]. 现代经济信息, 2012, 16 (8).
[148] 王娜. 从货币本质角度看比特币的属性 [J]. 商业时代, 2014 (19): 038.
[149] 廖愉平. 比特币市场发展阶段分析与反思 [J]. 西部论坛, 2014 (3): 73-80.
[150] 成思危. 虚拟经济的基本理论及研究方法 [J]. 管理评论, 2009, 21 (1): 3-18.
[151] 王兆刚. 论经济全球化与金融虚拟性 [J]. 金融论坛, 2003, 8 (8): 2-7.
[152] 万伟. 从比特币看我国虚拟货币的风险及对策 [J]. 金融与经济, 2014, (7): 85-86.
[153] 王凯风. 比特币的原理, 作用与监管策略浅探 [J]. 金融与经济, 2013 (11): 64-67.
[154] 姜立文, 胡玥. 比特币对传统货币理念的挑战 [J]. 南方金融, 2013 (10): 31-35.
[155] 王刚, 冯志勇. 关于比特币的风险特征最新监管动态与政策建议 [J]. 金融与经济, 2013 (9): 46-49.
[156] 王燕, 周光友. 比特币的货币属性分析 [J]. 金融教育研究, 2014, 27 (3): 3-7.
[157] 贾丽平. 比特币的理论, 实践与影响 [J]. 国际金融研究, 2013 (12): 14-25.
[158] 杨涛. 浅析比特币的非货币属性 [J]. 时代金融, 2014 (1): 93-96.
[159] 郭田勇, 季赛. 比特币: 传统金融的洪水猛兽 [J]. 社会观察, 2013 (12): 64-65.
[160] 刘丹, 侯茜. 中国市场准入制度的现状及完善 [J]. 商业研究, 2005 (320): 10-26.
[161] 刘业民, 何建民. 电子商务概论 (第2版) [M]. 北京: 高等教育出版社. 2012.
[162] 戴建中. 电子商务概论 (第2版) [M]. 北京: 清华大学出版社. 2012.
[163] 马骏, 殷秦, 李海英, 朱阁. 中国互联网治理 [M]. 北京: 中国发展出版社. 2011.
[164] 吕廷杰, 李易, 周军. 移动的力量 [M]. 北京: 电子工业出版社. 2014.
[165] 胡桃, 吕廷杰. 移动电子商务 [M]. 北京: 机械工业出版社. 2007.
[166] 孙若莹, 王兴芬. 电子商务概论 [M]. 北京: 清华大学出版社. 2012.

后　记

本书的完成得到了多位老师和同人的帮助，在此特别感谢我的恩师北京邮电大学的吕廷杰教授，也要感谢国务院发展研究中心的马骏研究员对本书的大力推动和关注。在稿件完成的过程中，肖瑶、陈婷婷、霍新雯、刘健、魏晓健、陈茜等给予了校订和修改。知识产权出版社的张水华等编辑为本书的出版付出了辛勤的劳动，在此一并感谢。另外，本书得到了北京高校"青年英才计划"项目的资助，特此注明。

电子商务的发展日新月异，各方观点不一而足。尽管花了很多时间和精力筹备成稿，但由于本人水平有限，书中不免有错误或遗漏之处。而且书中观点并不尽是本人观点，案例多来自网络报道；一些图表数据来源于中国电子商务研究机构，多方信息下的争议之处还请读者自行辨识。书中涉及的电子商务企业或学者文献引用不当之处，还请多一分理解与宽容。衷心地希望中国的电子商务在众多互联网用户、电子商务企业、行业协会、行政管理部门、国家立法和执法机关的共同努力下，未来发展得更快、更好！

朱　阁
2015 年 7 月 1 日